Stanislávski e o Trabalho do Ator
Sobre Si Mesmo

4 CLAPS Centro Latino-Americano de Pesquisa Stanislávski

Conselho editorial	Alejandro González Puche [Colômbia]
	Debora Hummel [Brasil]
	Elena Vássina [Rússia/Brasil]
	Luciano Castiel [Brasil]
	Simone Shuba [Brasil]
	Tatiana Motta Lima [Brasil]
	Yana Elsa Brugal Amanda [Cuba]

Editora Perspectiva

Supervisão editorial	Gita Guinsburg
Coordenação de texto	Luiz Henrique Soares e Elen Durando
Edição de texto	Iracema A. de Oliveira
Revisão de provas	Lia N. Marques
Capa e projeto gráfico	Sergio Kon
Produção	Ricardo Neves e Sergio Kon

Michele Almeida Zaltron

Stanislávski e o Trabalho do Ator Sobre Si Mesmo

Dados Internacionais de Catalogação na Publicação (CIP)
(Câmara Brasileira do Livro, SP, Brasil)

Zaltron, Michele Almeida
  Stanislávski e o trabalho do ator sobre si mesmo / Michele Almeida Zaltron. -- São Paulo : Perspectiva : Claps - Centro Latino-Americano de Pesquisa Stanislávski, 2021. -- (Claps ; 4)

  ISBN 978-65-5505-052-3

  1. Stanislavski, Constantin, 1863-1938 2. Stanislavski, Constantin, 1863-1938 - Crítica e interpretação 3. Teatro I. Título. II. Série.

21-59499   CDD-792

Índices para catálogo sistemático:
1. Teatro : Artes da representação 792
Cibele Maria Dias - Bibliotecária - CRB-8/9427

1ª edição

Direitos reservados à

EDITORA PERSPECTIVA LTDA.

Av. Brigadeiro Luís Antônio, 3025
01401-000 São Paulo SP Brasil
Tel: (11) 3885-8388
www.editoraperspectiva.com.br

2021

À minha mestra,
Nair D'Agostini.

Para Rafa Sieg,
com amor.

É necessário trabalhar, experimentar
e buscar incessantemente.
Duvidar de algo, defender algo, descobrir
algo, abandonar algo. É necessário
se encontrar constantemente em
desenvolvimento. [...] Constantemente nós
falamos que a nossa profissão é difícil
de ensinar, mas se pode aprender.

MARIA KNEBEL, *A Poesia da Pedagogia.*

Sumário

13 Prefácio – *Nair D'Agostini*

15 Introdução

37 **1**
O Sistema e a Natureza

O Trabalho Sobre Si Mesmo e a Natureza Orgânica
e Criativa do Artista. 41

O Difícil se Torna Habitual; o Habitual, Fácil;
e o Fácil, Belo 52

Como Converter o Teatro-Feira Atual
em um Teatro-Templo?. . . . . : 67

Algumas Considerações... 84

87 **2**
A Arte da *Perejivánie*

Desta Vez, Pessoas Entram na Sala; os Atores
Não Estão Presentes. 92

A Arte da *Perejivánie* e a Verdade Artística 97

A *Perejivánie* Que Experimentamos na Vida e a Arte
da *Perejivánie* 100

Para a Arte da *Perejivánie*, São Acessíveis Todas
as Esferas. 111

Não Se Pode Viver o Papel aos Saltos 131

Então a Nossa Arte É a Arte da Ação 151

A Arte da *Perejivánie* – Resultado em Processo........ 159

Algumas Considerações... 163

167   3
O Processo de Criação da *Voploschénie*

Tornar Visível a Vida Criativa Invisível do Artista 175

A Relação Intrínseca Entre Vida e Plasticidade
no Sistema de Stanislávski......................... 184

Não se Pode Executar a Nona Sinfonia de Beethoven
Com Instrumentos Desafinados..................... 191

Quando o Ator Encontra o Germe, É Possível Que Ele
Seja a Medida Justa da Sua Ação 203

Algumas Considerações... 217

221   4
A Herança Viva de Stanislávski

"O Estúdio É o Lugar Onde o Ser Humano Deve
Aprender a Observar o Seu Próprio Caráter
e as Suas Forças Internas"........................ 226

O Caráter Laboratorial Atrelado à Noção
de Estúdio 230

A Ideia de Comunidade/Coletivo Como Princípio
de Base do Estúdio 233

A Educação do Ator e a Noção de Estúdio 237

O Planejamento Pedagógico Apontado Por Stanislávski
nos Anos 1930. 240

Não Esqueçam Que Vocês São Pessoas 243

Algumas Considerações... 254

259 5
A Escola-estúdio do TAM:
Um Olhar Sobre a Prática

A Escola Desenvolve e Burila as Aptidões Inatas
do Estudante 263

Os Elementos Orgânicos da Ação 274

Algumas Considerações... 314

Posfácio 317

Bibliografia 327

Agradecimentos 333

Prefácio

O forte aporte pedagógico sobre o Sistema de Stanislávski recebido durante a graduação em direção e interpretação teatral e o apaixonado encontro com esse saber despertaram em Michele o interesse pela vida acadêmica. Vale lembrar que, no currículo dos referidos cursos da UFSM, o Método de Análise Ativa ocupava, na época, o centro unificador do processo de educação e formação do ator e do diretor.

Já nos estudos de mestrado na UFF, que tinha como fio condutor a importância da imaginação no ato criativo que se concretiza psicofisicamente por meio da ação, as qualidades como pesquisadora foram avaliadas pelo detalhamento e aprofundamento dos temas abordados, das importantes referências e das citações. O tema da imaginação vinculado à busca pela realização de uma ação viva já vinha sendo perseguido nos primórdios da criação de seu espetáculo solo, seu trabalho final da formação como atriz, que foi a experiência consigo mesmo em sua prática criativa. Esta sua pesquisa corrobora a afirmação de que no ato criativo, utilizando o método das ações físicas, há uma constante construção e desconstrução de si mesmo. A "descoberta de verdades há muito tempo conhecidas"[1] foi gerada pela potencialização de um processo de semeadura e cultivo que se deu ao longo de sua trajetória.

---

1 C. Stanislávski, *Sobránie Sotchinéni v 9 Tomakh, t. 1: Moiá Jizn' v Iskússtve*, p. 370.

Ao ingressar no doutorado na UNIRIO, Michele tinha a firme decisão de aprofundar os estudos seguindo sua linha afetiva de interesse, que vinha sendo construída de longa data, sobre o Sistema de Stanislávski. Com esse intuito, apresenta seu objeto de pesquisa: *Stanislávski e o Trabalho do Ator Sobre Si Mesmo*.

Para aprofundar e coroar seu estudo vai buscar na fonte, complementando sua pesquisa na mesma escola que Stanislávski tanto lutou para que fosse criada – a Escola-estúdio do Teatro de Arte de Moscou. A experiência vivida naquela instituição foi de vital importância para que sua pesquisa doutoral fosse concretizada e com a qualidade que a mesma apresenta. Ajudou no aprofundamento prático e teórico do conhecimento que já vinha sendo perseguido, ao abordar detalhadamente o vasto processo de pesquisas de Stanislávski sobre a arte do ator nas noções de *perejivánie* e de *vploschénie* a partir da relação intrínseca do Sistema com a natureza. O conteúdo refere-se à complexa tarefa de investigação dos princípios do Sistema para obtenção de uma atuação viva, uma presença real em cena, por parte do ator. Apresenta-nos a essência da metodologia e da pedagogia de Stanislávski. Uma verdadeira ciência da arte do ator.

Michele conduz sua pesquisa de maneira muito interessante e peculiar, imergindo obstinadamente nos problemas centrais da arte do ator. É um trabalho que possui uma estrutura e análise detalhada e profunda dos conceitos do trabalho do ator sobre si mesmo e de seu desenvolvimento. Considero o trabalho de fundamental importância para os estudos de Stanislávski no Brasil, somando-se, neste momento, a outras publicações sobre a tradição e inovação do fértil teatro russo, no que tange a arte do diretor e do ator. É o resultado do intrincado processo de estudos práticos e teóricos que decorrem desde a sua graduação como atriz, diretora, pedagoga e pesquisadora.

Nair D'Agostini

Introdução

Agora me pergunte: em que consiste a
felicidade na terra?

No conhecimento. Na arte e no trabalho, no
conhecimento da arte.

Reconhecendo a arte em si mesmo,
descobre-se a natureza, a vida do mundo,
o sentido da vida, descobre-se a alma-talento!
Felicidade maior do que essa não há.

C. STANISLÁVSKI, *Cartas: 1918-1938.*

Ao longo da feitura deste livro, fui, como pesquisadora, movida pela seguinte questão: como chegar o mais próximo possível da compreensão do que Constantin Serguéievitch Alekséiev Stanislávski (1863-1938) chamou de trabalho do ator sobre si mesmo?[1]

O estudo sobre os escritos de Stanislávski exige um olhar que considere a totalidade de suas investigações, que compreende revisões, experimentos e transformações incessantes, ao mesmo tempo que preserva a unidade de seus propósitos éticos, espirituais e artísticos.

---

1 Todas as traduções que aparecem neste livro foram realizadas pela autora.

É possível que o caráter laboratorial de sua obra seja a sua maior riqueza como também a maior dificuldade encontrada ao estudá--la – afinal, como trabalhar, por meio da escrita, com uma verdadeira herança que se mantém, ou se torna, viva somente pela prática? Ainda que por um lado a vastidão de anotações, literatura, estenogramas de ensaios, cartas abra inúmeras possibilidades de investigação, por outro lado exige atenção redobrada ao enfoque do que se busca, pois quanto mais se procura, mais um oceano de questões e possibilidades de pesquisa parece se desvelar. Essa experiência encanta e assusta. Encanta pelo despertar da vontade de navegar por todo esse material, sem pressa. Assusta pela imensidão da produção de Stanislávski e pela necessidade de traduzir da língua russa, o que exige extrema dedicação, atenção e tempo.

Inicialmente, o projeto de pesquisa contemplava o *trabalho do ator sobre si mesmo* segundo o Sistema de Stanislávski a partir de um recorte temporal bastante preciso: de 1935 a 1938. Ao iniciar, de fato, a investigação, surgiram duas dificuldades que foram enfrentadas e acabaram por ser ultrapassadas; uma em relação ao recorte do período e a outra em relação à abordagem do objeto de estudo.

O período de 1935 a 1938 havia sido escolhido por tratar das últimas pesquisas de Stanislávski realizadas no Estúdio de Ópera e Arte Dramática[2]. No entanto, foi preciso considerar que o *trabalho do ator sobre si mesmo* acompanhou Stanislávski, de um modo ou de outro, durante todo o seu percurso artístico e pedagógico. Certamente que restringi-lo a determinado período histórico faria com que informações, reflexões e princípios fundamentais para a sua compreensão fossem perdidos. Além disso, a própria obra *O Trabalho do Ator Sobre Si Mesmo*, dividida em duas partes, não se limita a esse período final. Os escritos de Stanislávski contidos na obra têm datações variadas e, apesar de muitos dos capítulos terem

---

2   O Estúdio de Ópera e Arte Dramática foi o último espaço laboratorial de Stanislávski, onde o mestre russo dedicou os anos finais de sua vida a experimentar a sua nova metodologia de trabalho, a prática de *études*, que tem como meio de realização principal as ações físicas.

sofrido reformulações que datam de 1937 ou de 1938, é bem possível que, por volta de 1906, os elementos do Sistema stanislavskiano começaram a ser desenvolvidos através da escrita com a intenção de produzir uma obra. O termo "Sistema", por exemplo, foi usado em seus escritos pela primeira vez em 1909.

Como aprofundar o estudo a respeito de um conceito que, embora tenha sido escolhido como título de sua principal obra sobre o Sistema, quando relacionado à extensão de seus escritos aparece poucas vezes em toda a obra de Stanislávski?

No decorrer da investigação, abriu-se então uma nova possibilidade de recorte: a abordagem do estudo pela terminologia que fundamenta e justifica o *trabalho do ator sobre si mesmo*. Em um primeiro momento percebemos que a noção de "vivência" ocupava um lugar de grande relevância, sendo encontrada, inclusive, no subtítulo da primeira parte da obra *O Trabalho do Ator Sobre Si Mesmo*. Até aquele momento, eu estava utilizando em meus estudos somente a publicação da obra de Stanislávski traduzida da língua russa para o espanhol, realizada pela editora Quetzal[3]. Com a necessidade de aprofundar a noção de "vivência" na obra russa de Stanislávski, optei por trabalhar essencialmente com o termo original: *perejivánie*.

Durante o processo de pesquisa, a noção de "encarnação" passou a exigir a mesma atenção e aprofundamento da *perejivánie*[4]. O próprio fato de a noção de "encarnação" estar presente no subtítulo da segunda parte d' *O Trabalho do Ator Sobre Si Mesmo*, tal como a *perejivánie* na primeira parte, indica a relevância de seu estudo visando a ampla compreensão do *trabalho do ator sobre si mesmo*. Da mesma forma que ocorreu com a *perejivánie*, no início da pesquisa utilizei apenas a publicação realizada

---

3   *El Trabajo del Actor Sobre Sí Mismo: El Trabajo Sobre Sí Mismo en el Proceso Creador de las Vivencias.*

4   Existem três gêneros gramaticais na língua russa. Além do feminino e do masculino, há também o gênero neutro. A palavra *perejivánie*, por terminar com a vogal "e", pertence ao gênero neutro. Como em português não há essa opção, refiro-me a ela como se fosse uma palavra feminina. O mesmo vai ocorrer com a palavra *voploschénie*.

Introdução   17

pela editora Quetzal[5]. Com o desenvolvimento do estudo sobre a obra russa de Stanislávski, passou a ser necessário abordar a noção de "encarnação" também pela sua denominação original: *voploschénie*. Desta maneira, foi se tornando cada vez mais perceptível que para alcançar uma compreensão acerca do *trabalho do ator sobre si mesmo* de forma a contemplá-lo em sua totalidade seria preciso investigar conjuntamente os processos de criação da *perejivánie* e da *voploschénie*.

Por sua estreita relação com o Sistema de Stanislávski e, portanto, com as noções de *perejivánie* e de *voploschénie*, outra noção passou a adquirir importância durante o andamento das pesquisas: a noção de *segunda natureza – vtoráia natura* no original. A partir do estudo dessa noção, a investigação da relação do próprio Sistema com a natureza também se tornou essencial para o alargamento da compreensão do *trabalho do ator sobre si mesmo*. Considerando que *vtoráia natura* significa literalmente segunda natureza – a própria palavra *natura*, de origem latina, auxilia nessa literalidade – aparentemente não há impasse de tradução sobre essa noção. Em vista disso optamos por manter a tradução usada em português: segunda natureza.

Em meio ao caminho percorrido com a pesquisa, fomos percebendo a necessidade de nos acercar do *trabalho do ator sobre si mesmo* também por uma abordagem que salientasse de forma mais direta a prática que acompanhei na Escola-estúdio do Teatro de Arte de Moscou. A partir disso, outro tema ganhou espaço: o entendimento do Sistema de Stanislávski e, por conseguinte, do próprio trabalho do ator sobre si mesmo, como um legado que foi cultivado com valores e princípios experimentados no Teatro de Arte de Moscou (TAM) e em seus Estúdios e que permanece vivo até os dias de hoje. Já a abordagem da prática que experienciei na Escola-estúdio foi impulsionada e amparada pela obra *A Formação do Ator na Escola de Stanislávski*, de Grigori Kristi[6].

---

5   *El Trabajo del Actor Sobre Sí Mismo: El Trabajo Sobre Sí Mismo en el Proceso Creador de la Encarnación.*

6   Grigori Kristi (1908-1973), doutor em artes, foi diretor e pedagogo teatral. Em 1935, passou a ensinar no Estúdio de Ópera e Arte Dramática de Stanislávski. Foi colaborador na

Nesse sentido, o presente livro foi se constituindo pela percepção das possibilidades que despontaram durante o caminho. Foi o próprio caminhar, provavelmente influenciado pela minha formação acadêmica e artística, a um só tempo, que desenhou o caminho da investigação.

Minha Inserção nos Ensinamentos de Stanislávski

Minha formação como diretora teatral e atriz no curso de bacharelado em artes cênicas da Universidade Federal de Santa Maria (UFSM), de 1998 a 2003, foi fortemente calcada nos ensinamentos de Stanislávski. Isso se deu pelo núcleo de professores e pela própria organização curricular do Curso de Artes Cênicas da UFSM, na época bastante influenciado, em sua visão pedagógica e artística, pelo conhecimento teórico, e sobretudo prático, trazido para o Brasil por Nair D'Agostini após sua formação em Leningrado (hoje São Petersburgo), na URSS, no LGITMiK (Instituto Estatal de Teatro, Música e Cinema de Leningrado)[7], de 1978 a 1981, nos cursos de "Maestria do Ator Dramático", de Arkádi Katsman (1921-1989), e "Direção Dramática", de Gueorgui Tovstonógov (1913-1988). É importante salientar que Tovstonógov realizou sua formação no Gitis (Instituto Russo de Arte Teatral), tendo como mestres Aleksei Popov (1892-1961), Andrei Lobanov (1900-1959) e Maria Knebel

---

comissão de estudo e de publicação da herança literária de Stanislávski e de Vladímir Nemiróvitch-Dântchenko, especialmente na preparação dos manuscritos de Stanislávski para a publicação de suas obras completas.

7 Em 1993, o LGITMiK foi denominado Academia Estatal de Arte Teatral de São Petersburgo, SPGATI. No ano de 2015, recebeu a atual denominação: Instituto Estatal Russo de Artes Cênicas, RGISI.

Introdução

(1898-1985). Podemos ver aspectos valorosos da formação artística de Tovstonógov e a relação dele com a herança de Stanislávski nas palavras de Nair D'Agostini:

> Tovstonógov chegou a assistir a algumas palestras-aulas de Stanislávski no Estúdio de Ópera e Arte Dramática e a Conferências no Gitis. Sofreu influência de Nemiróvitch-Dântchenko [1858-1943], Vakhtángov [1884-1924], Taírov [1885-1950], Meierhold [1874-1940] e Brecht [1898-1956], mas considerava-se filho da tradição stanislavskiana, ou seja, discípulo do Teatro de Arte de Moscou, pois aprendeu com seus mestres o uso do "sistema" de Stanislávski e aplicou-o a partir do conhecimento com eles adquirido e de sua vasta prática como pedagogo e diretor, mas de uma maneira muito pessoal.[8]

Além das influências presentes na formação e na visão artística de Tovstonógov, essa citação traz algo que considero fundamental para o entendimento da cultura teatral russa: o entrelaçamento da tradição com a maneira pessoal do artista de lidar com o conhecimento adquirido. Os ensinamentos de Stanislávski são guiados por princípios éticos e artísticos muito definidos, que são passados de geração a geração, de mestres para discípulos. Esses princípios carregam um senso muito forte de coletividade, enquanto permitem (pode-se mesmo dizer, exigem) que os herdeiros busquem seus próprios caminhos e realizem sua travessia artística com liberdade e em harmonia com as suas particularidades.

Com este livro, oriundo de uma pesquisa de doutorado que abrangeu um período de dez meses de estágio na Escola-estúdio do Teatro de Arte de Moscou (Vladimir Nemirovich-Danchenko Moscow Art Theatre School), sinto-me completando um ciclo de conhecimento, que se iniciou quando tive o meu primeiro contato com a obra de Stanislávski, no curso de Artes Cênicas da UFSM. Durante todo

8 *Stanislávski e o Método de Análise Ativa*, p. 197.

esse período tal conhecimento foi cultivado, em grande medida, pelo diálogo que mantive com Nair D'Agostini ao longo do tempo. A generosa e apaixonada transmissão de conhecimento realizada por minha mestra me permitiu olhar e sentir com familiaridade a cultura teatral russa que experienciei durante o tempo em que estive na Escola-estúdio do TAM.

As Questões de Tradução

No presente estudo, foi utilizada a publicação russa mais recente das obras completas de Stanislávski, em nove tomos, publicada entre 1988 e 1999 pela editora Iskusstvo, com o intuito de uma compreensão mais justa das pesquisas stanislavskianas. Paralelamente, mantive consultas em quatro dos cinco volumes das obras reunidas de Stanislávski publicada nos anos 1980 pela editora Quetzal, em tradução para o espanhol, a partir de edições oriundas da primeira coletânea soviética das obras de Stanislávski, publicada entre 1954 e 1961. Também consultei a publicação cubana *Mi Vida en el Arte*, traduzida a partir da edição russa de 1972.

A possibilidade de comparar a publicação original com as publicações em língua espanhola foi fundamental para a realização deste livro, pois a obra *O Trabalho do Ator Sobre Si Mesmo* está na base da pesquisa. No caso da obra *Minha Vida na Arte* também foi possível comparar a obra original e a publicação em espanhol com a tradução direta existente em português, publicada em 1989 pela editora Civilização Brasileira. Deve-se levar em consideração que neste trabalho constam ainda citações de Stanislávski e de seus discípulos, pesquisadas em obras que, até o momento, só podem ser encontradas na língua russa. Antes de tudo é preciso observar que Stanislávski trabalhou com conceitos vindos de sua prática cênica. No estudo desses conceitos, busquei realizar uma tradução justa aos princípios trazidos por Stanislávski, respeitando, sempre que possível, a escolha dele por determinada palavra para expressar sua pesquisa e compreensão cênica. Alguns conceitos, porém, abarcam uma ideia tão complexa e singular que funciona como um retrato da cultura russa, tornando quase impossível encontrar uma palavra equivalente em português. Sei que essa é uma angústia comum a muitos tradutores ao se depararem com conceitos que, talvez, sejam intraduzíveis. No entanto, existe algo que está muito claro para mim desde que iniciei a pesquisa: minha maior preocupação não é a de encontrar determinados termos que possam "melhorar" a tradução existente para a obra de Stanislávski em português. Partindo do estudo dos conceitos de sua obra original, o que me move é a busca por enriquecer e ampliar a compreensão e a leitura que fazemos hoje da sua obra, sobretudo entre os estudantes brasileiros de artes cênicas.

Para tanto é preciso considerar que os escritos preparados por Stanislávski para a publicação de sua obra, assim como os espetáculos encenados no TAM, passaram a ser fortemente vigiados pelo Estado soviético, no final dos anos 1920. E, como consequência, a escolha de Stanislávski pelas palavras que iriam transmitir a sua prática cênica por meio da escrita tinha de estar consciente dessa censura. Ao tratar do *trabalho do ator sobre si mesmo* no Sistema desenvolvido por ele, também é essencial considerar que as traduções realizadas no século passado nos EUA foram responsáveis pela maior parte da difusão de sua obra pelo mundo afora e, portanto, a fonte das traduções indiretas disponíveis no Brasil[9].

---

9 Até recentemente, a única publicação da obra de Stanislávski traduzida do original russo para o português era a edição de *Minha Vida na Arte*, publicada em 1989, pela Civilização Brasileira, com tradução de Paulo Bezerra. Em 2015, foi publicada pela Funarte a obra *Stanislávski: Vida, Obra e Sistema*, de Elena Vássina e Aimar Labaki, com textos originais da obra de Stanislávski. Dentro desse contexto, também saliento o livro *As Três Irmãs, de Tchékhov, por Stanislávski*, de Tieza Tissi, publicado em 2018, que traz as partituras de Stanislávski para essa encenação, traduzidas da língua russa, e o livro de Nair D'Agostini, *Stanislávski e o Método de Análise Ativa: A Criação do Diretor e do Ator*, de 2019, no qual consta a tradução direta de estenogramas de aulas-ensaios de Stanislávski sobre *Hamlet*, de William Shakespeare, no Estúdio de Ópera e Arte Dramática.

Nas publicações norte-americanas e, por conseguinte, nas brasileiras, a divisão da obra original, *O Trabalho do Ator Sobre Si Mesmo (Rabota aktiora nad soboi)* em *Processo Criador da* Perejivánie e em *Processo Criador da* Voploschénie, foi acentuada, o que sugere um entendimento errôneo de que se trata de duas obras distintas, ou ainda pior, de que o Sistema de Stanislávski está contemplado em sua totalidade pela primeira obra, já que houve uma separação não apenas física, mas também temporal – de pelo menos dez anos de distância entre uma e outra publicação. Pela própria tradução dos títulos que foram dados às duas partes, em separado, já fica estabelecida a diferença entre elas e a obra original: o título da obra russa – *O Trabalho do Ator Sobre Si Mesmo. Parte 1: O Trabalho Sobre Si Mesmo no Processo Criador da* Perejivánie: *O Diário de um Aprendiz* – foi traduzido para a publicação norte-americana como *An Actor Prepares*, e esta foi a que deu origem, em tradução indireta, à publicação brasileira: *A Preparação do Ator*. E, por sua vez, o título da obra *O Trabalho do Ator Sobre Si Mesmo. Parte 2: O Trabalho Sobre Si Mesmo no Processo Criador da* Voploschénie[10] foi traduzido como *Building a Character*, e esta publicação em língua inglesa foi a que originou a publicação brasileira com o título *A Construção da Personagem*.

Para complementar a informação sobre os volumes da obra de Stanislávski a que temos acesso em português, a partir das publicações norte-americanas, é preciso levar em consideração também a obra russa *O Trabalho do Ator Sobre o Papel*, publicada nos EUA como *Creating a Role*, a partir da qual foi realizada a tradução indireta para o português, *A Criação de um Papel*.

---

10 Como se trata de uma publicação realizada somente dez anos após a morte de Stanislávski, a partir da organização de escritos deixados por ele, considerando que muitos desses escritos não tiveram uma revisão final do mestre russo, os organizadores do volume, Kira Alekséieva, filha de Stanislávski, Tatiana Dorókhina e Grigori Kristi, optaram por acrescentar ao título a informação *Os Materiais Para o Livro*. Desse modo, o título completo da edição russa é *O Trabalho do Ator Sobre Si Mesmo. Parte 2: O Trabalho Sobre Si Mesmo no Processo Criador da Voploschénie: Os Materiais Para o Livro* (Elena Vássina; Aimar Labaki, p. 92). O mesmo ocorre com a publicação russa, *O Trabalho do Ator Sobre o Papel: Os Materiais Para o Livro*.

Introdução

Em uma carta escrita no ano de 1930 para Liubov Gurévitch[11], Stanislávski deixava claro que havia decidido pela reunião dos seus escritos sobre os processos criadores de *perejivánie* e de *voploschénie* em um único livro – *O Trabalho do Ator Sobre Si Mesmo*:

> *O Trabalho do Ator Sobre Si Mesmo* se divide em *Perejivánie* e em *Voploschénie*. Inicialmente, pensei em unir a ambos em um só tomo. Depois, no estrangeiro, calculei as páginas e cheguei à conclusão de que o texto ocuparia 1200 páginas impressas. Eu me espantei e decidi fazer dois livros (*Perejivánie* e *Voploschénie*). Agora, depois de imensas reduções, parece que se torna novamente possível fazer o segundo tomo, *O Trabalho Sobre Si Mesmo*, da *perejivánie* e da *voploschénie* conjuntamente.[12]

A obra escrita de Stanislávski esteve sempre em permanente transformação. A intrínseca relação existente entre as formulações teóricas e as descobertas que o mestre russo fazia em suas experimentações práticas foi decisiva para que assim procedesse. Talvez tenha sido esse o maior obstáculo que Stanislávski enfrentou para a finalização de toda a obra que planejou escrever, a permanente reformulação da escrita em função das descobertas práticas que, como grande pesquisador, nunca deixou de fazer.

Então, como vimos, devido às reduções que seus textos sofreram em frequentes reformulações, Stanislávski chegou a pensar que, de fato, seria possível publicar *O Trabalho do Ator Sobre Si Mesmo* em um só volume. Contudo, de acordo com Grigori Kristi:

> O processo de revisão do livro, que vinha sendo preparado já há muito tempo, transcorreu dolorosamente. Ao se familiarizar

---

11 Liubov Gurévitch (1866-1940) foi escritora, crítica e historiadora. Foi uma grande colaboradora do TAM e assistente de Stanislávski em suas atividades literárias. Além de preparar a primeira edição soviética de *Minha Vida na Arte*, em 1926, trabalhou na revisão de todos os manuscritos de Stanislávski até o início dos anos 1930.

12 C. Stanislávski, *Sobránie Sotchinéni v 9 Tomakh, t. 9: Pis'ma: 1918-1938*, p. 438.

com as muitas variantes, que sucedem uma a outra, de manuscritos sobre um mesmo tema (somente o terceiro capítulo do livro tem mais de vinte variantes diferentes), se chega à conclusão de que a doença não foi o único obstáculo para a finalização do trabalho.

A análise dos trabalhos criativos e teóricos de Stanislávski na metade dos anos 1930 nos certifica de que neste último período o sistema entrou em uma nova fase, mais madura, de seu desenvolvimento.[13]

Conforme Kristi, as tentativas de Stanislávski de adaptar o seu material escrito para que refletisse o amadurecimento de sua pesquisa cada vez mais se apresentavam como obstáculo para a publicação da obra. Para alcançar inteiramente esse intento de reelaboração, seria necessário muito mais tempo de dedicação sobre os escritos do que o que já havia sido consumido. Então, para que fosse possível concretizar a publicação, Stanislávski se viu obrigado a realizar a divisão em dois tomos, publicando apenas a primeira parte da obra. Ele não chegou a ver a publicação do seu primeiro livro sobre o Sistema. O livro foi publicado algumas semanas depois da sua morte, ocorrida em 7 de agosto de 1938.

Para dar prosseguimento à discussão sobre as publicações que originaram as edições brasileiras, é importante tornar claro o caminho percorrido pela obra até chegar aos artistas, pesquisadores e estudantes brasileiros de artes cênicas, respectivamente, nos anos 1964 e 1970. Assim seguimos com um breve histórico que abrange as publicações originais, as norte-americanas e, finalmente, as publicações brasileiras.

Mesmo antes da publicação de *Minha Vida na Arte* (*My Life in Art*, em 1924 nos EUA, e *Moiá Jizn' v Iskússtve*, em 1926 na Rússia), Stanislávski já havia demonstrado que a sua vontade maior era publicar uma obra sobre o Sistema. De acordo com a pesquisadora

---

13 Idem, *Sobránie Sotchinéni v 9 Tomakh, t. 2: Rabota Aktiora Nad Soboi, tch. 1*, p. 503.

Introdução

Cristiane Takeda, essa foi a primeira sugestão dada por Stanislávski ao ser convidado pelo produtor Morris Gest para escrever um livro que ajudasse na divulgação da *tournée* do TAM pelos EUA, em 1923:

> O mestre russo propõe escrever um livro sobre o seu Sistema, mas não sabe direito como apresentá-lo, pois tinha consigo apenas algumas notas de sua caderneta e fragmentos. A editora responsável, Little Brown & Co., recusa o projeto. Stanislávski sugere então uma breve história do TAM. Recebe novamente uma recusa. Finalmente a editora pede-lhe que escreva um livro sobre a sua vida, com algumas anedotas e fatos pitorescos, uma biografia ao gosto do grande público.[14]

A proposta da autobiografia é aceita por Stanislávski e ele passa a escrever incansavelmente em todos os momentos em que não está trabalhando nos ensaios e nas apresentações dos espetáculos do TAM. É importante observar que o TAM vinha de uma *tournée* pela Europa em que, apesar do sucesso conquistado, havia contraído inúmeras dívidas devido à complicada situação econômica em que Stanislávski e seus colaboradores se encontravam após a Revolução de outubro de 1917. Além disso, Stanislávski estava enfrentando um sério problema de saúde em família e precisava enviar dinheiro para o tratamento da tuberculose de seu filho Igor, que estava internado em uma clínica na Suíça. Ressaltamos também que em uma carta escrita por Stanislávski, em abril de 1924, à sua irmã Zinaida Sokolova[15] e ao seu irmão Vladímir Alekséiev (1861-1939), ele confessa

---

14 C.L. Takeda, *Minha Vida na Arte de Konstantin Stanislávski*, p. 78.
15 Zinaida Sokolova (1865-1950), irmã de Stanislávski, trabalhou como atriz em alguns espetáculos do TAM e, posteriormente, se tornou pedagoga. Foi discípula de Stanislávski. Participou do Primeiro Estúdio do TAM em 1911, junto de Sulerjítski e Vakhtángov. E nos anos 1912 e 1913 acompanhou as palestras que Stanislávski proferiu aos estudantes do Primeiro Estúdio. A partir de 1919, junto de Stanislávski, Sokolova se envolveu em atividades de direção e de pedagogia no Estúdio de Ópera do Teatro Bolshói e, mais tarde, a partir de 1935, no Estúdio de Ópera e Arte Dramática. Ministrou aulas teóricas e práticas sobre o Sistema.

ter se permitido realizar uma alteração na abordagem da obra: "Eu não posso escrever tudo o que já foi descrito vinte vezes em todos os livros sobre o TAM. Fiz uma mudança. Comecei a descrever a evolução da arte da qual fui testemunha. Passei a trabalhar com alegria."[16]

Por fim, Stanislávski escreve quase o triplo do que havia sido programado e finaliza a primeira versão de *Minha Vida na Arte*, nos EUA, em abril de 1924, sob a pressão de multa contratual caso não entregasse a obra no prazo estabelecido. O lançamento de *Minha Vida na Arte* na Rússia aconteceria apenas em 1926, dois anos após a publicação nos EUA[17]. Para lançar a publicação russa, ele decide refazer o trabalho e reelaborar atentamente todo o material que já fora escrito. Os pesquisadores Elena Vássina e Aimar Labaki esclarecem que:

> Apesar do mesmo título, o livro russo seria profundamente diferente do original americano. Ao se dirigir ao leitor russo, Stanislávski, primeiro, cortou vários episódios explicativos da edição americana. Depois, ampliou e aprofundou o conteúdo. [...] O próprio autor repetiu várias vezes que apenas a variante russa de Minha Vida na Arte deveria servir de base para traduções e publicações no exterior. Infelizmente, não foi o que aconteceu.[18]

Na obra russa, Stanislávski enfoca com maior intensidade suas investigações pedagógicas e artísticas e transforma a autobiografia em uma espécie de introdução à obra que pretendia escrever sobre o trabalho de criação do ator, como ele próprio afirma no prefácio da primeira edição do livro. O processo de publicação da obra *O Trabalho do Ator Sobre Si Mesmo* acontece de modo diferente, mas não menos conturbado.

---

16 C. Stanislávski, *Sobránie Sotchinéni v 8 Tomakh, t. 8*, p. 86.
17 *Minha Vida na Arte* foi publicada pela primeira vez no Brasil em 1956, traduzida para o português a partir da versão francesa. Em 1989, como já foi dito, seria publicada a tradução de Paulo Bezerra, diretamente da língua russa.
18 E. Vássina; A. Labaki, *Stanislávski: Vida, Obra e Sistema*, p. 60.

Introdução

O encontro de Stanislávski com Elizabeth Hapgood (1894-1974) e Norman Hapgood (1868-1937) – que se tornariam os responsáveis pela tradução e pela edição da primeira parte da obra e, posteriormente, da sua segunda parte, bem como da obra *O Trabalho do Ator Sobre o Papel* nos EUA – aconteceu em julho de 1929, em Badenweiler, na Alemanha. Quando recebeu a visita do casal Hapgood, Stanislávski se encontrava convalescente de um enfarte sofrido quase um ano antes durante o espetáculo *As Três Irmãs*, apresentado em comemoração aos trinta anos do TAM. Stanislávski lhes apresentou o projeto da obra que estava desenvolvendo acerca do Sistema e os Hapgood se interessaram imensamente e se comprometeram a publicá-la nos EUA[19].

Conforme Takeda, a partir de 1930, Stanislávski passa a trabalhar na escrita e na organização da obra para a publicação norte-americana e, cerca de cinco anos mais tarde, finaliza a primeira versão da primeira parte da obra *O Trabalho do Ator Sobre Si Mesmo: Diário de um Aprendiz*. A obra foi aceita para a publicação nos EUA pela editora Theatre Art Books com a condição de reduzi-la ainda mais; levando-se em consideração que o casal Hapgood já vinha fazendo, além da tradução, o trabalho de edição do material. Não bastasse essa exigência, o título também foi alterado para *An Actor Prepares*, pois para a editora não havia apelo comercial na titulação dada por Stanislávski. A obra foi lançada nos EUA em 1936[20].

Nos dois anos seguintes, Stanislávski trabalha com intenso vigor na revisão e na reelaboração do material para a publicação da sua obra *O Trabalho do Ator Sobre Si Mesmo. Parte 1: O Trabalho Sobre Si Mesmo no Processo Criador da* Perejivánie: *O Diário de um Aprendiz*, na Rússia; lançada em língua russa somente no segundo semestre de 1938. Segundo o pesquisador Franco Ruffini, Stanislávski dedicou à edição russa "um cuidado prolixo, quase obsessivo, que durou até a

---

19 Cf. E. Vássina; A. Labaki, op. cit., p. 61; C.L. Takeda, op. cit., p. 69-70; e F. Ruffini, Novela Pedagógica: Un Estudio Sobre los Libros de Stanislavski, *Máscara*, ano 3, n. 15, p. 28.
20 Cf. C.L. Takeda, op. cit., p. 70-71.

véspera de sua morte e da primeira aparição parcial de seu livro"[21]. Conforme Vássina e Labaki, "É talvez o livro de teatro mais influente do século xx, o que não significa que tenha sido o mais bem compreendido. Erros de tradução e interpretação levaram a que seu trabalho permanecesse por décadas prisioneiro de lugares-comuns e de simplificações – aqui e em quase todo o mundo."[22]

Na publicação da segunda parte da obra o caminho editorial se inverteu e o lançamento aconteceu primeiramente na Rússia, em 1948. Mas isso não impediu que na edição norte-americana, lançada em 1949, o texto sofresse igualmente cortes e equívocos de tradução, da mesma forma como havia ocorrido com as obras anteriores. O título dado por Stanislávski para essa obra, que pode ser traduzido como *O Trabalho do Ator Sobre Si Mesmo. Parte 2: O Trabalho Sobre Si Mesmo no Processo Criador da* Voploschénie, também foi alterado e o livro foi publicado nos EUA como *Building a Character*.

Infelizmente, essa segunda parte não foi revisada por Stanislávski, pois a publicação aconteceu dez anos após sua morte. No entanto, apesar de alguns capítulos estarem inconclusos, outros já estavam bem elaborados, e o mestre russo havia deixado inúmeras indicações sobre a publicação. Takeda explicita os fatos da seguinte forma:

> Stanislávski trabalhava na redação final de *O Trabalho do Ator Sobre Si Mesmo. Parte II* quando faleceu. A seleção do material apresentado e a sequência dos capítulos foi realizada por familiares e por Gregori Kristi, um discípulo próximo de Stanislávski a quem ele tinha deixado indicações precisas sobre a organização do livro. No entanto, com a eclosão da Segunda Grande Guerra e a crise sócio-econômica-política da época, o volume só foi lançado em 1948.[23]

---

21 F. Ruffini, op. cit., p. 29.
22 Op. cit., p. 85.
23 Op. cit., p. 71.

Introdução

A partir dessa breve exposição histórica sobre o trajeto percorrido pela obra *O Trabalho do Ator Sobre Si Mesmo, Parte 1 e Parte 2*, até chegar ao Brasil, se evidencia que as publicações realizadas nos EUA (*An Actor Prepares* e *Building a Character*), reduzidas, com problemas de tradução e de entendimento, consistiram na base da tradução das obras stanislavskianas que a maior parte dos estudantes brasileiros de artes cênicas teve acesso até os dias de hoje. Contudo, mesmo se considerarmos as consequências não tão benéficas desse caminho editorial, em vista da sua interferência crucial na compreensão do pensamento/prática de Stanislávski na maior parte dos lugares fora da Rússia, é preciso perceber, como salienta Ruffini, que:

> Muito provavelmente Stanislávski não teria levado (quase) a cabo a conclusão de seu livro sem a colaboração dos Hapgood. Isso para dar conta dos méritos. E se não é um mérito, em absoluto, ter submetido os dois tomos de Stanislávski à modificação e cortes (de qualquer maneira, sempre autorizados), se deve reconhecer que os Hapgood o fizeram sempre de boa fé e com desejos de uma boa finalidade. O que não impede que talvez eles tenham enfatizado o seu papel "criativo" na obra geral, nos cortes e ajustes.[24]

De fato, as publicações norte-americanas e, por consequência, as traduções realizadas a partir dessas publicações não são o melhor meio para o estudo e a compreensão dos ensinamentos de Stanislávski. Por outro lado, a preparação e o lançamento nos EUA serviram de impulso para Stanislávski concretizar a publicação de suas obras na Rússia. Mas também não devemos esquecer que, diante dos obstáculos enfrentados por Stanislávski na elaboração de sua obra para a publicação russa, como a doença e o desejo de contemplar a escrita com a sua nova metodologia de trabalho, havia outra barreira significativa a ser transposta: a censura soviética. Nesse contexto, segundo Vássina e Labaki:

---

24 F. Ruffini, op. cit., p. 28-29.

Um marxismo bastante simplificado e fortemente influenciado pela sociologia vulgar virou a única abordagem ideológica possível para análise da realidade e dos fenômenos artísticos. O Estado permitia apenas uma visão materialista – todas as outras abordagens filosóficas eram consideradas equivocadas, burguesas e hostis aos interesses do proletariado. A primeira coisa a chamar a atenção dos mentores soviéticos de Stanislávski e dele próprio foi o perigo em se falar sobre a ideia basilar de todo o Sistema: "A criação da vida do espírito humano". Assim começou a *via crucis* da adaptação do Sistema aos novos parâmetros ideológicos.[25]

Sobre a questão em torno da noção de "espírito", citamos o seguinte trecho da carta escrita por Stanislávski para Gurévitch entre os dias 23 e 24 de dezembro de 1930: "A meu ver, o principal perigo do livro está na 'criação da vida do espírito humano' (não se pode falar sobre o espírito). Outro perigo: o subconsciente, a irradiação, a inradiação, e a palavra *alma*. Será que eles podem proibir o livro por causa disso?"[26]

Em outro exemplo sobre a influência da censura sobre os escritos acerca do Sistema, Stanislávski transmite a Gurévitch a seguinte orientação a respeito do elemento "se" mágico, em uma carta de 9 de abril de 1931:

Substituir o se mágico pelo *se criativo*. Se for necessário, somos obrigados a substituir. Será necessário fazer uma nota de rodapé ou colocar entre parênteses (mágico), tanto em meio aos atores daqui como no exterior ele ganhou imensa popularidade. Recentemente, li em um artigo de Charlie Chaplin que toda a sua criação se baseia no *se* mágico (revelando que ele está por trás da sua invenção).[27]

---

25 Op. cit., p. 99.
26 *Sobránie Sotchinéni v 9 Tomakh, t. 9*, p. 442.
27 Ibidem, p. 452. Em nota da edição russa de 1999, temos a informação de que Stanislávski talvez tenha lido sobre isso na revista *Noviy Mir* ("Novo Mundo"), de 1929.

De acordo com Vássina e Labaki, com a ajuda de Gurévitch, Stanislávski

> aceitou fazer adaptações para tornar a obra menos visada pela censura stalinista e pela crítica soviética. Assim, o Se Mágico, por exemplo, tornou-se o Se Criativo. Ele também afirmou não ter nenhum conhecimento de psicologia, e que todos os termos e conceitos do trabalho haviam sido criados coletivamente durante os processos de ensaio e aulas. Tudo para que o trabalho não fosse acusado de idealista e burguês, sendo assim diretamente banido[28].

Como se vê, não apenas o percurso editorial e as traduções da obra do mestre russo foram um tanto conturbados, mas também a adaptação que teve de realizar na própria escrita para que a sua obra fosse aceita pela censura stalinista e para que ele mesmo e os pedagogos/artistas que trabalhavam junto a ele não sofressem represálias do Estado Soviético[29].

As Noções de Perejivánie e de Voploschénie

Nesta pesquisa, partimos do pressuposto de que um entendimento mais justo e mais profundo das noções de *perejivánie* e de *voploschénie* em relação à busca artística e pedagógica de Stanislávski nos aproximaria da compreensão do trabalho do ator sobre si mesmo proposto pelo mestre russo.

---

28 Op. cit., p. 104-105.
29 Retornaremos ao tema da censura stalinista em nossa abordagem sobre a influência da ioga no Sistema de Stanislávski.

A *perejivánie* consiste em uma noção fundamental para o entendimento da investigação de Stanislávski sobre a arte do ator. Em geral, foi traduzida por vivência, revivescência, experiência, emoção. Embora, especialmente em seu emprego na vida cotidiana, possa ainda ser traduzida por aflição ou preocupação. A *perejivánie* pode ser tanto alegre e prazerosa, quanto triste e capaz de provocar sofrimento. Dito isso, destaco a seguinte definição de *perejivánie* na língua russa: "estado de alma que se expressa na presença de sensações e impressões intensas experimentadas por alguém"[30].

A palavra *perejivánie* é composta pelo prefixo *pere* e o radical *jiv*. O prefixo confere à palavra uma ideia de processo, já o radical está relacionado com o verbo *jit'* (viver), e com o substantivo *jizn'* (vida). *Perejivánie* é um substantivo neutro derivado dos verbos *perejit'* e *perejivat'*. Para *perejit'* se encontram as seguintes definições: viver (passar) algum tempo; sobreviver; continuar vivo; experimentar; passar por; sofrer; padecer; suportar. E para *perejivat'*: emocionar--se; afligir-se; preocupar-se; viver e sentir, no teatro[31].

Em nota de tradução da obra *Do Teatro*, de Vsévolod Meierhold (1874-1940), Diego Moschkovich cita a definição dada pelo reconhecido diretor teatral russo Anatóli Vassiliev (1942) na tentativa de buscar um significado mais preciso para a palavra *perejivánie* no contexto teatral russo. Assim sendo:

> O prefixo *pere*, nesse caso, tem a significação própria dos verbos de movimento e não equivale ao nosso *re-* latino (como em "revivência" e "reviver", por exemplo), mas sim à movimentação de um lugar ao outro, algo muito mais parecido com o nosso *trans-* (em "transcender", "transpassar" etc.). Seria um verbo que pudesse significar "pôr a vida em movimento".[32]

---

30 S. Ojegov, *Slovar' Russkogo Iazyka*, p. 352.
31 N. Voinova et al., *Dicionário Russo-Português*, p. 412.
32 D. Moschkovich, Sobre a Tradução, em V. Meierhold, *Do Teatro*, p. 15.

Ao "pôr a vida em movimento", podemos dizer que o processo de *perejivánie* abrange a relação de cada um de nós com o seu entorno, com o mundo, sendo parte inseparável da própria existência humana. E, considerando o envolvimento de propriedades emocionais e sensações, também é possível afirmar que a *perejivánie* diz respeito ao ser humano em sua totalidade psicofísica.

Diante das possibilidades de significação e de abrangência que a passagem por processos de *perejivánie* representa na vida das pessoas, é possível entender a complexidade do projeto artístico e pedagógico que Stanislávski investigava e buscava aplicar no trabalho do ator em cena. Por isso, sua exigência de um disciplinado *trabalho sobre si mesmo*, um trabalho com objetivo artístico, mas que não podia estar separado dos modos de existência do ser humano/ator em sua vida privada.

A noção de *voploschénie*, assim como a *perejivánie*, é parte essencial da experimentação cênica de Stanislávski – é a responsável por manifestar, em uma forma artística, a "vida sutil" criada no processo da *perejivánie*. A sua tradução mais frequente tem sido encarnação, mas também é possível encontrá-la como corporificação ou personificação. A seguinte definição também interessa ao nosso estudo: "transição para a realidade, realização em uma forma concreta"[33].

Voploschénie é formada pela preposição *v* acrescida da vogal de ligação *o*, que conferem à palavra uma ideia de movimento para dentro, e pelo radical *plot'* que na palavra *voploschénie* tem o "t" substituído pelo "sch". A palavra *plot'* significa carne como também pode significar encarnação. *Voploschénie* é um substantivo neutro derivado dos verbos *voplotít'* e *voploschát'*, ambos podem significar encarnar ou personificar.

Outro dado importante é que Stanislávski, bem como seus discípulos, também utilizavam a noção de *perevoploschénie*. Além de (re) encarnação, *perevoploschénie* pode significar metamorfose[34].

---

33 D. Uchakov, *Bol'chói Tolkovyi Slovar' Sovremennogo Russkogo Iazyka*, p. 94.
34 N. Voinova et al., op. cit., p. 410.

Trata-se também de um substantivo do gênero neutro, diferenciando-se estruturalmente de *voploschénie* pelo acréscimo do prefixo *pere*. Tal prefixo reforça nessa noção a ideia de processo, travessia. Na edição da obra de Stanislávski pela editora argentina Quetzal, *perevoploschénie* pode ser encontrada traduzida como *reencarnación*. Já na edição brasileira, encontramos essa noção traduzida como transposição e como encarnação.

Enfim, com o presente livro, buscamos ampliar a percepção e a compreensão sobre as noções de *voploschénie* e de *perejivánie* na obra stanislavskiana para que ao lermos encarnação, corporificação, revivescência, vivência ou experiência em sua obra, seja possível compreender a riqueza e a abrangência dessas noções não só na língua russa, mas também na própria esfera de transformação em que se encontravam as pesquisas de Stanislávski. Entendendo que essa força de "vida em movimento" que atinge e atravessa psicofisicamente o ser humano em determinados momentos de sua existência também deveria atingir e atravessar o ator em cena, a partir de um contínuo trabalho sobre si mesmo.

O Sistema e a Natureza

O "sistema" observa-se em casa, na cena abandone tudo. Não se pode atuar com o "sistema". Não há Sistema algum. Existe a natureza. A preocupação de toda a minha vida – como é possível chegar próximo do que chamam "sistema", ou seja, da natureza da criação. Leis da arte – leis da natureza. O nascimento de uma criança, o desenvolvimento de uma árvore, o nascimento de uma personagem – são fenômenos da mesma ordem.

C. STANISLÁVSKI, *O Trabalho do Ator Sobre Si Mesmo, Parte 2.*

Nessa fala de Tortsov-Stanislávski[1] estão presentes ambos os processos criativos de *perejivánie* e de *voploschénie.*

---

1   Arkádi Nikoláievitch Tortsov foi o nome dado por Stanislávski, em sua obra, ao mestre que conduz os atores/aprendizes na prática pedagógica do trabalho do ator sobre si mesmo. Para concretizar na escrita os elementos que compõem o seu Sistema, Stanislávski cria personagens, mestres e aprendizes, que, juntos, em meio a descobertas e equívocos, em busca do conhecimento e do aprimoramento de si mesmo, desenvolvem a sua trajetória artístico-pedagógica ao longo de dois anos de estudos. O primeiro ano da escola teatral está dedicado ao trabalho sobre si mesmo no processo de criação da *perejivánie*, e o segundo ano trata do trabalho sobre si mesmo no processo de criação da *voploschénie*. Tortsov é ▶

Stanislávski almejava levar a complexidade da natureza para a arte teatral. Por isso, nomeou de *perejivánie* a arte que buscava realizar cenicamente, ou seja, uma arte que deveria alcançar e transpor para o palco o movimento da vida, com sua qualidade de renovação contínua, de imprevisibilidade, de ação e de reação, de acordo com as circunstâncias que surgem a cada momento pela interação do ator com os seus focos de atenção. Com a arte da *perejivánie*, interligada ao processo de criação da *voploschénie*, Stanislávski buscava cultivar no palco, por meio do trabalho do ator sobre si mesmo, a vida e a força criativa da natureza.

Na natureza, a renovação é ininterrupta, e o que envelhece abre espaço para que o novo possa nascer. E é nessa renovação que reside a sua força criativa, força que pode ser delicada como o surgimento de um broto, vigorosa como os raios de uma tempestade ou devastadora como a passagem de um tornado. A vida que move a natureza carrega delicadeza e intensidade. Acontece na medida em que as circunstâncias vão surgindo: algumas são previsíveis e contornáveis, enquanto outras são totalmente inesperadas e colocam nossas escolhas, e a própria vida, em xeque. Um instante pode separar a vida da morte, a alegria da dor.

A vida é instável; a estabilidade não conduz à renovação, mas a instabilidade a faz. A dose de mistério e, portanto, de imprevisibilidade que envolve o nascimento de uma criança ou o desenvolvimento de uma árvore, como exemplifica o mestre russo, e até mesmo os cuidados que inspiram esses fenômenos da natureza e o tempo que se faz necessário para o seu amadurecimento, agem em conformidade com as leis da natureza que, de acordo com Stanislávski, seriam as mesmas leis da criação artística. Pois, como disse Tortsov: "Não há

▷ o portador das ideias e responsável maior pela transmissão prática do Sistema de Stanislávski na obra ficcional criada por ele. Dessa forma, podemos dizer que por meio dessa personagem escutamos a própria voz amadurecida de Stanislávski. Por decisão de Stanislávski, ocorreu uma variação nos nomes originais do mestre Tortsov e de Nazvánov e Chustov, dois dos aprendizes da escola teatral de Tortsov. Inicialmente, eles eram denominados Tvortsov, Fantassov e Tchuvstvov, em alusão às palavras russas *tvorets* (criador), *fantaziia* (fantasia) e *tchuvstvo* (sentimento/sensação/sentido), noções valorosas para o Sistema stanislavskiano.

'sistema' algum. Existe a natureza". O que existe é a natureza orgânica do ator diante da possibilidade de ser potencializada e sensibilizada pelo esforço do trabalho sobre si mesmo, a ponto de criar em si mesmo uma segunda natureza. O aperfeiçoamento dos elementos do Sistema pelo (e no) ator significa, então, para Stanislávski, promover uma aproximação do artista com sua própria natureza que, assim como a arte teatral, está sempre em movimento contínuo.

O Trabalho Sobre Si Mesmo e a Natureza Orgânica e Criativa do Artista

Então, nós estamos estudando sobre o que se costuma chamar de "sistema de Stanislávski". Isso é incorreto. Toda a força desse método consiste justamente no fato de que ninguém o inventou, ninguém o ideou.

O "sistema" é inerente a nossa própria natureza orgânica, tanto espiritual quanto física. Nós nascemos com essa capacidade para a criação, com esse "sistema" dentro de nós mesmos. A criação é a nossa necessidade natural e, pareceria justo que, pelo "sistema", não tivéssemos a possibilidade de criar de outra maneira. Mas, para a nossa surpresa, ao entrar em cena, nós perdemos o que nos é dado pela natureza e, em vez da criação, começamos a exagerar, a fingir, a nos comportar com afetação e a representar[2].

Essas palavras de Stanislávski, de certa forma, reafirmam e complementam o que foi exposto na epígrafe de abertura de nosso capítulo.

2   Ver *Sobránie Sotchinéni v 9 Tomakh, t. 3: Rabota Aktiora Nad Soboi, Tchást'* 2, p. 366.

Nesse sentido, para nosso trabalho, o que é importante de ser assimilado sobre o Sistema de Stanislávski? Em primeiro lugar, é necessário ter em mente que, quando falamos do Sistema estamos tratando da própria natureza orgânica e criativa do artista. Como afirma Tortsov-Stanislávski, ninguém inventou o Sistema – e nem poderia ter inventado – pois ele é composto de elementos dados pela natureza. A grande questão para Stanislávski era que, quando o ator é colocado nas condições fictícias da cena, o seu aparato psicofísico deixa de funcionar como naturalmente funciona na vida, acontece um desvio artificial entre corpo e mente e, assim, surgem a representação, a mentira, os truques e os clichês. Mas não só isso, pois o objetivo não é apenas que o ator consiga agir em cena como age na vida, é preciso que ele tenha a capacidade de agir organicamente em uma forma artística.

O Sistema, por meio do "trabalho sobre si mesmo", aponta para um caminho possível para a restauração da totalidade psicofísica orgânica do ator em cena. Segundo Stanislávski, na conversa registrada com mestres do TAM em 19 de abril de 1936, "esse trabalho deve lhes dar um correto estado geral cênico, o aquecimento, o conforto, a participação de todo o organismo no trabalho, e não só do cérebro"[3]. Logo em seguida, ao abordar a importância do "trabalho sobre si mesmo" para a arte do ator, ele evocou a imagem de uma argila amassada: "Vocês, então, poderão fazer com ela tudo o que quiserem. Enquanto a argila não estiver amassada, haverá violência. Sem esse aquecimento vocês empurrarão o ator para a afetação."[4]

A violência, para Stanislávski, está ligada à imposição de algo alheio ao trabalho do ator, isto é, enquanto o ator não se apropria do que lhe é alheio, seja o papel ou os elementos da cena, a violência estará presente. Como na natureza, para que não haja violência também se faz necessário tempo. É preciso respeitar o tempo para o cultivo e o amadurecimento do trabalho, da preparação, do processo de criação do ator.

---

3   Idem, *Sobránie Sotchinéni v 9 Tomakh, t. 6: Tchást' 2*, p. 552.
4   Ibidem, p. 552-553.

O Ofício, a Representação e a *Perejivánie*

Sendo assim, talvez tão importante quanto compreender o que Stanislávski almejava para a arte do ator seja esclarecer contra o que ele lutava.

Ao longo de sua trajetória artística, ele observou e constatou a existência de três tendências da arte teatral: o ofício, a representação e a *perejivánie*[5]. O ofício da cena foi a tendência que rejeitou totalmente. Para ele, o ator que trabalha pelo ofício da cena não realiza uma criação autêntica, ele apenas copia e reproduz uma forma desgastada e já sem vida, despreza o processo criativo e caminha diretamente para o resultado, para o clichê.

A segunda tendência apontada por Stanislávski é a arte da representação. Na arte da representação, o ator representa em cena a forma fixa da sua própria criação que, um dia, foi viva. Ao longo do processo criativo, o ator dessa tendência experiencia vivamente a sua criação nos ensaios para depois disso, cristalizá-la em uma forma. Assim, nas apresentações diante do público, o que vemos é uma cópia daquilo que o ator criou e não a criação em si, que é sempre movente, ou seja, vemos a forma fixada do que um dia foi a sua criação viva.

A arte da *perejivánie* corresponde à orientação artística pela qual Stanislávski foi guiado por toda a vida.

O princípio fundamental da arte da *perejivánie* consiste em que, a cada apresentação, a cada dia e a cada instante, ao realizar a sua ação, o ator deve perceber os novos impulsos e estímulos que surgem em cena a fim de se manter em permanente estado criativo. A base da *perejivánie* é, portanto, a capacidade de jogo, de relação, de improvisação e de adaptação do ator em cena.

---

5   Stanislávski considerava tão necessário possibilitar aos artistas a compreensão sobre essas três tendências da arte teatral que um dos pontos da extensa carta que escreve para Liubov Gurévitch em 23/24 de dezembro de 1930, descrevendo o plano de toda a sua obra, é justamente para que um dos volumes, o quinto, fosse dedicado a esse tema.

O Sistema e a Natureza

O ator deveria compreender, então, a existência dessas três tendências da arte teatral para que pudesse realizar, com consciência e com autonomia criativa, o seu próprio trabalho. Certamente, o fato de buscar a realização da arte da *perejivánie* não exime nenhum ator de cair, por vezes, na "representação" ou no "ofício", mas ao ser capaz de perceber o que está acontecendo em si mesmo durante a sua atuação, caso caia na representação ou no clichê, o ator pode buscar vias que o conduzam de volta à arte viva.

A Criação Subconsciente do Artista
Por Meio da Psicotécnica Consciente

Assim, o *trabalho sobre si mesmo* oferece ao ator um caminho, ou melhor, caminhos, para o aperfeiçoamento do seu aparato psicofísico e o alcance da maestria em sua arte para que, no momento da criação cênica, ele se encontre livre e aberto para se reconectar à sua própria natureza criativa. Desse modo, busca--se possibilitar o estabelecimento de laços profundos entre o ator, as forças orgânicas da sua própria natureza e a criação artística. Em suma, busca-se impulsionar o surgimento de um ator-criador. Essa ampla capacitação deveria ocorrer por meio de uma *psicotécnica*, isto é, o trabalho consciente do ator sobre os elementos do Sistema por meio de exercícios práticos que visavam o preparo psicofísico para a manifestação da intuição e da criatividade.

A seguinte citação se encontra no início do primeiro dos esboços intitulados por Stanislávski como "Ditirambo à Natureza". Segue a fala de Tortsov-Stanislávski:

> – Eu dedico a aula de hoje ao ditirambo da mais grandiosa, insubstituível, inacessível e genial artista da nossa arte.
>
> Quem seria ela?
>
> A natureza orgânica e criativa do artista. Onde ela se esconde? Para onde ela se dirige? Para qual parte direcionar os nossos hinos de entusiasmo e de louvor?

Isso que me encanta é chamado por nomes distintos e enigmáticos: gênio, talento, inspiração, super- e subconsciente, intuição.

Mas onde eles se encontram em nós – eu não sei, eu os sinto em outros e às vezes em mim mesmo. Onde? Dentro ou fora? Também não sei.[6]

Ao trabalhar por meio dos princípios e elementos que constituem o Sistema, o ator prepara, por vias conscientes, um solo fértil em *si mesmo* para propiciar a manifestação – inconsciente, super- ou subconsciente – da sua própria *natureza orgânica e criativa*. O conhecimento e a compreensão sobre esses possíveis "sinônimos" citados por Tortsov para a *natureza orgânica e criativa do artista* – gênio, talento, inspiração, super- e subconsciente, intuição – é fundamental para iniciar todo e qualquer estudo sobre a obra stanislavskiana. Quando Stanislávski trata de algum desses termos, ele também está se referindo basicamente à essência criativa e viva da natureza. Ao questionar onde ela se encontra em nós – "dentro ou fora?" – e responder com o seu desconhecimento a esse respeito, aponta-se uma importante pista: a *natureza orgânica e criativa*, que Stanislávski buscava provocar, encontra-se na totalidade corporal, psíquica, emocional e espiritual do ator. Sendo assim, afirmamos a inexistência de dicotomia no entendimento de Stanislávski entre "interno" e "externo". Pois, ao longo deste estudo veremos que, com frequência, Stanislávski utilizava os termos "interno" e "externo" para se referir a elementos e a processos do trabalho do ator. No entanto, desde já, é de suma importância que o leitor receba esses termos sob a perspectiva da totalidade psicofísica e indivisível do ator.

Na seguinte citação, Tortsov-Stanislávski apontou para a relação existente entre a manifestação do subconsciente e a *perejivánie*, além de afirmar a importância da *psicotécnica consciente* nesse processo:

---

6   *Sobránie Sotchinéni v 9 Tomakh, t. 3: Rabota Aktiora Nad Soboi, Tchást' 2*, p. 377.

O Sistema e a Natureza

Pois procuremos pelo subconsciente em um espetáculo fortemente estabelecido, decorado, tagarelado e desgastado. No qual tudo é fixado de uma vez e para sempre segundo os planos dos atores. Sem a criação subconsciente de nossa natureza espiritual e orgânica a atuação do artista se torna racional, falsa, convencional, árida, sem vida, formal.

Esforce-se para abrir em cena um amplo acesso para a criação subconsciente! Que tudo que a atrapalhe seja retirado e o que a ajuda seja consolidado. É daí que vem o objetivo fundamental da psicotécnica: conduzir o ator para tal estado geral, no qual o processo de criação do subconsciente nasça no artista da sua própria natureza orgânica.

Como se aproximar conscientemente do que, ao que parece, pela sua própria natureza, não cede à consciência, do que é "subconsciente"? Felizmente para nós, não há fronteiras nítidas entre a *perejivánie* consciente e a subconsciente.

Além disso, a consciência, frequentemente, dá a direção na qual a atividade subconsciente continua a trabalhar. Em nossa psicotécnica nós recorremos largamente a essa propriedade da natureza. Ela possibilita a execução de um dos fundamentos essenciais da nossa orientação artística: *suscitar a criação subconsciente do artista por meio da psicotécnica consciente.*[7]

Em um espetáculo realizado em cima de marcas automatizadas pela repetição formal do ator, não há espaço para a criação orgânica da natureza, para o subconsciente, ou superconsciente do ator. Tudo já se encontra enrijecido, engessado e sem vida – texto, movimentação, relação; corpo e mente. Em suas últimas pesquisas, Stanislávski compreendeu que seria o trabalho consciente sobre as ações físicas que poderiam conduzir o ator a um estado geral favorável à manifestação criativa subconsciente.

---

7   *Sobránie Sotchinéni v 9 Tomakh, t. 2: Rabota Aktiora Nad Soboi, Tchást' 1*, p. 437.

No texto supracitado, temos ainda um dado importante sobre a *perejivánie*: também não é possível definir onde ela se encontra no ator ("dentro ou fora?"). Assim como a natureza orgânica e criativa do artista, a *perejivánie* se movimenta livremente pelas esferas consciente e subconsciente, ou superconsciente. Mas não podemos esquecer que é por meio do trabalho consciente sobre a psicotécnica que Stanislávski visava abrir vias de acesso às esferas intangíveis da mente, dos afetos e do espírito.

Em outro trecho da conversa com mestres do TAM, Stanislávski fez o seguinte esclarecimento:

> A criação começa quando você chega ao limiar do subconsciente. E esse limiar é como um oceano; uma onda molhou o seu pé, a segunda onda se ergueu mais alto, a terceira onda o carregou e o levou novamente para a costa da consciência. Para chegar nesse limiar, a menor verdade pode ajudar.
>
> De repente, você deixou cair um lenço ou uma cadeira. Você pode apanhar o lenço ou a cadeira apenas como ator ou como ser humano-ator, isto é, você pode sair do papel para levantar o lenço e corrigir, então, o que não foi ensaiado. Mas você pode incluir o lenço na partitura do papel. Se fizer este último, você sentirá: "Aqui está o diapasão! Então, eu estava atuando até este momento, mas eis que chegou a verdade real! A janela se abriu e o ar fresco irrompeu no quarto abafado. Eu estava atuando, e eis onde está ela, a verdade." Dessa pequena ação física, o ator recebe o verdadeiro diapasão para todo o espetáculo e atua de forma diferente.[8]

Como foi referido, o subconsciente é um dos termos possíveis citados por Stanislávski para designar a *natureza orgânica e criativa do artista*. Torna-se viável deduzir que quando o ator alcança o "limiar do subconsciente" é como se ele adentrasse em um estado de

---

8   *Sobránie Sotchinéni v 9 Tomakh, t. 6: Tchást' 2*, p. 553.

O Sistema e a Natureza

contínuo fluxo criativo, propiciando banhar-se, ou mesmo mergulhar, no mar/subconsciente e retornar à costa sem quebrar esse fluxo, incorporando organicamente as circunstâncias que o surpreendem em cena à partitura do papel, como o lenço ou a cadeira que caíram sem que isso tivesse sido previamente ensaiado pelo ator, tal qual exemplificou Stanislávski. Circunstâncias como essas são exemplos claros de como o ator pode ser empurrado para a improvisação e, assim, aproveitar o que acontece de inesperado em cena como estímulo para manter viva a sua criação, para seguir navegando pelo processo de criação da *perejivánie*.

Sendo assim, as circunstâncias inesperadas exercem um papel importante para o trabalho do ator: ao surpreendê-lo em cena, trazem a possibilidade de ar fresco em sua atuação. Por isso, é preciso que o ator tenha desenvolvido em si mesmo a capacidade de agir e de viver em meio a essas novas circunstâncias, de percebê-las e de se adaptar a elas por meio de suas ações. Lembrando que a *adaptação* é um dos elementos fundamentais do Sistema. Nesse ponto, ressaltamos a importância que a capacidade improvisacional do ator tinha para Stanislávski, tanto é que no final da referida conversa, ele afirmou: "Eu quero alcançar a realização de espetáculos sem *mise-en-scènes* fixas."[9]

Isso significa que Stanislávski desejava poder transformar a *mise-en-scène* do espetáculo, a cada apresentação, como, por exemplo, mudar de lugar a abertura da cena para a plateia, levando os atores a improvisar continuamente e a se colocar, de fato, em amplo estado de *atenção cênica* e de *adaptação*. Na vida, estamos o tempo todo nos adaptando às circunstâncias que vão surgindo. Ao transportarmos essa compreensão para o trabalho do ator, podemos perceber o quanto a capacidade de improvisar em cena nos aproxima da nossa própria natureza orgânica e criativa. Assim, quando o ator não ignora as circunstâncias inesperadas, e sim as incorpora como parte de sua

9 Ibidem, p. 568.

ação, ele se permite respirar o ar fresco, ou seja, a "verdade real" e então renovar a sua criação.

Ao fim da conversa realizada com os mestres do TAM, Stanislávski retorna à imagem do fluxo existente no limiar entre a costa-consciência e o oceano-subconsciente: "Você pode ir para o mar e lá se agitar por um longo tempo, e depois saltar para fora de novo. Em algum momento, ocorreu um barulho no público e você pode entrar na consciência, mas não lhe custa nada se jogar de volta no oceano."[10]

Essa imagem, a nosso ver, faz um retrato do processo da arte da *perejivánie* que acontece sob o estímulo da percepção das circunstâncias do momento, junto às circunstâncias do papel, através do fluxo da natureza orgânica e criativa do artista. Nesse processo é possível que o ator transite livremente do consciente ao subconsciente ou superconsciente, e vice-versa. Por isso, a arte da *perejivánie* não pode ser fixada de antemão. Essa arte se torna possível somente por meio da liberdade de criação do ator. Para alcançar essa liberdade, como veremos no decorrer deste livro, se faz necessário um disciplinado e contínuo trabalho sobre si mesmo.

O Camponês e a Inteireza nas Ações

Stanislávski buscou revelar no ser humano-ator a sua própria natureza, o que nos faz compreender a importância primordial que ele conferiu à natureza na criação artística. O ator, então, deveria fazer a sua travessia artística em harmonia com as leis da natureza, como fazem, por exemplo, as pessoas que trabalham no campo. Stanislávski e Jerzy Grotowski (1933-1999) se referem de maneira semelhante ao modo de expressão do camponês, visto, por um e outro, como aquele ser humano que de fato vive em grande integração com a natureza e que depende diretamente dela para a sua sobrevivência. Segundo Tortsov-Stanislávski,

10 Ibidem.

O Sistema e a Natureza

ao interpretar um camponês, recordem sua extraordinária simplicidade, naturalidade e espontaneidade. Se ele está em pé ou caminha, é porque ele precisa ficar em pé ou ir. Se a lateral do corpo do camponês está coçando, ele a coça. Se ele precisa se assoar, tossir, faz um e outro e, ademais, faz tão exatamente quanto é necessário, mas depois solta a mão e fica imóvel até o próximo movimento que seja necessário para as suas ações[11].

De acordo com Grotowski:

> Há uma grande diferença entre o camponês que trabalha com suas mãos e o homem da cidade que nunca trabalhou com suas mãos. O último tem a tendência de fazer gestos ao invés de ações. [...] Observem: o homem da cidade que tem a tendência de fazer gestos dá a sua mão para outra pessoa dessa maneira [Grotowski dá a sua mão partindo da própria mão]. Os camponeses partem de dentro do corpo, dessa maneira [Grotowski dá a sua mão partindo de dentro do corpo através do braço].[12]

Por que o exemplo escolhido por ambos os estudiosos para falar sobre a relação de necessidade, de espontaneidade e de inteireza nas ações é o de um camponês? Na fala de Tortsov, o destaque está na simplicidade, na naturalidade, na espontaneidade e na precisão com que o camponês é capaz de realizar as ações que lhe são necessárias sem afastar-se da sua natureza pela criação de artifícios. A realização da ação é eficaz, prima pela economia dos gestos e se encontra, portanto, afastada dos excessos e das convenções sociais. O que acontece é um contato verdadeiro de ser humano para ser humano, e assim, estabelece-se uma relação genuína, espontânea, entre os envolvidos. O camponês de Grotowski também realiza a ação que necessita, e essa ação nasce de um impulso, nasce de todo

---

11 Idem, *Sobránie Sotchinéni v 9 Tomakh, t. 3: Rabota Aktiora Nad Soboi, Tchást' 2*, p. 339.
12 J. Grotowski apud T. Richards, *Trabalhar Com Grotowski Sobre as Ações Físicas*, p. 86.

o seu corpo e não de uma formalidade: se precisa cumprimentar uma visita, cumprimenta-a, com o envolvimento integral de alguém que age impulsionado pelas circunstâncias que lhe são apresentadas "hoje, aqui e agora".

Para Boris Zinguerman, a estreita conexão existente entre a visão artística de Stanislávski e a verdade, a beleza e a natureza é assim descrita: "A sua crença na Natureza era ilimitada. Não só não via nenhum conflito, como também não enxergava nenhuma fresta entre o senso de verdade e o senso de palco, entre a fidelidade à natureza e a fidelidade à condição cênica. Suas ideias acerca da verdade e da beleza estavam entrelaçadas."[13]

A natureza não parece ser. Ela é. Ela existe. Não demonstra, acontece. E está acontecendo o tempo todo ao nosso redor e em nós mesmos. Daí provém a sua verdade, e era esse o senso de verdade almejado por Stanislávski. Segundo Zinguerman, "um clichê cênico tedioso é ruim não apenas porque nele não há a verdade da vida, mas também porque nele não há a beleza da vida"[14]. Era dessa beleza, a beleza da verdade da vida, que falava Stanislávski e não de uma beleza conformada a determinado padrão.

Assim, a natureza é vista como fonte abundante para a criação artística pela similitude existente entre os princípios do processo criador na natureza e na arte. Por isso, para Stanislávski é necessário restabelecer as "leis da natureza criadora" no trabalho do ator, que deve acontecer no corpo/mente/afeto particular de cada um. A tentativa da conformação da arte teatral a determinado modelo ou fórmula do fazer é justamente o oposto daquilo que propõe o Sistema de Stanislávski.

---

13 B. Zingerman, As Inestimáveis Lições de Stanislávski, em A. Cavaliere; E. Vássina, *Teatro Russo*, p. 13-14.
14 Ibidem, p. 14.

O Sistema e a Natureza

O Difícil se Torna Habitual; o Habitual, Fácil; e o Fácil, Belo[15]

> O "sistema" não é um manual, mas toda uma cultura, na qual é preciso crescer e se educar ao longo de muitos anos. Não se pode decorá-lo, é preciso assimilá-lo, absorvê-lo em si mesmo para que ele penetre na carne e no sangue do artista, se torne a sua segunda natureza e, unido organicamente a ele de uma vez e para sempre, o transfigure para a cena.
>
> C. STANISLÁVSKI, O Trabalho do Ator Sobre Si Mesmo, Parte 2.

Anteriormente, vimos que Stanislávski afirmava que o Sistema não existe, que o que existe é a natureza. Agora trazemos outra fala do mestre Tortsov, na qual o Sistema é definido como "toda uma cultura". O que podemos depreender dessas afirmações que à primeira vista parecem incompatíveis, já que a natureza nos é dada e a cultura é construída?

Em primeiro lugar é preciso ressaltar que, para Stanislávski, "o restabelecimento do 'sistema', ou seja, das leis da natureza criadora, é indispensável porque na cena, por força das circunstâncias de um trabalho realizado em público, a natureza é violada e suas leis são infringidas"[16]. Dessa forma, a cultura referida por Stanislávski pode ser compreendida como o trabalho minucioso, contínuo, ético e disciplinado que, por isso mesmo, compreende um longo processo de

---

15 Desenvolvi parte da discussão que apresento neste estudo no artigo "Segunda Natureza: Liberdade Para uma Poética de Si Mesmo", publicado em seção dedicada à Stanislávski na revista *Moringa – Artes do Espetáculo*, v. 6.

16 C. Stanislávski, *Sobránie Sotchinéni v 9 Tomakh, t. 3: Rabota Aktiora Nad Soboi, Tchást' 2*, p. 372.

assimilação, que se dá passo a passo (afinal, tudo na natureza precisa de tempo para ser cultivado), para o restabelecimento das "leis da natureza criadora" no indivíduo-ator, para que se torne possível agir organicamente em face das condições impostas pela cena. Além da violação da natureza pela condição pública e fictícia do trabalho em cena, o "restabelecimento do 'sistema', ou seja, 'das leis da natureza criadora" em si mesmo é necessário ao ator porque a proximidade do ser humano com a sua própria natureza vai se perdendo no dia a dia, nos automatismos que se fixam constantemente pela repetição de atos e pensamentos padrões que o próprio ator se autodetermina, consciente ou inconscientemente, ao se fixar em alguma, ou melhor, em algumas identidades.

Assim, Stanislávski percebeu que para fazer com que o ator fosse capaz de alcançar em seu trabalho uma realização viva, com liberdade criativa, autonomia artística e respeito por suas particularidades individuais, seria necessário empreender uma redescoberta da sua própria natureza orgânica. Esse acesso se tornaria possível por meio do trabalho minucioso sobre os elementos do Sistema do qual falamos e que consiste em uma continuada reeducação do ator voltada para a sua própria essência. Visando a criação de outra *cultura em si mesmo* – a constituição de uma *segunda natureza*.

É preciso viver o Sistema. Experienciar de uma forma concreta essa cultura em si mesmo para chegar a compreendê-la amplamente como ator-criador. O processo de absorver essa cultura, tornando-a sua própria carne e sangue, transformando-a em sua segunda natureza, envolve o próprio *trabalho do ator sobre si mesmo*. A segunda natureza almejada por Stanislávski seria, então, a apropriação das leis da natureza criadora em cada individualidade humana e artística.

Na primeira parte da obra *O Trabalho do Ator Sobre Si Mesmo*, a expressão "segunda natureza" aparece em dois momentos: no capítulo II – "Arte da Cena e Ofício da Cena" e no capítulo VI – "Libertação Muscular". Para Stanislávski, a segunda natureza é um hábito adquirido que para a realização poética pode ser tanto positivo quanto negativo; pode ser tanto um impulso quanto gerar um aprisionamento para a

O Sistema e a Natureza   53

criação. Na obra referida, em um primeiro momento, a segunda natureza é apontada em seu aspecto negativo, como a fixidez de um hábito que se torna tradição do ofício, um artifício, uma vez que foi um hábito aprendido ou instruído ao ser repetido convencionalmente pelos atores e transmitido de geração em geração. Em um segundo momento, a segunda natureza aparece de modo oposto, ou seja, positivo, como um hábito a ser adquirido pelo ator por intermédio da expansão da sua capacidade de percepção e do domínio de si. Agora, vamos ver melhor essas duas passagens onde Tortsov-Stanislávski se referiu à segunda natureza do ator.

A Segunda Natureza e o Ofício da Cena

> *Os recursos prontos, mecânicos, interpretados são reproduzidos facilmente pelos músculos treinados dos atores artífices, acessam o hábito e se tornam uma segunda natureza, que substitui em cena a natureza humana. De uma vez por todas, essa máscara fixada dos sentimentos rapidamente se desgasta, perde a sua ínfima alusão à vida, e se transforma em simples clichê mecânico do ator, em truque ou sinal convencional exterior.*
>
> C. Stanislávski, *O Trabalho do Ator Sobre Si Mesmo. Parte 1.*

Essa compreensão da segunda natureza como um hábito que se enraíza de modo aprisionador nos músculos do ator artífice pela reprodução de recursos mecânicos e, como afirmou Stanislávski, leva o ator à "ilustração convencional"[17] está relacionada de forma inerente à ideia de ofício da cena. Como vimos anteriormente,

17 Ver *Sobránie Sotchinéni v 9 Tomakh, t. 2: Rabota Aktiora Nad Soboi, Tchást' 1*, p. 73.

Stanislávski utiliza a expressão "ofício da cena" em oposição à "criação artística", isto é, como mera reprodução ou repetição de convenções estabelecidas pelo ofício do ator de sua época. Cabe lembrar que no início das investigações e dos trabalhos teatrais de Stanislávski, no final do século xix, clichês e estereótipos prevaleciam no teatro russo e constituíam uma tradição. Tradição esta que era repetida formalmente pelos atores, salvo algumas exceções: atores capazes de sobrepor sua natureza criativa e instinto artístico aos convencionalismos. Tais atores eram tratados por Stanislávski como geniais.

A tradição era ensinada aos aspirantes do ofício de ator por intermédio de seus professores; em geral, atores profissionais impregnados dos mesmos truques, estereótipos e clichês. Stanislávski lutou por um fazer teatral de descobertas incessantes e de criação artística genuína, por isso encarava de modo negativo a dita "tradição do ofício" por entendê-la como amortecimento da arte pela cópia e demonstração de formas cristalizadas conhecidas/aprendidas de antemão pelo ator.

Os "recursos prontos, mecânicos, interpretados", citados por Stanislávski, não acompanham a fluidez da vida, não possibilitam espaço para a criação, pois são executados a partir de um conceito final pré-estabelecido antes da sua experienciação em cena. Ao engessar possibilidades criativas e limitar a manifestação da natureza, esses recursos acabam por afastar o ator de si mesmo – considerando que ele próprio é fonte de infinitas riquezas, de autenticidade inata à sua natureza humana – tornando o seu trabalho convencional e previsível tanto para ele próprio quanto para o público que assiste ao espetáculo.

Stanislávski buscou evidenciar que, para ele, os atores que tratam a cena como ofício, isto é, os atores "artífices" (*reméslenniki*) se valem dessa execução de recursos mecânicos capazes de habituar seus músculos em uma segunda natureza que aprisiona o corpo--mente e a criação. Destacamos que a palavra russa *reméslennik* pode ser traduzida como artesão ou artífice e se refere a "um profissional sem espírito criador"[18]. Dessa maneira, o ator artífice, segundo

---

18 N. Voinova et al., op. cit., p. 542.

O Sistema e a Natureza

Stanislávski, seria aquele que executa a sua "função" em cena e reproduz seu trabalho como uma casca fixa. Essa casca, em sua rigidez condicionante, aprisiona o artista/ser humano e acaba por impedir o eclodir da vida, da autenticidade, isto é, da própria arte.

Para Stanislávski, a questão fundamental é que para existir arte precisa haver um ininterrupto transformar e transformar-se, descobrir e descobrir-se, não podendo haver empenho pela repetição externa desconectada das forças internas. A busca pela simples repetição externa mata a potência da vida, e sem vida o ator cai em estereótipos, na "máscara fixada dos sentimentos", como se referiu Stanislávski em sua constante afirmação de que não exercemos controle sobre sentimentos e emoções. O ator que repete reações externas e convencionais consegue fixar, então, apenas a superfície dos sentimentos como se fosse uma "máscara". Essa "máscara" se opõe, assim, à própria natureza humana, à própria vida.

Em cada animal que nasce, em cada planta que brota, surge uma qualidade única. A diversidade e o mistério da irrepetibilidade são próprios da natureza. E não é diferente com a natureza humana, que é repleta de características inerentes a cada um como também de outras singularidades que vão se somando de acordo com as experiências pelas quais cada pessoa passa no decorrer da vida. No entanto, as normas vigentes na sociedade nos empurram a todo o momento contra nossa própria natureza. Somos levados a repetir padrões e a estimular que outros também os repitam em um ciclo sem fim.

Com o Sistema, Stanislávski buscou justamente quebrar esse círculo vicioso no que se refere à arte do ator. O desenvolvimento do Sistema, a partir de um laborioso trabalho sobre si mesmo, proporciona ao ator perceber estereótipos e convenções, abrindo vias em si mesmo para a eclosão da sua própria singularidade e liberdade criativa.

A Segunda Natureza e a Libertação Muscular

Este hábito deve ser elaborado diariamente, sistematicamente, não apenas durante a aula e nos exercícios em casa, mas também em sua própria vida real, fora da cena, quando a pessoa se deita, levanta, faz refeições, passeia, trabalha, descansa, em suma, em todos os momentos de sua existência. É necessário aplicar o controle muscular em sua própria natureza física, fazer dele a sua segunda natureza. Somente neste caso o controle muscular nos ajudará no momento da criação. Se trabalharmos sobre a libertação muscular apenas durante as horas ou minutos destinados a esse propósito, então não alcançaremos o resultado desejado, visto que, tais exercícios, limitados pelo tempo, não produzem o hábito, não o conduzem até os limites do inconsciente, do costume mecânico.

C. STANISLÁVSKI, *O Trabalho do Ator Sobre Si Mesmo, Parte 1.*

Novamente Tortsov-Stanislávski se refere à segunda natureza como um hábito. Nesse caso, um hábito positivo a ser perseguido pelo ator, trabalhado sobre si mesmo "até os limites do inconsciente". Stanislávski se refere naquela citação especificamente à libertação muscular (e veremos logo à frente a importância disso), porém a busca pelo hábito que se transforma em segunda natureza também é aplicada em relação aos demais elementos do Sistema. E, como hábito, a segunda natureza trabalhada no (e pelo) ator necessariamente ultrapassa as fronteiras da cena e se estende à vida, o que reforça todo o propósito do Sistema stanislavskiano. A transformação ética, artística e espiritual do ser humano/ator, desejada por Stanislávski, não poderia se restringir apenas à cena.

Volto a duas expressões – relacionadas com a segunda natureza – que chamaram a atenção na fala do mestre russo: "controle muscular" e "libertação muscular". De que maneira o controle e a libertação muscular, ideias aparentemente opostas, podem levar o ator à constituição em si de uma segunda natureza que amplie o seu estado criativo? Para Stanislávski, a libertação muscular é um dos elementos mais importantes do trabalho artístico e influencia diretamente o processo criativo do ator. Segundo ele, a tensão corporal que atinge as cordas vocais, as pernas, os braços, as mãos, a coluna vertebral, o pescoço, os ombros, o rosto, os olhos e o diafragma, por exemplo, intervém de modo nocivo no trabalho do ator como um todo. "Todas essas circunstâncias refletem perniciosamente na *perejivánie*, na encarnação externa da *perejivánie* e no estado geral do artista."[19]

O capítulo escolhido por Stanislávski para falar da segunda natureza em seu aspecto necessário para a criação do ator é chamado originalmente de *Osvobojdênie michts*, que pode ser traduzido literalmente como libertação muscular. A libertação, como processo para alcançar a liberdade, aspecto essencial na relação da criação artística com a segunda natureza, está presente já no nome do capítulo. Faço esse destaque porque na publicação da obra de Stanislávski em espanhol, pela editora Quetzal, esse mesmo capítulo é traduzido como *relajación* de músculos, isto é, "relaxamento dos músculos", e na publicação da editora Civilização Brasileira, em português, como "descontração dos músculos", o que pode conduzir o leitor a pensar que se trata de buscar um corpo relaxado, sem tônus, o que seria um erro grave de interpretação.

Com o processo de libertação muscular, Stanislávski não busca o relaxamento ou a descontração dos músculos do ator, liberando o seu corpo de todas as tensões, como sugerem essas traduções. O objetivo de Stanislávski é que o ator desenvolva a observação de si, que se torne capaz de perceber quais são os níveis de tensão

---

19 *Sobránie Sotchinéni v 9 Tomakh, t. 2: Rabota Aktiora Nad Soboi, Tchást' 1*, p. 185.

necessários para sustentar determinada ação e situação, e em quais partes do corpo há excesso de tensões que acabam por obstaculizar o seu fluxo criativo vivo e a própria realização cênica – "a luta consiste em desenvolver em si um observador ou controlador"[20]. Pela prática, a capacidade de percepção e de controle muscular do artista deve se tornar uma segunda natureza, como se pode observar na seguinte fala de Tortsov-Stanislávski:

> Para o artista, como para a criança de colo, tudo deve ser aprendido desde o princípio: a olhar, a andar, a falar, e assim por diante [...]. Tudo isso sabemos fazer na vida. Mas, por desgraça, na maioria esmagadora dos casos fazemos isso mal, não como foi estabelecido pela natureza. Em cena, é preciso olhar, andar, falar, de outro modo – melhor, mais normal do que na vida, mais próximo da natureza: em primeiro lugar, porque as falhas que se mostram à luz do palco ficam especialmente visíveis e, em segundo lugar, porque essas falhas influenciam no estado geral do ator em cena.[21]

Então, se para o artista "tudo deve ser aprendido desde o princípio", e como nesse aprender está implicado um processo de escuta, de percepção de si e de libertação dos padrões, o exercício do hábito que se transforma em segunda natureza se refere a um processo interminável de autodescoberta e de aperfeiçoamento humano e artístico.

O elemento designado por Stanislávski como *osvobojdênie michts* busca mais do que um "relaxamento dos músculos", é uma luta ininterrupta de vigília constante, tanto no cotidiano quanto na cena, para que as tensões corporais, muitas vezes provindas de bloqueios psíquicos, sejam percebidas, tornadas conscientes e que, a partir dessa consciência, o ator abra caminhos para a manifestação de sua potencialidade artística. Para Stanislávski, "esse processo de autocontrole e de anulação das tensões supérfluas deve ser conduzido até o

20 Ibidem, p. 188.
21 Ibidem, p. 191.

O Sistema e a Natureza

59

hábito mecânico inconsciente. Mais ainda – é preciso transformá--lo em um hábito normal, em uma necessidade natural"[22]. Assim, o que se deseja por meio de um trabalho intenso sobre si mesmo é a liberdade para que o ator alcance plenitude criativa em seu trabalho em cena. É interessante também perceber que o contrário de relaxar é tensionar, de descontrair é contrair, mas de libertar é aprisionar. Liberam-se os músculos – e quem sabe o próprio ator aprisionado atrás das couraças musculares. Não se trata de relaxamento ou descontração, e sim de liberar as amarras psicofísicas.

Conforme relatou Stanislávski na obra *Minha Vida na Arte*, no capítulo de abertura do período que denominou como *maturidade artística*[23], a libertação muscular foi um dos primeiros elementos que percebeu como sendo de importância primordial para o desempenho do trabalho do ator. Em busca de constituir um estado criador em cena, ele observava e realizava experimentações. A partir de suas observações notou que havia uma propriedade em comum em todos os artistas que admirava e passou a tentar descobrir em que consistia esse mistério. Eis que se revela a importância da libertação muscular. Segundo Stanislávski:

> Nos primeiros tempos eu percebi apenas que na condição criativa, nos outros e em mim mesmo, desempenhava um grande papel a liberdade corporal, a ausência de toda a tensão muscular e a inteira submissão de todo o aparato físico às ordens da vontade do artista. Graças a tal disciplina se obtém um trabalho criador magnificamente organizado, com o qual o artista pode, livremente e sem obstáculos, expressar com o corpo o que sente na alma. Observando a outros em tais momentos, pelo hábito de diretor, eu mesmo tive a sensação dessa condição do estado criador. Porém, quando ele se criava em cena em mim mesmo, eu experimentava um sentimento de libertação semelhante ao que,

22 Ibidem, p. 188.
23 Na obra *Minha Vida na Arte*, Stanislávski divide a sua trajetória artística em quatro grandes períodos: infância artística, adolescência artística, juventude artística e maturidade artística.

provavelmente, o prisioneiro *perejivaet* depois de quebrar as correntes que durante anos o impediram de viver e agir livremente.[24]

Para Stanislávski, a libertação muscular estava intimamente ligada ao alcance de um estado criador, o estado no qual o aparato psicofísico do ator se encontra em prontidão para agir e criar, em plena harmonia de corpo, mente, emocional e espírito. E por conta disso tem a capacidade de manifestar visivelmente, como reflexo instantâneo, os movimentos invisíveis da criação: os sentimentos, os sentidos, as sensações, a *perejivánie* e o estado de ânimo. Na segunda parte da obra *O Trabalho do Ator Sobre Si Mesmo*, Stanislávski-Tortsov declara que "o estado geral cênico é um estado geral de trabalho"[25]. Tal entendimento se deve ao fato de que este deveria ser o estado do ator durante todo o seu processo de criação, seja nos ensaios, seja no trabalho/estudo realizado em casa.

Stanislávski acreditava que o *estado geral cênico* era um requisito para a abordagem do papel e que, como tal, para o ator em cena deveria se tornar um estado normal, natural e orgânico, isto é, a sua *segunda natureza*. Aqui, voltamos a nos referir ao Sistema como uma cultura, já que em sua fala seguinte Tortsov volta a ressaltar a necessidade de um "grande trabalho, estudo, hábito e técnica para restituir em cena o que na vida é tão normal para cada pessoa"[26]. Nesse sentido, a segunda natureza também é uma cultura, pois deve ser cultivada/educada/assimilada pelo ator em si mesmo e, concomitantemente, também se trata de um profundo mergulho ao encontro de sua própria natureza. Sendo assim, o trabalho do ator sobre o Sistema a fim de torná-lo a sua segunda natureza é, ao mesmo tempo, cultura e cura, profundo trabalho sobre si mesmo.

Destacamos também as seguintes menções de Stanislávski-Tortsov à segunda natureza nos capítulos "Cultura Física" e "Canto e Dicção",

---

24 *Sobránie Sotchinéni v 9 Tomakh, t. 1: Moiá Jizn' v Iskússtve*, p. 376-377.
25 Estado Geral Cênico, *Sobránie Sotchinéni v 9 Tomakh, t. 3: Rabota Aktiora Nad Soboi, Tchást' 2*, p. 311.
26 Ibidem, p. 312.

O Sistema e a Natureza

na obra *O Trabalho do Ator Sobre Si Mesmo, Parte 2*. Logo no início do capítulo "Cultura Física", Tortsov anuncia aos estudantes que eles começarão a fazer aulas de plástica paralelamente às aulas de ginástica rítmica de Émile Jaques-Dalcroze (1865-1950). Na discussão desenvolvida por Tortsov sobre a importância das aulas de plástica para os estudantes-atores, está presente a ideia fundamental de que não basta que o movimento seja plástico se ele estiver vazio. O que significa que, conforme Stanislávski, o movimento deve ter plasticidade como também ser portador de uma ação produtiva e criadora que traga consigo a aspiração da realização de uma tarefa. Com isso, o movimento deixa de ser convencional, uma simples pose ou gesto, e passa a ser uma *ação real*[27]. A menção sobre a segunda natureza surge quando Tortsov exemplifica que há bailarinos e artistas dramáticos que foram capazes de elaborar em si mesmo tal grau de plasticidade que não precisam mais pensar nesse aspecto de suas ações físicas e que, dessa maneira:

> A plástica se tornou sua natureza, sua particularidade, sua segunda natureza. Tais bailarinos e artistas não dançam e nem atuam, mas agem e não podem fazer isso de outra maneira que não seja plasticamente.
>
> Se eles escutaram atentamente as suas próprias sensações, então, sentiram em si mesmo a energia que emerge dos recônditos mais profundos, do próprio coração. Ela percorre todo o corpo e não está vazia, mas repleta de emoções, de desejos, de objetivos que a impulsionam pela linha interna para o estímulo de uma ação criadora. [...]
>
> Fluindo pela rede do sistema muscular e estimulando os centros motores internos, a energia provoca uma ação externa.
>
> Tais movimentos e ações, que nascem nas profundezas da alma e que seguem pela linha interna são necessários para os autênticos artistas do drama, do balé e de outras artes cênicas e plásticas.

---

27 Ibidem, p. 28-29.

Somente tais movimentos nos são proveitosos para a artística *voploschénie* da vida do espírito humano do papel. Somente através da sensação interna do movimento é possível aprender a compreendê-lo e a senti-lo.[28]

É interessante perceber que ao mesmo tempo que Stanislávski buscou meios para desenvolver a expressividade dos movimentos nos atores e estudantes, sua fluência, força, flexibilidade e precisão, que são qualidades intrínsecas à plasticidade, havia a exigência de uma justificativa interna que transformasse os movimentos em ações. A plástica era fundamental para o mestre, mas perde o seu valor se não for movida organicamente por uma sensação, percepção ou ideia viva que a preencha e a ultrapasse, tornando-a visível e perceptível também aos olhos e à alma do espectador.

Na obra *Minha Vida na Arte*, ao descrever suas memórias sobre Isadora Duncan (1877-1927), que certamente era considerada por Stanislávski um dos exemplos de artistas que "não dançam e nem atuam, mas agem e não podem fazer isso de outra maneira que não seja plasticamente", sobressai-se a lembrança sobre a afirmação de Duncan, segundo a qual, para conseguir dançar, antes de entrar em cena precisava colocar um motor em sua alma. Stanislávski relembra que nessa época ele buscava justamente encontrar esse *motor criador* para preparar a alma do ator antes do espetáculo[29].

Esse motor criador está relacionado com a energia que percorre todo o corpo do artista no momento da criação e com a *sensação interna do movimento* que foram apontados na citação acima por Tortsov. E, além de tudo, é preciso que essa sensação interna do movimento, que deve acompanhar a plasticidade das ações do ator, seja assimilada e educada nele mesmo a ponto de se tornar uma segunda natureza. O alcance dessa assimilação como segunda natureza confere liberdade ao ator para que ele possa levar a sua atenção para outros

---

28 Ibidem, p. 29.
29 Ver *Sobránie Sotchinéni v 9 Tomakh, t. 1: Moiá Jizn' v Iskússtve*, p. 414.

O Sistema e a Natureza

pontos essenciais da criação que se dá no aqui e no agora da cena, tais como a comunicação com os *partners* e com os espectadores, as circunstâncias propostas do papel e com o próprio momento presente da realização do espetáculo, a *ação transversal* e o *superobjetivo* do papel. Considerando que as suas ações, como segunda natureza assimilada, serão naturalmente e consequentemente plásticas e justificadas.

Do capítulo III – "Canto e Dicção", salientamos a fala de Tortsov na qual ressalta que, nas aulas de canto, os exercícios de colocação da voz e de dicção deveriam ser apreendidos primeiramente sob a orientação de um mestre, e logo que a técnica estivesse devidamente compreendida pelo estudante seria imprescindível que os exercícios fossem realizados também de modo independente, em uma prática diária, nos momentos da vida no qual o estudante se encontrasse fora da sala de aula. Para Stanislávski-Tortsov, somente assim a técnica chegaria a ser assimilada pelo estudante como segunda natureza:

> É necessário pôr em uso, adquirir o hábito, incutir o novo em si mesmo, em sua própria vida, convertê-lo de uma vez e para sempre em sua segunda natureza. Somente sob essa condição se alcança o hábito que vai se transformar em segunda natureza, e nós não teremos de desviar a atenção para a dicção no momento da apresentação cênica. Se no momento da atuação o intérprete do papel de Chatski ou de Hamlet tem de pensar sobre os problemas de sua voz e sobre as incorreções da fala, é pouco provável que isso colabore para o seu principal objetivo criativo.[30]

A partir daí, é possível afirmar que a busca pela apreensão da técnica como segunda natureza está fortemente presente no trabalho sobre si mesmo, pois os princípios do trabalho do ator sobre o canto e a fala são os mesmos que apoiam o trabalho sobre a plasticidade e sobre todos os demais elementos do Sistema. E mais adiante veremos o quanto o problema da fala cênica marcou a busca artística de Stanislávski como

---

30 *Sobránie Sotchinéni v 9 Tomakh, t. 3: Rabota Aktiora Nad Soboi, Tchást' 2, p. 68.*

diretor-pedagogo, e em seu próprio trabalho como ator, especialmente a partir de sua experiência de insucesso com a personagem Salieri, da obra de Púschkin. Sendo assim, o que se buscava era que a técnica assimilada psicofisicamente pelo ator como segunda natureza conferisse a ele a liberdade necessária para a sua plena realização artística. Em seus escritos, Stanislávski sugeriu que a técnica do ator atinge a perfeição quando não a percebemos. Acreditamos que nesse pensamento se encontre uma importante chave para uma compreensão acerca da segunda natureza. Para Stanislávski, é no domínio absoluto da técnica – pois ela se tornou parte de seu organismo psicofísico, como uma segunda natureza – que o ator atinge a liberdade criativa:

> É um erro pensar que a liberdade do artista consiste em que ele faz o que quer. Esta é a liberdade do déspota. Quem é o mais livre de todos? Aquele que conquistou a sua independência, tanto como ela sempre é conquistada, e não dada. A independência presenteada não concede mais liberdade, porque esta independência poderá ser perdida muito em breve. Aquele que libertou a si mesmo, aquele que não passa necessidade pela ajuda alheia, aquele que sabe tudo, que pode tudo, que é independente em tudo, visto que dispõe da sua própria opinião, quem é rico em recursos para a luta contínua contra os obstáculos e as contradições encontrados é que realmente é livre. Por isso, o artista é o melhor autor que sentiu o papel, o melhor crítico que o analisou, o melhor diretor que estudou a peça, como ninguém ele conhece o seu talento, os meios espirituais e expressivos, é quem desenvolveu a técnica da virtuose – preparou o seu corpo, a sua voz, a sua mímica, conhece a teoria da arte, da pintura, da literatura, e tudo o que possa ser necessário para o ator. Em suma, aquele que executou com perfeição todo o trabalho preparatório e criativo do ator é realmente livre.[31]

31 *Sobránie Sotchinéni v 9 Tomakh, t. 4*, p. 25. Esse texto faz parte da edição russa de *O Trabalho do Ator Sobre o Papel* e provém do caderno de anotações de Stanislávski referente ao período de 1911 a 1916. No entanto, não consta nem na edição da obra correspondente ▶

O alcance da perfeição no trabalho do ator significava, para Stanislávski, que este deveria desenvolver um domínio tão pleno de sua técnica artística que, em cena, seria como se ela não existisse. Portanto, ele fala de um ator que desenvolveu profundamente a sua autonomia criativa e que domina a sua técnica a ponto de transcendê-la artisticamente. Por esse motivo, pode ser chamado de criador e livre.

Stanislávski repetia com frequência em sua obra uma frase atribuída ao príncipe Serguei Volkonski (1860-1937), responsável por disseminar na Rússia a euritmia de Dalcroze: "O difícil se torna habitual, o habitual – fácil, e o fácil – belo."[32] Esse pensamento pode ser complementado com o que frequentemente Stanislávski diz em seus escritos: "Para isso são necessários exercícios constantes e sistemáticos."[33]

Durante o meu estágio doutoral, ao assistir as aulas de Serguei Zemtsov[34], que eram ministradas aos alunos do primeiro ano da Escola-estúdio do TAM, algumas vezes ouvi dele, enquanto passava orientações aos alunos, a mesma expressão de Volkonski. Como se percebe, a ideia/prática de transformar o difícil em habitual, o habitual em fácil e transcendê-lo em belo permanece até os dias de hoje como premissa para o conhecimento prático do Sistema de Stanislávski na pedagogia teatral russa – como cultura experienciada e educada em si mesmo – ao salientar a importância do treinamento e da disciplina do ator para o domínio da sua arte. Desse modo, reafirmamos que a partir da incorporação da psicotécnica em si mesmo o ator alcança a liberdade para criar; alcança o belo – a arte – a natureza.

▷ em espanhol *El Trabajo del Actor Sobre Su Papel*, da Quetzal, e nem está presente na edição em português de *A Criação de um Papel*, da Civilização Brasileira.
32 *Sobránie Sotchinéni v 9 Tomakh, t. 3: Rabota Aktiora Nad Soboi, Tchást'* 2, p. 373.
33 Ibidem.
34 Serguei Zemtsov é ator, diretor e pedagogo. Realizou a sua formação na Escola-estúdio do TAM em 1983. E logo após, passou a atuar em teatros de Moscou. De 1991 a 1997, trabalhou no Théâtre-École du Passage, em Paris. Desde 1994 é pedagogo do Departamento de Maestria do ator da Escola-estúdio do TAM, sendo que, em 1997, tornou-se decano da Faculdade de Atuação da Escola-estúdio do TAM.

Como Converter o Teatro-Feira Atual em um Teatro-Templo?[35]

Os talentos extraordinários são muito raros, quase não existem, a maioria está na média ou abaixo da média, mas há encantos e capacidades agradáveis a partir dos quais se poderiam formar bons atores. Então esperar que atores com talento mediano tratem a arte com as mesmas qualidades dos talentos extraordinários é impossível.

Nós também não podemos aumentar o talento. Neste caso há um único caminho, além de uma escola especial (o "sistema"), que é igualmente necessária aos talentos extraordinários e aos medianos ("o 'sistema' é para os talentosos" – segundo Stanislávski), há um único meio para ajudar o talento médio a se tornar um bom ator, que trabalha na arte sobre as raízes, a se tornar um artista autêntico, em vez de um demonstrador das próprias qualidades e propriedades. É encontrar um meio de elevar e ampliar a visão de mundo, encontrar um meio de aprofundar o olhar sobre a vida e a relação com ela, de desenvolver uma relação mais ampla com as questões filosóficas, morais e sociais – trabalhar sobre a intuição em todas as esferas do espírito humano e da natureza...

L. SULERJÍTSKI, *Novelas e Contos, Artigos e Anotações Sobre Teatro.*

---

35 Desenvolvi parte do conteúdo que apresento neste estudo no artigo "Stanislávski e Suler- jítski: O Teatro Como Meio de Aperfeiçoamento de Si Mesmo e de Transformação da Sociedade", publicado na revista *Sala Preta*, v. 19.

Para que seja possível dimensionar a importância da natureza no Sistema stanislavskiano e a sua relação com os processos de criação da *perejivánie* e da *voploschénie*, não se pode deixar de falar sobre a contribuição de Leopold Sulerjítski (1872-1916) para o desenvolvimento de princípios fundamentais do Sistema. A citação de abertura desse estudo é uma parte das anotações de Sulerjítski que constam em seu diário e data de 09 de dezembro de 1913. Quando Sulerjítski se refere a um ator autêntico "que trabalha na arte sobre as raízes" contrapondo essa particularidade ao ator que é "um demonstrador" de habilidades, está colocando o ator que trabalha pelo processo da arte da *perejivánie* em oposição ao que se dirige diretamente aos resultados, como é o caso do ator do ofício da cena. As palavras de Sulerjítski colocam lado a lado a necessidade do trabalho dos atores sobre o Sistema, a importância de ampliar a sua visão de mundo nos mais variados aspectos e o trabalho sobre a intuição. E a intuição, como disse Stanislávski, é uma das maneiras possíveis de se referir à *natureza orgânica e criativa do artista*.

Ao abordar a ligação do Sistema com a natureza e sua relação com os ensinamentos de Sulerjítski, aproveitamos para resgatar outra referência que tratamos anteriormente através dos pontos de vista próximos e singulares de Stanislávski e de Grotowski: o modo de ser e de se expressar do camponês. Ao mesmo tempo que a fala dos mestres apontava para a simplicidade, a precisão e a capacidade orgânica e harmônica de envolvimento integral do camponês com as suas ações, também nos remetia à figura de Sulerjítski, ou Súler, como era conhecido, já que para ele o trabalho do camponês era a profissão mais importante que existia. Apesar de não ser filho de camponeses, desde cedo Sulerjítski aprendeu a trabalhar na terra. A sua experiência junto aos camponeses perpassa vários anos, desde a convivência com eles na Iásnaia Poliana[36], terra do

---

36 Iásnaia Poliana é o nome da propriedade rural onde Lev Tolstói nasceu e viveu a maior parte de sua vida. A propriedade está localizada na região de Tula, cidade ao sul de Moscou. Em 1921, Iásnaia Poliana tornou-se Museu do Estado, em memória deTolstói.

escritor Lev Tolstói (1828-1910), até o trabalho junto dos *dukhobors*[37] no Canadá.

Sulerjítski foi o principal colaborador de Stanislávski no início da elaboração do Sistema. Pelo texto abaixo de Iúri Zavadski (1894-1977)[38], citado e comentado por Elena Poliakova (1926-2007)[39], é possível se ter uma ideia da sua importância para o desenvolvimento do Sistema. Para Zavadski: "Talvez não existisse o 'sistema' de Stanislávski se neste mundo não tivesse existido Súler... com a sua impressão viva da realidade, com o seu admirável dom pedagógico, com a sua capacidade de compreensão profunda das pessoas e da vida. Súler influenciou imensamente Stanislávski quando Konstantin Sergueievitch criou o seu 'sistema.'"[40]

A partir disso, Poliakova considera que:

> Essas palavras de Iúri Zavadski podem parecer exageradas. Com certeza, objetivamente, o "sistema" teria sido criado. Mas, talvez, ele não teria entrado de fato na vida da geração jovem do TAM e dos seus estúdios se Sulerjítski não tivesse existido. A geração que veio para o teatro na década de 1910 não imaginava a arte sem ele [o Sistema] – e isso foi um mérito não apenas do criador do "sistema", mas também do seu primeiro transmissor, que transpôs termos imperfeitos e aproximados para a língua viva do teatro.[41]

---

37 No final do século XIX, viviam no Cáucaso, sul da Rússia, milhares de camponeses membros de uma seita religiosa, eles eram chamados de *dukhobors*. Os *dukhobors* se consideravam "escolhidos de Deus" e se recusavam a seguir qualquer lei ou conduta que não estivesse estabelecida por sua própria religião. Desse modo, passaram a ser perseguidos pelo Estado. Sulerjítski, atendendo a um pedido de Lev Tolstói, foi um dos condutores da migração dos *dukhobors* para terras que foram adquiridas, principalmente pela mobilização do próprio Tolstói, para o seu reassentamento no Canadá (ver Elena Poliakova, Jizn' i Tvortchestvo L.A. Sulerjítskogo, em L. Sulerjítski, *Povesti i Rasskazy*, p. 42-43).

38 Iúri Zavadski foi ator e diretor russo, discípulo de Evguéni Vakhtángov.

39 Elena Poliakova era doutora em artes, crítica, pesquisadora e historiadora teatral. Dentre suas publicações encontram-se "Stanislávski-ator" (1972) e "O Teatro de Sulerjítski. Ética. Estética. Encenação" (2006).

40 I. Zavadski apud E. Poliakova, Jizn' i Tvortchestvo L.A. Sulerjítskogo, em L. Sulerjítski, *Povesti i Rasskazy*, p. 79.

41 E. Poliakova, op. cit., p. 79.

Stanislávski falava de Sulerjítski como um excelente transmissor do Sistema com capacidade de conversar com os estudantes sem distanciá-los através do uso de termos e desdobramentos científicos que, na prática, não ajudam na criação. Sulerjítski se colocou inteiramente na prática laboratorial, mergulhando na pesquisa junto com os estudantes, e assim a contribuição de seu trabalho artístico e pedagógico, de seus valores éticos e espirituais, tornou-se fundamental para o fortalecimento da base e para o próprio desenvolvimento do Sistema.

No texto "Memórias Sobre um Amigo", escrito por Stanislávski para homenagear Sulerjítski após a sua morte[42], ele relata que ouvia falar com frequência sobre Sulerjítski nos bastidores do TAM: "Amável Súler! Alegre Súler! Súler – revolucionário, tolstoiano[43], *dukhobor*. Súler – romancista, cantor, artista. Súler – capitão, pescador, vagabundo, americano!"[44] A partir disso, Stanislávski se sentiu instigado a conhecê-lo. Um dia, após uma apresentação de *O Inimigo do Povo*[45], o encontro acontece no camarim de Stanislávski. Segundo Stanislávski, apesar de nunca terem se encontrado anteriormente era como se já se conhecessem. Stanislávski relata suas primeiras impressões: "ele sabia olhar e ver no teatro! E isso não é fácil. Para isso é preciso ter o olho da alma afiado. Súler era um bom espectador, um bom crítico, imparcial"[46].

Possivelmente, foi após esse encontro que Sulerjítski escreveu a primeira carta a Stanislávski. Nessa carta, que data de 21 de outubro de 1900, estavam expostas percepções de Sulerjítski acerca da vida e

---

42 Esse texto de recordações foi lido no Primeiro Estúdio do TAM no dia 25 de janeiro de 1917, quarenta dias após a morte de Sulerjítski.

43 Além de seguidor de preceitos de Lev Tolstói, Sulerjítski mantinha uma relação muito próxima com o escritor.

44 *Sobránie Sotchinéni v 9 Tomakh, t. 5: Knigue 1*, p. 180. Antes de se tornar de fato colaborador do TAM, Sulerjítski havia trabalhado nas mais variadas profissões e viajado pelo mundo como marinheiro.

45 Sulerjítski assistiu ao ensaio geral de *O Inimigo do Povo*, de Henrik Ibsen, que estreou no TAM em 24 de outubro de 1900. Nesse espetáculo, Stanislávski atuava como Doutor Stockmann.

46 *Sobránie Sotchinéni v 9 Tomakh, t. 5: Knigue 1*, p. 180.

da arte teatral e sobre como a atuação de Stanislávski como Doutor Stockmann havia impactado sua alma. Selecionamos os seguintes trechos da carta:

> Você não apenas age nos sentimentos, mas penetra na própria alma, entra na vida, no mais "sagrado" do ser humano e faz isso como poderia fazer um amigo próximo, sensível e compassivo, fortalecendo a fé na verdade e sustentando a força de indivíduos isolados em uma luta desigual contra uma "maioria cerrada".[47]

Ou, ainda em outro trecho:

> Com sua atuação, em poucas horas, o senhor uniu todas aquelas pessoas que estavam separadas pelo egoísmo frio e, por alguns momentos, deu-lhes a possibilidade de respirar o ar livre das relações boas, amorosas e fraternas das pessoas umas com as outras, sem o que todos sofrem tão brutalmente na vida, mas as pessoas ainda não conseguem estabelecer interações entre si, por causa de sua fraqueza e incompreensão. Fazendo isso, o senhor respondeu àquela mesma e principal exigência da verdadeira arte: unir as pessoas em torno do que há de melhor.[48]

Stanislávski ficou tocado tanto pela sensibilidade artística quanto pela própria história de vida de Sulerjítski, que estava conjugada a valores humanos e espirituais, cujas bases eram os princípios defendidos por Lev Tolstói. Segundo Poliakova, "o ensinamento de Tolstói sobre

---

47 L. Sulerjítski, *Povesti i Rasskazy*, p. 395.
48 L. Sulerjítski apud Daniela Merino, *Sulerjítski: Mestre de Teatro, Mestre de Vida* p. 32. Durante a elaboração da tese que deu origem a este livro realizei pesquisas e a tradução de trechos provindos da obra *Povesti i Rasskazi: Stati i Zametki o Teatre, Perepiska, Vospominania o L.A. Sulerjítskom*, que reúne materiais literários, anotações e correspondências de Sulerjítski. Para a presente publicação, optei por substituir algumas das traduções que havia realizado para a tese por traduções que constam no livro *Sulerjítski: Mestre de Teatro, Mestre de Vida*, de Daniela Merino, publicado pela Perspectiva, também na coleção CLAPS.

O Sistema e a Natureza

o 'aperfeiçoamento moral de si mesmo' [*samoussoverchénstvovanie*], sobre a grande responsabilidade de cada um por tudo o que acontece no mundo se apoderou dele [de Sulerjítski] por toda a vida"[49].

A busca pelo aperfeiçoamento moral de si mesmo regeu a ética do trabalho do ator durante o Primeiro Estúdio do TAM[50] e se tornou um princípio fundamental do Sistema de Stanislávski. Para Stanislávski e para Sulerjítski, a estética se encontrava profundamente ligada à ética. Ambos acreditavam no teatro como meio possível para o aperfeiçoamento de si mesmo e para a transformação do mundo. Esse entendimento certamente contribuiu para o forte vínculo afetivo que se estabeleceu entre esses dois grandes mestres da arte e da vida.

> Para Sulerjítski, era cara a convicção de Tolstói na necessidade do próprio aperfeiçoamento, a confiança de que cada homem deve fazer de tudo para se tornar melhor, levar às pessoas o auxílio e o bem. Como Tolstói, ele negava o regime estatal da época, baseado na violência e na injustiça. Como Tolstói, ele odiava a burguesia, sua mediocridade jactanciosa; como Tolstói, negava a Igreja, seu ritual, e aspirava seguir o ensinamento de Cristo em sua "pureza" e os evangélicos preceitos de amor fraternal para com o próximo.[51]

Conhecer os princípios comuns a Tolstói e a Sulerjítski, dada a sua influência para o desenvolvimento do Sistema de Stanislávski, nos parece essencial para o entendimento das raízes éticas e espirituais do *trabalho do ator sobre si mesmo*. Lembrando que, como vimos anteriormente, quando se trabalha sobre o Sistema, ética e estética não se separam.

---

49 E. Poliakova, Vida e Arte de L.A. Sulerjítski, em L. Sulerjítski, *Povesti i Rasskazy,* p. 25.

50 O Primeiro Estúdio do TAM iniciou as suas atividades em 1912, sob a condução de Leopold Sulerjítski que orientava os atores em consonância com os princípios do Sistema stanislavskiano. Stanislávski trabalhava com frequência com o grupo, junto de Sulerjítski, conciliando essa atividade com o seu trabalho no TAM.

51 E. Poliakova apud D. Merino, *Sulerjítski: Mestre de Teatro, Mestre de Vida,* p. 118.

Ao falar sobre Sulerjítski, Stanislávski recordou de sua grande ligação com a terra – o maior sonho de Sulerjítski era ter uma propriedade no campo, onde produziria os próprios alimentos e não haveria senhores e nem servos. Também recorda do quanto o amigo se sentia dividido "entre a aldeia e o teatro, entre a terra e a arte". Conforme Poliakova,

> ao mesmo tempo, ao lado da eterna propensão ao povo, à terra, ao trabalho nela, em Sulerjítski sempre vai viver uma cultura inata e uma cultura educada, adquirida; um conhecimento variado e a aspiração a um conhecimento ainda maior, para compreender as leis da pintura, da literatura e do teatro. Ambas as tendências sempre viveram nele, por vezes complementando uma a outra, por vezes se opondo[52].

Stanislávski prosseguiu relatando as lembranças que nos permitem visualizar de modo mais amplo os ideais que guiaram a criação das bases do Sistema:

> Súler trouxe consigo, diretamente da terra para o teatro, uma imensa bagagem de material fresco da vida espiritual. Ele recolhia bagagem por toda a Rússia, que percorria em todos os sentidos com uma sacola nos ombros, por todos os mares que ele atravessou mais de uma vez, por todos os países que ele visitou na época de suas viagens ao redor do mundo e outras. Ele trouxe para a cena a verdadeira poesia da pradaria, do campo, das florestas e da natureza, observações da arte e da vida, pensamentos e objetivos obtidos por provações e pontos de vista éticos, filosóficos e religiosos originais.[53]

---

52 E. Poliakova, Vida e Arte de L.A. Sulerjítski, em L. Sulerjítski, *Povesti i Rasskazy*, p. 25.
53 Stanislávski apud D. Merino, *Sulerjítski: Mestre de Teatro, Mestre de Vida*, p. 153.

O Sistema e a Natureza

Stanislávski valorizava a singular experiência de vida que Suler-jítski havia adquirido ao longo de suas andanças pelo mundo; bem como a sua habilidade de tornar esse material pessoal tão rico ao reunir informações, sensações e fatos de toda a espécie em visão artística e estímulo criativo para o teatro. Havia convicções consistentes como pano de fundo na forma de Sulerjítski ver a vida, as pessoas e o mundo. Essas convicções partiam principalmente dos preceitos de Tolstói, mas, talvez, também seja possível incluir na formação de seu pensamento e de seus valores a amizade com Anton Tchékhov (1860-1904) e Maksim Górki (1868-1936), que eram homens de grandes ideias e das mais elevadas aspirações.

Junto a Górki, Sulerjítski se envolve em círculos revolucionários e participa da Revolução de 1905, mas, depois da derrota da revolução, acaba por afastar-se daqueles círculos. Ao acreditar na força de uma revolução por meio dos princípios nos quais acreditava, rejeita a realização de uma revolução social por meio da violência. Conforme nos diz Poliakova, "ele se volta para o 'aperfeiçoamento moral de si mesmo' como objetivo principal do ser humano; para uma moral separada da política, para a fé na força do bem que é a única que pode salvar o mundo"[54]. Como esclarece a autora, "ele sonha com a liberdade e a igualdade, mas tem medo da luta pela liberdade e pela igualdade"[55]. Partindo do sonho de transformação do mundo, do ideal de amor ao próximo, ele se aproximou do teatro enxergando em Stanislávski alguém com quem compartilhar e concretizar os seus ideais.

Em 1906, Sulerjítski começou a trabalhar oficialmente no TAM como assistente de direção de Stanislávski na montagem de *Drama da Vida* (1907). As montagens de *A Vida do Homem* (1907), *Pássaro Azul* (1908) e *Hamlet* (1911) também tiveram a sua assistência. Segundo Stanislávski, embora ele tenha participado de apenas quatro espetáculos, cada uma dessas montagens constituiu uma etapa

---

54 E. Poliakova, Vida e Arte de L.A. Sulerjítski, em L. Sulerjítski, *Povesti i Rasskazy*, p. 32.
55 Ibidem.

importante para a busca das bases artísticas do Sistema e, assim, Sulerjítski realizou, de fato, um imenso trabalho[56].

Sulerjítski continuou a acompanhar as apresentações do *Pássaro Azul*, mesmo após a estreia, sem finalizar o trabalho como diretor. As suas anotações sobre a septuagésima oitava apresentação do espetáculo, em 1909, constituem uma dura crítica ao trabalho dos atores em cena e são concluídas por ele com os seguintes questionamentos: "Onde está a vida? Como recuperá-la? Como mantê-la?"[57] Essas questões expõem anseios que são os mesmos de Stanislávski com a arte da *perejivánie*. Depois de tantas apresentações, Sulerjítski percebeu o quanto os atores haviam se tornado mecanicamente condicionados em sua atuação, ao mesmo tempo que questionava por que os atores se mostravam resistentes às observações da direção após a estreia do espetáculo. Conforme a sua crítica, salvo algumas exceções, a cada apresentação, os atores estavam deixando de ser criadores e passando a ser simples relatores, prestadores de conta. Foi contra essa mecanização que Stanislávski lutou a vida toda e foi graças a essa luta que o Sistema foi sendo desenvolvido. Logo após as anotações críticas de Sulerjítski sobre a apresentação do *Pássaro Azul*, há uma nota de Stanislávski concordando com os apontamentos de Sulerjítski, além de se mostrar igualmente preocupado com a necessidade de prosseguir com a busca da arte da *perejivánie* junto aos atores, em contraposição ao ofício e à representação, pois sem isso, o teatro seria considerado supérfluo, nocivo e estúpido.

Stanislávski considerava Sulerjítski um artista e pedagogo de grande genialidade. Segundo Poliakova, Stanislávski acreditava que: "a habilidade de Súler em trabalhar com os atores, de despertar a sua fantasia e, ao mesmo tempo, conduzi-los para a grande verdade da vida, o ouvido 'perfeito' de Súler, para o qual era insuportável a menor falsidade e afetação, fizeram dele um diretor ideal do 'teatro da *perejivánie*'"[58].

---

56 Ver C. Stanislávski, *Sobránie Sotchinéni v 9 Tomakh, t. 5: Knigue 1*, p. 184-185.
57 L. Sulerjítski, *Povesti i Rasskazy*, p. 337.
58 E. Poliakova, Vida e Arte de L.A. Sulerjítski, em L. Sulerjítski, *Povesti i Rasskazy*, p. 82.

O Sistema e a Natureza

No período de 1910 a 1911, junto de Sulerjítski, Stanislávski propôs experimentar o Sistema com jovens atores da Escola Dramática de Aleksandr Adachev (1871-1934)[59] e esse foi o primeiro êxito da experiência pedagógica do Sistema. Dentre esses jovens, encontrava-se Evguéni Vakhtángov (1883-1922)[60] que, após essa experiência, seguiria com o trabalho criativo junto de Sulerjítski e de Stanislávski e participaria ativamente do Primeiro Estúdio do TAM, tornando-se um grande diretor e pedagogo. As palavras de Lidia Deikun (1889-1980)[61], que nessa época também era aluna da Escola de Adachev, nos permitem visualizar um pouco do trabalho realizado na Escola com a condução de Sulerjítski:

> naquela época, o sistema estava ainda, pode-se dizer, em um estado embrionário. Foram realizadas pesquisas, provas, se criou uma série de exercícios, de *études*, que ajudavam na aproximação ao estado criativo, que ajudavam o ator a ser orgânico em cena. [...] Havia muitas improvisações lúdicas, todas elas eram realizadas em paralelo com as aulas sérias e desenvolviam em nós o sentido da verdade, a ingenuidade, e acordavam a nossa fantasia criativa. Nós trabalhávamos em todo o lugar, até mesmo em momentos de passeio, na rua. Leopold Antonovitch nos ensinou a estudar de modo perspicaz a vida nas

59 Aleksandr Adachev foi ator, pedagogo e diretor da Escola Dramática mencionada no texto. Trabalhou no TAM de 1898 a 1913, atuando em diversos espetáculos.

60 Evguéni Vakhtángov foi ator do TAM e grande colaborador de Stanislávski para o aprofundamento do sistema. Elaborou, junto de Stanislávski e de Leopold Sulerjítski, o projeto do Primeiro Estúdio do TAM, que iniciou suas atividades em 1912. Vakhtángov foi uma figura-chave para a disseminação dos estúdios. Em novembro de 1913, foi convidado para se tornar o orientador artístico do Estúdio Dramático de Estudantes que havia sido criado por cinco estudantes que, inspirados pelo Primeiro Estúdio do TAM, decidiram criar o seu próprio estúdio. Nos anos posteriores Vakhtángov passou a trabalhar em diferentes estúdios que foram surgindo e em 1920, se encontrava ligado, simultaneamente, a nove estúdios em Moscou. Ver E. Vakhtángov, *Sbornik*; N. Gorchakov, *Vajtangov: Lecciones de Regisseur*; e C. Scandolara, *Os Estúdios do Teatro de Arte de Moscou e a Formação Pedagógica Teatral no Século XX*.

61 Lidia Deikun foi atriz, diretora e pedagoga. Realizou sua formação na Escola de Adachev e foi atriz do Primeiro Estúdio do TAM.

ruas, a prestar atenção ao comportamento de diferentes pessoas, a não perder nenhum acontecimento da rua, e a guardar tudo isso em nossa memória, "em um compartimento separado do cérebro" – como expressava Leopold Antonovitch[62].

Sulerjítski trabalhava a partir das diretrizes repassadas a ele por Stanislávski, em completa afinação com as ideias que vinham sendo desenvolvidas acerca do Sistema. Mais adiante, veremos que as práticas e ideias que naquele momento se encontravam em estágio inicial até hoje permanecem na Escola-estúdio do TAM, como a criação pela experimentação de *études*[63] e a importância da observação atenta dos acontecimentos da vida e das reações das pessoas diante das mais diversas situações. A participação de Sulerjítski como assistente de Stanislávski e a experiência adquirida com o trabalho pedagógico na Escola de Adachev deram a base para que Stanislávski pudesse lhe confiar o Primeiro Estúdio do TAM.

O Primeiro Estúdio foi organizado conjuntamente por Stanislávski e Sulerjítski e permaneceu sob a responsabilidade direta de Sulerjítski que, como apontou Poliakova, foi o primeiro transmissor do Sistema de Stanislávski. Sendo que a criação do Primeiro Estúdio teve como objetivo primordial colocar em prática e desenvolver o Sistema. Sobre a abertura do Primeiro Estúdio ao público,

62 Em L. Sulerjítski, *Povesti i Rasskazy*, p. 589-590.
63 Stanislávski utiliza em sua obra a palavra *etiud*, que deriva da palavra francesa *étude*. Da mesma forma, emprega em seus escritos a palavra *mizanstsena*, que também deriva do francês *mise-en-scène*. Aqui, a fim de buscar maior aproximação com a terminologia escolhida por Stanislávski e manter a unidade da tradução, nossa opção foi manter as palavras na língua original, *étude* e *mise-en-scène*. No registro de memórias de Olga Polianskaia, no outono-inverno de 1888, Stanislávski realizou uma conversa com estudantes-atores da Escola Dramática anexa à Sociedade Moscovita de Arte e Literatura, contando com entusiasmo sobre os *études* que foram referidos naquele momento como exercícios dramáticos no Conservatório de Paris (ver Irina Nikolaevna Vinográdskaia, *Jizn' i Tvortchestvo K.S. Stanislavskogo*, p. 95-96). As experimentações cênicas sobre *études* consistiram em uma prática que esteve presente ao longo dos anos na criação artística de Stanislávski e, especialmente em suas últimas pesquisas, nos anos 1930 adquiriu importância fundamental para a concretização do Método de Análise Ativa. Para mais informações acerca da prática de *études* em relação ao Método de Análise Ativa, sugiro a leitura do artigo "A Prática do *Etiud* no Sistema de Stanislávski" (Michele Zaltron, *Questão de Crítica*, n. 8).

O Sistema e a Natureza

que ocorreu em janeiro de 1913, Poliakova destaca a verdade e a simplicidade no trabalho dos atores, a sinceridade e a confluência surpreendente desses com seus papéis.

A simplicidade e a sinceridade, bem como a vida em comunidade e o ideal de coletivo, são valores que constituíram uma base sólida na própria existência de Sulerjítski e, como vimos em diversos momentos deste estudo, é possível perceber claramente seus rastros e/ou influências diretas nas experiências artísticas e pedagógicas do Primeiro Estúdio do TAM. A criação de uma espécie de *ordem espiritual de artistas* era um dos sonhos almejados por Stanislávski e por Sulerjítski. Nessa ordem, que seguiria os mesmos objetivos de experimentação teatral concretizados no Primeiro Estúdio, os artistas dividiriam o seu tempo produtivo entre o trabalho na cena e o trabalho no campo, conforme nos conta Stanislávski:

> L.A. Sulerjítski sonhou junto comigo em criar algo como uma ordem espiritual de artistas. Seus membros deveriam ser pessoas de visões sublimes, de ideias amplas, de grandes horizontes, conhecedores da alma humana, que se esforçam por objetivos artísticos nobres e são capazes de se sacrificar por uma ideia. Nós sonhamos em alugar uma propriedade que estivesse ligada à cidade através de bondes ou trens. Na qual fosse possível instalar, junto da casa principal, o palco e uma sala para os espectadores, onde aconteceriam os espetáculos do estúdio. Nas laterais desta casa, nós gostaríamos de acomodar os atores. Para os espectadores seria necessário organizar um hotel, sendo que, junto com o bilhete o viajante teria direito a um quarto para passar a noite. Os espectadores deveriam se reunir previamente ao espetáculo. Após passear pelo belo parque da casa, relaxar e jantar no refeitório coletivo, que seria mantido pelos próprios integrantes do estúdio, tendo sacudido de si a poeira da capital, limpando a alma, o espectador deveria ir ao teatro. Dessa forma, ele estaria bem preparado para a percepção das impressões artísticas e estéticas. Os meios para tal estúdio de campo

seriam obtidos não apenas dos espetáculos, mas da sua própria produção. Na primavera e no verão, época da semeadura e da colheita, todo o trabalho do campo deveria ser executado pelos próprios integrantes do estúdio. Isso teria um significado importante para o estado de ânimo e a atmosfera geral de todo o estúdio. As pessoas que se encontram diariamente na atmosfera nervosa dos bastidores do teatro não podem estabelecer as relações estreitas de amizade que são necessárias para um coletivo de artistas. Mas se, além da vida nos bastidores, essas mesmas pessoas se encontrarem na natureza, no trabalho conjunto sobre a terra, ao ar livre e fresco, sob os raios do sol – as suas almas irão se desvelar, os sentimentos ruins evaporarão e o trabalho físico conjunto ajudará em sua união. Na época do trabalho no campo, na primavera e no outono, a vida teatral seria suspensa para renascer novamente após a colheita dos cereais. E no inverno, no tempo livre criativo, os próprios integrantes do estúdio deveriam trabalhar na montagem das peças, isto é, deveriam pintar os cenários, costurar os figurinos, fazer as maquetes e assim por diante. A ideia sobre o trabalho na terra era um sonho de longa data de L.A. Sulerjítski; sem a terra e a natureza, especialmente durante a primavera, ele não poderia existir. Ele era puxado da cidade para a aldeia. Por isso, a parte agrícola do suposto estúdio deveria ser conduzida sob a supervisão direta do próprio Sulerjítski.[64]

Apesar de ser uma citação longa, penso que é importante trazê-la integralmente, visto que essas palavras de Stanislávski esclarecem justamente a ligação de Sulerjítski com a natureza. O trabalho físico no cultivo, na limpeza e na preparação dos alimentos proporcionaria aos atores uma visão de mundo oriunda do contato com a terra, com o trabalho mais primitivo para a sobrevivência, que é a responsabilidade pelo cultivo dos próprios alimentos. Para Sulerjítski, a experiência do

---

64 C. Stanislávski, *Sobránie Sotchinéni v 9 Tomakh, t. 1: Moiá Jizn' v Iskússtve*, p. 437-438.

corpo ao fazer as ações que são necessárias à lida direta com a terra parecia estar consistentemente atrelada ao alcance de uma visão artística elevada. Podemos pensar que a amplitude corporal alcançada pela realização do esforço físico em prol de si mesmo e do bem comum também geraria uma amplitude de ideias.

A criação artística não se separa da atitude ética do indivíduo diante de si mesmo e diante do mundo – esse era um dos princípios mais importantes tanto para Stanislávski como para Sulerjítski. Como disse Stanislávski, Sulerjítski não poderia existir sem o cultivo da terra e a natureza, pois esse contato constituía: ele próprio, sua ética, sua visão de mundo e sua visão artística. Sendo assim, nada mais coerente que o maior sonho de Sulerjítski fosse uma união plena e harmônica da arte com a natureza.

Essa visão tem a sua base em princípios de Tolstói, que defendia a importância de cada um buscar o seu alimento pelo próprio trabalho. Compreendia o trabalho também como alimento, um alimento espiritual. Da mesma forma, para realizar o trabalho artístico é necessário manter o cultivo incessante de si mesmo. Sulerjítski via a possibilidade de transformar o trabalho com a terra, um trabalho rude e pesado, em arte e beleza. O trabalho na terra exige simplicidade, ações necessárias e envolvimento íntegro no agir. Não há tempo para movimentos supérfluos, afetados, vazios de significado – essa compreensão de si mesmo pode conduzir de modo mais consciente à sinceridade do agir em cena. De acordo com Poliakova, Sulerjítski não tolerava nenhum tipo de falsidade, fosse ela na vida ou na arte. Essa característica pessoal também o aproximava da busca pela sinceridade em cena e o afastava dos clichês. Nisso podemos distinguir a própria arte da *perejivánie*[65]. A arte da *perejivánie* adquire, dessa maneira, uma referência mais concreta na vida dos estudantes. Não apenas pelas ações realizadas no trabalho com a terra, mas também pelo entendimento permitido pela própria passagem de cada um pela experiência dos ciclos e da força viva e criativa da natureza;

---

65 E. Poliakova, Vida e Arte de L.A. Sulerjítski, em L. Sulerjítski, *Povesti i Rasskazy*, p. 79-80.

pela constatação da existência da natureza não somente no campo, mas em cada um de nós. Stanislávski aludiu à atitude de entrega ao trabalho, não somente a do corpo físico, como também, e principalmente, a da alma. Sulerjítski também via no trabalho do campo e na proximidade com a natureza a possibilidade do alcance de um grau maior de pureza nas relações humanas, não somente entre os trabalhadores do teatro, mas igualmente entre os atores com o público e o público com os atores. Assim, respeitando as suas próprias singularidades, a busca pelo conhecimento de si mesmo e pelo conhecimento e o entendimento do outro, do seu caráter humano, geraria uma compreensão mais profunda da vida e consequentemente da arte.

Stanislávski e Sulerjítski falavam de um *teatro-templo*. Em meio às anotações artísticas de Stanislávski, que datam dos anos de 1908-1913, há um texto intitulado "O Teatro É um Templo, o Artista É um Sacerdote". Nesse texto, Stanislávski propõe a discussão:

> Finalmente as pessoas estão começando a compreender que agora, com a decadência da religião, a arte e o teatro devem se elevar até o grau de um templo, já que a religião e a arte pura limpam a alma da humanidade. Porém...
>
> Como converter o teatro-feira atual em um teatro-templo? A resposta surge por si mesma. Que venham artistas-sacerdotes, artistas-sagrados, com pensamentos puros e elevados, com nobres sentimentos, e então, a arte se criará por si mesma. É possível rezar sob o céu limpo e sob o teto sufocante, sem palavras ou com palavras, uma vez que não é o lugar, mas as próprias pessoas que criam a atmosfera que transforma um simples estábulo em um magnífico templo. Se as pessoas que criaram a fé foram as mesmas que profanaram os templos, transformando-os em um centro comercial, por que não criar para eles uma nova arte e edificar um teatro-templo?[66]

---

66 *Sobránie Sotchinéni v 9 Tomakh, t. 5: Knigue 1*, p. 413.

O Sistema e a Natureza

Na concepção de Stanislávski, a arte teatral tem o poder de transformar as pessoas e de propiciar a elevação espiritual, da mesma forma que as pessoas de "visões sublimes e ideias amplas" têm a força necessária para fazer com que nasça a própria realização artística. Afinal, no trabalho que se realiza tendo como base o Sistema stanislavskiano, a ética é inseparável da estética. Ao evocar as reflexões deixadas por Sulerjítski a respeito do elenco do *Pássaro Azul* nas quais, como vimos, ele apontava que os artistas estavam se transformando em artesãos/artífices, Poliakova nos oferece uma pista importante: ela afirma que Sulerjítski, nos protocolos de ensaios do TAM, destaca a relação existente entre a *perejivánie*, a arte e o teatro-templo em oposição à representação, ao ofício/artifício e ao teatro-comércio[67]. Assim, a arte buscada por Stanislávski, a *perejivánie*, reafirma-se em sua condição de arte elevada, sagrada, como a arte que deveria ser realizada em um teatro-templo e não em um teatro a serviço do comércio. O teatro-templo, dessa maneira, estava ligado à *ordem espiritual de artistas* da qual falou Stanislávski, estava ligado à natureza, pois no campo, o templo se encontra manifestado na natureza, ou melhor, é a própria natureza.

Em geral, a vida na cidade absorve nossas energias, imprime um ritmo mais acelerado, tem muitas distrações a oferecer. Já a vida no campo pode convidar à escuta, à percepção e gerar concentração. Na propriedade afastada da cidade, os atores cultivariam não só os seus próprios alimentos, mas também, especialmente, a si mesmos. Os atores que trabalham por meio do Sistema deveriam se submeter a um processo preparatório de reconexão com a sua própria natureza, de limpeza da alma. O aprimoramento dos elementos do Sistema em si mesmo tornaria possível a abertura de vias para a reconexão.

A ordem espiritual de artistas tal qual foi sonhada por Stanislávski e Sulerjítski não se concretizou. Stanislávski chegou a comprar um

---

67 Ver E. Poliakova, Vida e Arte de L.A. Sulerjítski, em L. Sulerjítski, *Povesti i Rasskazy*, p. 19-20.

terreno na Crimeia destinado para as experimentações do Primeiro Estúdio e, como relata, por dois ou três anos durante o verão, os estudantes-atores do Primeiro Estúdio, conduzidos por Sulerjítski, viveram uma experiência primitiva de contato com a natureza, tendo como base o conhecimento que ele próprio adquiriu ao participar da organização da comunidade dos *dukhobors*. Todavia, as experiências ficaram restritas a esses verões.

De acordo com Poliakova, com a transformação do Primeiro Estúdio em teatro, isto é, com as apresentações públicas, a partir do sucesso obtido com os espetáculos, algumas relações e atitudes dos estudantes-atores igualmente se transformaram. Surgiram inveja e disputas que afastaram o estúdio dos ideais aos quais Sulerjítski dedicou a sua vida e o seu trabalho como artista e pedagogo. O Primeiro Estúdio deixou de ser um lugar puramente de investigação (teatro-templo) e se tornou um espaço de produção – foi profanado. Do mesmo modo, com a guerra e a eminência da Revolução Russa, os sonhos de Sulerjítski a respeito da transformação ética do mundo sem derramamento de sangue foram, aos poucos, sendo sufocados.

Embora Sulerjítski não tenha alcançado plenamente os seus ideais, é inegável a sua contribuição ética, artística e espiritual ao Sistema de Stanislávski, principalmente por meio do seu trabalho no Primeiro Estúdio, que realizou até o final da vida. O princípio de aperfeiçoamento moral de si mesmo direcionado por Sulerjítski ao trabalho do ator reforça a ética como elemento fundamental do Sistema de Stanislávski, elemento este que ainda hoje é abordado pelos pedagogos com os estudantes da Escola-estúdio, desde o início de sua trajetória de formação artística.

O trabalho sobre o desenvolvimento do Sistema – das leis da natureza – em si mesmo e a busca pela realização da arte da *perejivánie* nunca foi, e nem será, um caminho fácil e sem obstáculos, pelo contrário, requer do ator, do diretor e do pedagogo um processo árduo de persistência, renovação e entrega, ao mesmo tempo que necessita de paixão, respeito, vontade e amor à arte e à criação.

O Sistema e a Natureza

Algumas Considerações...

No início deste capítulo, citamos uma fala de Stanislávski que unia os fenômenos do nascimento de uma criança ao desenvolvimento de uma árvore e ao nascimento de uma personagem dentro de uma mesma ordem. A busca por concretizar uma criação viva em cena – a arte da *perejivánie* – acontece lado a lado com as leis da natureza, pois a natureza é a própria vida em processo, é o oposto do artifício. Artifício esse representado particularmente pelo ofício da cena, pela cópia de um modelo e a sua reprodução mecânica sem vida e sem espírito artístico, prática que Stanislávski tanto combateu ao longo da vida.

Para alcançar em cena a realização da arte da *perejivánie*, todo o processo criativo do ator deveria considerar o tempo e o cultivo necessários ao amadurecimento artístico de cada criação e do seu próprio trabalho de ator, desde a semente/raízes/embrião até o nascimento. Contudo, no caso da cena, estamos falando de uma realização artística, e a arte pressupõe a busca por uma forma. Justamente pela importância concedida por Stanislávski à forma artística é que o processo proposto por ele requeria do ator um contínuo trabalho sobre si mesmo, de desenvolvimento e de aperfeiçoamento da sua própria natureza criativa e orgânica. Como vimos, esse trabalho busca a assimilação na carne e no sangue de uma segunda natureza em si mesmo; e somente assim, a arte e a natureza poderiam, de fato, interagir uma com a outra em um fluxo orgânico na realização cênica.

A cada momento da vida, somos afastados da nossa própria natureza. Somos condicionados por nossos próprios hábitos e atitudes a repetir certos padrões que retornam de modo constante e se consolidam em nosso corpo-mente. Esses padrões se tornam nocivos à criação artística quando fixam a manifestação de determinadas expressões, movimentações, pensamentos, modos de ver e de experienciar o mundo. Nesse sentido, esta fala de Evguéni Vakhtángov contribui para ampliar a nossa visão sobre a busca e o alcance da educação do ator por meio do Sistema:

O Sistema stanislavskiano tem por objetivo desenvolver no estudante habilidades e qualidades que lhe proporcionarão a oportunidade de liberar sua individualidade criativa, aprisionada por opiniões estanques e padrões estereotipados. A liberação e a descoberta da individualidade devem ser o principal objetivo de toda escola teatral; [...] A escola deve remover todos os escombros convencionais que impeçam a manifestação espontânea das potencialidades profundamente ocultas do estudante. Stanislávski mostrava ao estudante como alcançar por si mesmo um estado criativo, a estabelecer as condições nas quais se faz possível uma criação genuína em cena.[68]

O desenvolvimento e o domínio dos elementos do Sistema em si mesmo tornam o ator capaz de se perceber, trazendo à consciência suas "opiniões estanques e padrões estereotipados". A partir disso, torna-se possível para o ator descobrir o seu próprio modo de lidar com seus "escombros convencionais", sem se perder neles, sem ser dominado por eles, abrindo vias para a manifestação de sua singularidade como artista. Afinal, esses mesmos "escombros" também nos constituem. É preciso que cada ator se torne consciente daquilo que bloqueia o seu processo criativo em cena, por entender que, de uma forma ou de outra, os bloqueios já conhecidos, ou outros que estão por vir, são "escombros" que sempre existirão.

Quando o ator quebra a fixidez da repetição superficial ligada ao ofício e, a cada vez, encontra em si mesmo o impulso para a realização artística, significa que o Sistema já se tornou sua segunda natureza, que esse conhecimento já está incorporado em sua carne e sangue. Desse modo, a prática contínua e consciente do treino sistemático sobre as ações físicas, das competências que constituem o Sistema, da escuta de si mesmo, do educar-se, a constante vigília de suas "falhas" e vícios permitem a liberdade para o surgimento de uma poética de si mesmo pela manifestação da natureza irrepetível de cada ser humano-ator.

---

68 Preparación para el papel, em S. Jimenez (org.), *El Evangelio de Stanislávski Según Sus Apóstoles*, p. 59.

O ideal artístico/humano, proposto pelo Sistema, expressa a própria trajetória de Stanislávski, que investigou e investigou-se na arte teatral ao longo de toda a sua vida. O mestre buscou transmitir esse compromisso a seus discípulos, aprendizes de si mesmo, aprendizes da sua própria natureza orgânica e criativa, que em sua diversidade, singularidade, mistério e imprevisibilidade é fonte de um tesouro infindável para a criação.

A Arte da Perejivánie

Muitos pensam que as paixões humanas, seja o amor, o ciúme, o ódio, representam um único sentimento independente. Não é assim. Cada paixão é uma *perejivánie* complexa, composta, um conjunto infinito de muitos e dos mais variados sentimentos independentes, sensações, estados, propriedades, momentos, *perejivánie*, objetivos, ações, atitudes, e assim por diante. Todos esses componentes não são apenas numerosos e variados, frequentemente, estão em contradição uns com os outros. No amor existe ódio, desprezo, adoração, indiferença, êxtase, prostração, confusão, insolência, e assim por diante.

Assim como na pintura as tonalidades e os matizes mais refinados e artísticos não são criados com uma só tinta, mas pela combinação de muitas tintas entre si.[1]

O fragmento de texto que dá início ao nosso estudo sobre a arte da *perejivánie* pertence à seção intitulada Período da *Perejivánie* como parte do capítulo que aborda o processo de criação do espetáculo e do papel em *A Desgraça de Ter Inteligência*[2], de Aleksandr Griboiédov (1795-1829), na obra *O Trabalho do Ator Sobre o Papel*. É

---

1   C. Stanislávski, *Sobránie Sotchinéni v 9 Tomakh*, t. *4*, p. 125.
2   A obra *A Desgraça de Ter Inteligência* foi encenada pelo TAM em 1906 e em 1914. Stanislávski atuava no papel de Famusov.

provável que o material que compõe esse capítulo tenha sido escrito por Stanislávski entre os anos de 1916 e 1920, ainda como um reflexo da abordagem do papel com ênfase no plano mental do ator pela realização dos ensaios de mesa. Por volta dos anos 1930, sabemos que essa abordagem sofreu uma transformação crucial e o foco criativo passou à ação física e ao processo de improvisação em cena, ou seja, aos ensaios por meio da criação de *études*. De todo modo, a mudança na metodologia criativa de Stanislávski não interfere na relevância de sua reflexão sobre a *perejivánie*.

Quando Stanislávski disse que "cada paixão é uma *perejivánie* complexa" e que os seus componentes são inúmeros, variados, e quase sempre contraditórios, temos um quadro da riqueza humana que ele buscava plasmar em cena. Em relação a esse ideal, não houve transformação. A grande questão para Stanislávski sempre foi: como alcançar essa composição viva de nuances, como tornar visível essa paleta de cores variadas e sutis em cena? E mais ainda, uma vez alcançada, como mantê-la viva, como evitar a mecanização e a forma vazia?

Ao iluminar os matizes possíveis do amor e de outras paixões e compará-los com as cores utilizadas na pintura, Stanislávski amplia a percepção sobre as possibilidades criativas do ator e o impulsiona a encontrar o caráter humano do papel, as camadas que compõem os seus sentimentos, sensações, objetivos, bem como a linha de ação que os une e os conduz.

Para uma melhor compreensão do estudo sobre a arte da *perejivánie* e do próprio trabalho do ator sobre si mesmo é preciso, antes de tudo, ampliar a compreensão sobre o significado da palavra *tchúvstvo* na língua russa, que no presente estudo traduzimos como sentimento. Faço essa ressalva, porque *tchúvstvo* é uma noção recorrente nos escritos de Stanislávski e está profundamente ligada à *perejivánie*. *Tchúvstvo* significa "a capacidade de sentir[3], de experimentar, de perceber as influências externas"[4]. Além de sentimento, *tchúvstvo*

---

3 Aqui se encontra o verbo *oschuschát'*, que está ligado ao substantivo *oschuschénie* (sensação).
4 S. Ojegov, *Slovar' Russkogo Iazyka*, p. 620.

também se refere à sensação, aos cinco sentidos humanos – a tempo, sentido é a primeira definição que aparece no dicionário russo-
-português da editora portuguesa Ulmeiro[5] – e ao "estado no qual o ser humano é capaz de ter consciência do que o cerca"[6]. É possível também encontrar o termo *tchúvstvo* como "o próprio processo da sensação, da percepção de algo"[7] e como "o estado psicofísico do ser vivo, pois é o que ele experimenta, sente"[8].

Sharon Carnicke afirma que Stanislávski utiliza o verbo russo *tchustvovat'*[9] (sentir), e os seus derivados de modo consciente, o qual sinaliza uma ideia de multiplicidade. Carnicke ressalta que "no reino dos 'sentimentos' o ator do Sistema trabalha em todos os níveis – físico, emocional e intelectual – de uma só vez. Quando Stanislávski quer limitar ao físico a sua discussão sobre os 'sentimentos', ele usa 'sensação' (*oschuschénie*)". Carnicke também reitera uma amplitude de entendimento sobre a palavra *tchúvstvo* ao afirmar que esse termo "se refere igualmente ao sentimento emocional e à sensação física"[10]. Ela aponta ainda que "a Ciência cognitiva contemporânea chama de 'sentimentos' [*feelings*] a percepção subjetiva das manifestações do corpo que são 'emoções'"[11]. Esse esforço para ampliar a percepção sobre o termo *tchúvstvo* visa evitar que os ensinamentos de Stanislávski sejam relacionados de alguma forma a sentimentalismos, à busca pela emoção de forma direta ou à demonstração de emoções ou sentimentos, o que seria um equívoco grave. Portanto, a palavra *tchúvstvo* significa que falamos de sentimento, ou de emoção, que abrange o ser humano em sua totalidade psicofísica. Sendo assim, o termo também deve ser entendido no âmbito dos sentidos e das sensações. Melhor ainda, no sentido amplo da experiência e das percepções.

5   N. Voinova et al., *Dicionário Russo-Português*, p. 702.
6   S. Ojegov, op. cit., p. 620.
7   D. Uchakov, *Bol'chói Tolkovyi Slovar' Sovremennogo Russkogo Iazyka*, p. 1191.
8   Ibidem.
9   Ver S. Carnicke, *Stanislavsky in Focus*.
10 Ibidem, p. 218.
11 Ibidem. A noção de *tchúvstvo* foi traduzida por Carnicke para o inglês como *feeling*.

A Arte da Perejivánie

Desse modo, com sua busca pela arte da *perejivánie*, sua oposição aos clichês e à representação de sentimentos, Stanislávski impulsionou o ator ao encontro do movimento da vida em cena.

Desta Vez, Pessoas Entram na Sala: os Atores Não Estão Presentes

Os artistas entram em uma sala e não se apresentam no palco, como convém em outros teatros; neles, não há nada de teatral, espetacular, erudito, atoral. Pelo contrário, não se percebe a sua técnica, é como se ela não existisse (não seria nisso que reside a sua perfeição?). Nenhum modo especial de colocar a voz, nem fala cênica, nem ênfase teatral, nem andar de ator, nem plasticidade impecável, nem nada daquilo que faz dos artistas pessoas especiais, que faz com que eles não sejam pessoas de modo algum.

C. STANISLÁVSKI, *Parte 1. Artigos. Discursos. Respostas. Notas. Memórias: 1917-1938.*

Com a arte da *perejivánie*, Stanislávski buscava desvendar e manifestar em cena a complexidade e a singularidade da alma humana. A presença do caráter humano na criação revela o potencial revolucionário[12] da arte da *perejivánie*. Essa revolução pode ser considerada não apenas em vista do contexto histórico no qual estava inserida a

---

12 Mais adiante, veremos nas palavras de Stanislávski a referência sobre a arte da *perejivánie* como uma arte revolucionária.

cena teatral russa da época de Stanislávski – guardadas as exceções, uma cena repleta de clichês e convencionalismos vazios – como também pela possibilidade de o artista desvendar a si mesmo, aprimorar a sua percepção de si e do mundo, suas atitudes dentro e fora de cena. A realização artística almejada por Stanislávski resulta da completa assimilação da técnica pelo ator como segunda natureza, sendo, portanto, libertadora para a criação. Ao invés de se esconder atrás da habilidade técnica ou de formas vazias conhecidas de antemão, por optar pela demonstração, exibição ou representação, com a arte da *perejivánie* o ator passa a se mover por uma esfera de profunda honestidade e generosidade com ele próprio, com o *partner*, o diretor, o pedagogo e o espectador. É preciso coragem para se deslocar do que é cômodo, seguro, e se lançar ao desconhecido para criar um ser vivente que existe em outra realidade, no universo da cena. E, acima de tudo, é preciso treinamento e disciplina para alcançar o domínio de sua arte. Portanto, a compreensão da arte da *perejivánie* se reflete tanto na condução da vida pessoal do ator quanto em seu trabalho sobre si mesmo, sobre o papel e sobre o processo de criação da personagem, do "outro" que resulta da união criativa do ator com o papel. Para Stanislávski:

> O resultado criador da arte da *perejivánie* consiste na criação viva. Não é uma cópia do papel, tal qual foi produzido pelo poeta; e não é o próprio artista, tal qual o conhecemos na vida e na realidade. É uma nova criação – um ser vivo, com traços herdados tanto do artista, que o concebeu e deu à luz, quanto do papel que o fecundou. É uma nova criação – espírito do espírito, carne da carne do papel e do artista. Essa é a criatura viva, orgânica, que é única e apenas pode nascer por meio das misteriosas leis da própria natureza, da confluência dos elementos orgânicos espirituais e corporais do ser humano-papel e do ser humano-artista. Tal criação viva, que passa a viver entre nós, pode agradar ou não agradar, mas ela existe e não pode ser outra.[13]

13 *Sobránie Sotchinéni v 9 Tomakh, t. 6: Tchást' 1*, p. 87.

Se o interesse do espectador, ou do diretor, ou mesmo do próprio ator, encontra-se somente no papel tal como foi concebido pelo autor é preferível que finalize na leitura da obra, na experiência literária, e não no teatro. Para que seja possível chamar a criação do ator de "viva" é necessário que ela consista na soma da individualidade artística do ator com o papel elaborado pelo autor. Assim, partindo de si mesmo, ao agir nas circunstâncias propostas em seu próprio nome, como defendia Stanislávski, o ator cultiva a sua própria criação, tornando-a finalmente um "ser vivo", uma "nova criação".

A Noção de "Eu Existo"

> *Desta vez, pessoas entram na sala; os atores não estão presentes. Tais imagens cênicas não morrem com o fim da representação, seguem vivendo em nossos pensamentos.*
>
> C. STANISLÁVSKI, *Parte 1. Artigos. Discursos. Respostas. Notas. Memórias: 1917-1938*

A "nova criação", alcançada com a arte da *perejivánie*, deveria envolver de tal modo o psicofísico do ator – a sua totalidade física, mental, emocional e espiritual – que daria existência plena à personagem. Tocamos, dessa forma, em um importante conceito do Sistema: o "eu existo". Segundo Stanislávski-Tortsov: "Em nossa linguagem, 'eu existo' significa que eu me coloquei no centro das condições fictícias, que eu sinto que me encontro em meio a elas, que eu existo no mais profundo da vida imaginária, no mundo de coisas imaginárias, e começo a agir em meu próprio nome, por minha própria conta e consciência."[14]

Tortsov, nesse momento, conduzia Nazvánov em um exercício sobre a visualização. No exercício em questão, Nazvánov devia se transportar mentalmente para o ambiente da sua própria casa,

14 *Sobránie Sotchinéni v 9 Tomakh, t. 2: Rabota Aktiora Nad Soboi, Tchást' 1*, p. 124.

imaginar-se entrando nela, visualizar a localização dos objetos e móveis que encontra pela frente e definir o que estava fazendo a cada momento. Essa passagem consiste no primeiro contato dos estudantes de Tortsov com o "eu existo". A capacidade de visualização era bastante cara a Stanislávski, que buscava, por meio dela, não apenas estimular e desenvolver a imaginação do estudante-ator, mas também vivificar em imagens as referências de suas ações físicas e da fala, como se fossem imagens de um filme. Nas palavras de Tortsov-Stanislávski: "Em nossa linguagem, escutar significa ver aquilo sobre o que estamos falando e falar significa descrever imagens visuais. A palavra para o artista não é simplesmente um som, mas um estimulador de imagens."[15] Com tal conceito, Stanislávski buscava que o ator estabelecesse o vínculo com o seu papel a partir de si mesmo, de suas próprias referências e percepções, e assim colocava nas mãos do ator a responsabilidade central pela criação. Nesse processo, cabe essencialmente ao ator, quando se coloca diante das condições fictícias, agir como um ser humano-ator, mergulhar no mundo imaginário da cena e torná-lo visível/perceptível.

Mais adiante, nos deteremos sobre a relação entre o Sistema de Stanislávski e a ioga, tratando especialmente do superconsciente. Contudo, para ampliar a nossa compreensão sobre o "eu existo", é preciso de imediato considerar a relação fundamental existente entre essa noção e a ioga. Sendo assim, nos reportamos ao estudo de Serguei Tcherkásski[16] na obra *Stanislávski e a Ioga*. Segundo Tcherkásski, o "eu existo" foi introduzido por Stanislávski para a transmissão do estado transcendental superconsciente de unidade do ator com o papel. De acordo com ele, "em certo sentido o 'eu existo' de Stanislávski é sinônimo do estado de criação do ator no processo da verdadeira *perejivánie*"[17].

---

15 *Sobránie Sotchinéni v 9 Tomakh, t. 3: Rabota Aktiora Nad Soboi, Tchást' 2*, p. 61.
16 Serguei Tcherkásski é diretor teatral e pedagogo do Departamento de Maestria do Ator no RGISI (LGTMiK), em São Petersburgo; é um dos pesquisadores que tem revelado a grande influência dos ensinamentos da ioga no desenvolvimento do Sistema de Stanislávski.
17 S. Tcherkásski, *Stanislávski i Ioga*, p. 72.

No capítulo VIII – "Sentido da Verdade e Fé", há outra passagem esclarecedora que aborda o conceito de "eu existo" em sua estreita conexão com a arte da *perejivánie*. Os estudantes Nazvánov, Viúntsov e Malolétkova realizam mais uma vez o clássico *étude* da "queima do dinheiro" e, desta vez, durante a realização de cada ação, Nazvánov consegue alcançar uma evolução em sua compreensão cênica. Conforme a percepção de Tortsov-Stanislávski, o estudante realizou o *étude* com a justificativa interna de suas ações físicas e encontrou pequenas verdades que o levaram a outras maiores. Por fim, Tortsov avaliou a criação de Nazvánov:

> você não atuou [de modo atoral], e sim existiu realmente. Você viveu autenticamente em sua família imaginária. Em nossa linguagem, nós chamamos a esse estado em cena de "eu existo". O segredo consiste na lógica e na coerência das ações físicas e dos sentimentos que o conduziram para a verdade, a verdade despertou a fé, e todos em conjunto criaram o "eu existo". E o que significa "eu existo"? Significa que: eu existo, eu vivo, eu sinto e penso em uníssono com o papel.
>
> Em outras palavras, o "eu existo" conduz à emoção, ao sentimento, à *perejivánie*. [...]
>
> Lá, onde está a verdade, a fé, e o "eu existo", inevitavelmente se encontra a autêntica, humana [e não atoral] *perejivánie*. Estas são as mais fortes "iscas" para o nosso sentimento[18].

No contexto específico dessa citação, ao dizer para o estudante que ele "não atuou, e sim existiu realmente", Tortsov quer dizer que não viu ali uma atuação afetada, artificial e sem caráter humano que Stanislávski denominava de atoral. A atuação atoral se contrapõe a uma existência real em cena. É importante fazermos essa ressalva porque o verbo atuar (*igrát'*) configura um sentido positivo na obra stanislavskiana, e pode também significar jogar ou brincar como o *to play* em inglês.

---

18 *Sobránie Sotchinéni v 9 Tomakh, t. 2: Rabota Aktiora Nad Soboi, Tchást' 1*, p. 266.

Também se faz necessário ressaltar que Tortsov se referiu ao conceito de "eu existo" como um estado alcançado em cena a partir do trabalho sobre as ações físicas respeitando a sua lógica e coerência. Pois, para Stanislávski, quando o ator realiza ações físicas em cena, concomitantemente torna possível a mobilização de todos os elementos do Sistema. No caso do "eu existo", além das ações físicas estão especialmente envolvidos os elementos imaginação, sentido da verdade, fé, "se" mágico e atenção. De acordo com Stanislávski, "eu existo" seria então como um estado (superconsciente) que, por fim, conduz à *perejivánie*, além disso, não se pode deixar de notar que ela, junto da fé, da verdade e do "eu existo", está referida como "isca" para o sentimento. Lembrando que o sentimento a que se refere Stanislávski abrange toda a complexidade de emoção, sentido e sensação carregada pela palavra *tchúvstvo*.

A Arte da Perejivánie e a Verdade Artística

A "verdade" da qual falava Stanislávski quanto ao trabalho do ator na arte da *perejivánie* se refere a tudo aquilo no qual o ator acredita uma vez em cena, desde a vida imaginária criada a partir de condições fictícias – que pode ser estimulada por uma fé similar a da criança – até a crença em tudo o que está de fato acontecendo ao seu redor, especialmente nas relações que são estabelecidas com os seus *partners* e com os objetos cênicos. Nesse sentido, a verdade artística, para Stanislávski:

> Não é essa pequena verdade exterior que conduz ao naturalismo, nem aquela verdade mutilada em cena, a qual nós conhecemos no teatro, que se degenera em uma verdade teatral

convencional; com a qual se conforma, mas não se acredita com a alma, como é possível observar nas outras tendências [representação e ofício].

Essa é outra; é a verdade elevada, artística e autenticamente orgânica da natureza, a verdade do próprio sentimento, a verdade da sensação, a verdade da *perejivánie* e da *voploschénie*. Essa é a mesma "verdade das paixões" sobre o qual fala Púchkin. Nessa verdade, acredita toda a natureza orgânica humana, o seu próprio centro principal, o nosso profundo "eu".[19]

A verdade artística deve, então, refletir na própria alma do ator, tocar em seu íntimo. Como podemos depreender das palavras de Stanislávski, não se trata de uma "verdade exterior" que ele liga ao naturalismo, e muito menos ao convencional ligada à repetição de padrões ou clichês, na qual a alma do artista não tem vez. Estamos falando de uma verdade orgânica, de uma verdade real que é sustentada pela imaginação e pela crença do artista na ficção. Stanislávski também apontou para a verdade da *perejivánie* e da *voploschénie*, pois temos de considerar que esses processos de criação não se realizam fora do campo da verdade e da fé. É preciso que haja envolvimento total do ator em suas ações, justificando-as em cada momento da sua realização em cena, para que seja possível gerar tais processos.

No capítulo VIII – "Sentido da Verdade e Fé" da primeira parte de *O Trabalho do Ator Sobre Si Mesmo*, ao versar sobre a verdade, Stanislávski também entendeu que era necessário abordar a mentira. Para tratar dessa temática, Tortsov utiliza o exemplo de dois estudantes, Dymkova e Umnóvikh, que realizaram uma cena juntos. Segundo o relato de Tortsov, enquanto Dymkova atuou temendo cair na falsidade e na mentira, Umnóvikh, pelo contrário, atuou voltado para o alcance da verdade. Para Stanislávski-Tortsov, ambos os caminhos conduzem o ator à afetação, a uma mentira ainda maior.

---

19 *Sobránie Sotchinéni v 9 Tomakh, t. 6: Tchást' 1*, p. 94.

A partir disso, Tortsov explicou aos estudantes que, no caso do temor de Dymkova, eles devem se perguntar: "Eu estou agindo ou estou lutando contra a mentira?" Aqui, mais uma vez, vemos a importância central da ação física como desencadeadora da verdade e dos demais processos orgânicos da criação. Tortsov prosseguiu em sua explicação, refletindo:

> Nós não entramos em cena para uma luta contra as próprias falhas, mas para uma ação autêntica, produtiva e intencional. Se ela atinge o seu objetivo, significa que a mentira foi derrotada. [...] nunca exagerem em cena a exigência da verdade e a significação da mentira. A propensão ao primeiro conduz à afetação da verdade pela verdade. Essa é a pior de todas as falsidades. Já o medo demasiado de mentiras cria um cuidado antinatural, que também é uma das maiores "mentiras" cênicas. [...] A verdade é necessária no teatro tendo em vista que se pode crer sinceramente nela, já que ela ajuda a convencer a si mesmo e ao *partner* em cena a executar com confiança as tarefas criativas colocadas.[20]

A verdade, assim como o sentimento, a inspiração e a própria *perejivánie*, é matéria sutl, intangível, o que significa que não pode ser fixada e nem abordada diretamente. E Stanislávski deixou muito claro o seu pensamento nessa direção, tanto que no fim de sua vida dizia aos atores que estava proibido falar de sentimento, não por desmerecer a sua importância, mas porque o sentimento não se sujeita à vontade do ator, sendo possível alcançá-lo somente por vias indiretas. Por esse motivo, Stanislávski direcionou a sua pesquisa para o que é possível concretizar em cena por meios conscientes: a ação psicofísica "autêntica, produtiva e intencional", como foi salientado. Da mesma forma que não se pode alcançar o sentimento na busca pelo sentimento, o ator não consegue derrotar a "mentira" na tentativa

---

20 *Sobránie Sotchinéni v 9 Tomakh, t. 2: Rabota Aktiora Nad Soboi, Tchást' 1*, p. 231-232.

de derrotar a mentira. Para Stanislávski, tanto o sentimento quanto a verdade – e a *perejivánie* – são frutos da ação.

Em seus escritos, ele se refere à verdade artística e à verdade cênica sem distinção. Quando se fala de verdade cênica como "verdade da *perejivánie*" e, conforme se sabe estamos tratando de uma *perejivánie* que é cênica, caminhamos por uma linha bastante tênue. Se a *perejivánie* buscada por Stanislávski é cênica, como vimos, ela não é a *perejivánie* que se encontra em nosso comportamento na vida, seja no simples cotidiano, seja em situações que nos incitam a reações extremas, inesperadas, mas, ainda assim, dentro de um campo puramente pessoal.

Se a *perejivánie* é cênica, significa que ela necessariamente está ligada a um *trabalho sobre si mesmo*, ao trabalho do ator. Afinal, estamos entrando no campo da expressão artística. E a arte precisa de uma forma que, em maior ou menor grau, transfigure o lugar--comum em sua expressão, ou seja, que amplie nossa percepção e visão de mundo. Então, como a *perejivánie* realizada em cena está ligada intrinsecamente à forma de sua manifestação, estamos falando de uma *perejivánie* lapidada e, portanto, artificial? E se é artificial, como ela pode seguir as leis da natureza? E, desse modo, como ela pode ser considerada orgânica, viva?

A Perejivánie Que Experimentamos na Vida e a Arte da Perejivánie

Ao tratarmos do processo criativo vivo da natureza e da possibilidade de trazer a potência orgânica desse fenômeno para o trabalho do ator é fundamental considerarmos que Stanislávski diferenciava a *perejivánie* que ocorre na vida da *perejivánie* que deve ocorrer em cena. No manuscrito de 1918, dedicado por Stanislávski à arte da *perejivánie*, após afirmar que "é preciso *perejivát'* o papel", ele segue desenvolvendo a sua ideia com a seguinte afirmação: "Entretanto as *perejivániia*[21] do artista em cena não são completamente aquelas que nós conhecemos na vida."[22]

Ao ligar de forma incisiva a possibilidade do ator de *perejivát'* com sua capacidade de ser tocado por sentimentos, sensações, sentidos e emoções, Stanislávski defendia que ao trabalharmos com as nossas referências pessoais e com o nosso arsenal sensorial e emocional na criação cênica dificilmente estaremos lidando com algo primário que vai ocorrer diante do público pela primeira vez. Para ele, os artistas em cena "vivem sentimentos repetidos". Logo, segundo ele, essas experienciações emocionais e sensoriais já teriam ocorrido com o ator em outro momento, fosse na sua vida pessoal, fosse durante o processo de ensaios.

Dessa maneira, "os sentimentos (afetivos) repetidos que o artista desfruta em cena são liberados das impurezas desnecessárias. Esse processo se realiza em nossa memória dos sentimentos (memória afetiva) ao longo do tempo, por si mesmo"[23]. Portanto, a passagem de tempo, desde o evento primário até o momento da cena, ajudaria a retirar o supérfluo dos sentimentos, sensações e sentidos e a penetrar em sua essência. Sob esse ponto de vista, Stanislávski afirmou que:

> O artista *perejivaet* o papel em casa e nos ensaios ardentemente, impulsivamente e de forma imprecisa. Mas o tempo e o *trabalho sobre si mesmo* criam em sua alma e em seu corpo equilíbrio e harmonia.
>
> No espetáculo, o artista fala sobre o vivenciado compreensivelmente, com domínio de si e beleza, em comparação, ele está tranquilo e o espectador chora.[24]

---

21 Forma plural de *perejivánie*.
22 C. Stanislávski, *Sobránie Sotchinéni v 9 Tomakh, t. 6: Tchást'* 1, p. 81.
23 Ibidem.
24 Ibidem, p. 82. (Grifo nosso.)

Aqui se aponta uma diferença importante entre a *perejivánie* que acontece na vida e a cênica que ocorre durante a apresentação do espetáculo teatral. Mesmo no decorrer dos ensaios a *perejivánie* ainda estaria em estado bruto como na vida, por isso, o mestre se referiu a ela como impulsiva e imprecisa. Para a cena, é preciso entrar mais profundamente nesse processo vivo para que se torne possível transmiti-lo de forma artística através do processo de criação da *voploschénie*. Também é preciso notar que a impulsividade referida por Stanislávski está ligada à imprecisão, a uma realização artisticamente descomprometida. Isso não significa que ao realizar a *perejivánie* em cena o ator deva prescindir de seus impulsos, ao contrário, são os impulsos que podem surgir a cada momento e a própria capacidade de percebê-los que manterão o ator como criador, ou seja, um ator da arte da *perejivánie*.

Segundo Stanislávski, o talento de cada artista influencia nessa lapidação da *perejivánie* que ocorre na vida em *perejivánie* cênica, já que, o alcance do equilíbrio, do domínio de si e da beleza artística dependem do trabalho do ator sobre si mesmo e não apenas do processo que acontece por si só com o tempo. Sobre isso, ele afirma que, "*perejivát*' em cena muitos podem aprender, mas nem todos podem fazer isso de forma estética, distinta."[25]

A arte da *perejivánie*, como todos os elementos, conceitos e princípios que compõem o Sistema stanislavskiano, segue as leis que regem a criação na natureza. Contudo, isso não significa que não se buscava por uma forma artística. Além do que, foi justamente com o objetivo de experimentar e de concretizar diferentes linguagens artísticas em cena que Stanislávski investigou e abriu caminhos para que o ator pudesse alcançar a maestria sobre a sua própria arte com a intenção de capacitá-lo psicofisicamente para realizar o seu trabalho com autonomia criativa, independente do gênero ou da forma artística a ser criada. Os caminhos buscados com tal propósito constituem o próprio trabalho sobre si mesmo.

---

25 Ibidem, p. 580.

Sendo assim, o processo da arte da *perejivánie* não se opõe à percepção consciente do ator, isto é, ele acontece de modo interligado ao domínio do ator sobre a sua criação. Visto que não é suficiente *perejivát'* em cena, é preciso que a sua expressão seja artística. Essa constatação nos abre uma janela para pensar sobre a dualidade no processo criativo do ator que segue os princípios stanislavskianos. A esse respeito, Stanislávski citou uma fala de Tommaso Salvini (1829-1915), artista que tanto admirava: "O ator vive, ele chora e ri em cena, mas, ao chorar e rir, ele observa o seu riso e as suas lágrimas. É nessa dualidade da vida, nesse equilíbrio entre a vida e a atuação que está a arte."[26]

A partir disso, vamos a mais uma importante consideração, Stanislávski não acreditava ser possível ao ator atingir e se manter na arte da *perejivánie* durante todo o tempo da sua atuação em cena. Para ele:

> As três orientações da nossa arte que foram apontadas (*perejivánie*, representação e ofício) existem em sua forma pura apenas na teoria. A realidade não considera quaisquer classificações e mescla a condicionalidade atoral com o sentimento autêntico e vivo, a verdade com a mentira, a arte com o ofício etc. É por isso que, na arte da *perejivánie*, a cada instante irrompem momentos de representação e de ofício, e no ofício acontecem momentos de verdadeira *perejivánie* ou de representação. Em cada espetáculo em particular, em cada papel em particular, as três orientações passam como em um caleidoscópio: ora o artista vive sinceramente em cena, ora, de repente, saltando do caminho justo, começa a representar ou simplesmente a tagarelar as palavras e a fingir, pelo hábito, por meio do artifício etc. Toda a questão reside no quanto há de criação autêntica em cada caso particular, em cada teatro, espetáculo, apresentação, atuação, e quanto há de representação atoral ou

---

26 Apud C. Stanislávski, *Sobránie Sotchinéni v 9 Tomakh, t. 6: Tchást' 1*, p. 82.

A Arte da Perejivánie

de simples ofício. Em cada caso particular, há diferentes correlações e combinações que criam todos os diferentes tipos de teatro, todas as distintas individualidades criativas dos artistas, todas as diferentes faces do espetáculo.[27]

Ao tratar do processo criativo do ator em cena, Stanislávski propõe a imagem de um caleidoscópio. Nesse caleidoscópio, os momentos de alcance da criação autêntica da *perejivánie* são transpassados e se intercalam com momentos de arte da representação e de ofício (artifício). A proporção de cada um deles vai se configurar a partir de inúmeras variáveis como, por exemplo, as circunstâncias propostas que surgem no aqui e no agora da cena, a capacidade do ator naquele instante de perceber a si mesmo e ao que o circunda, bem como dependerá da própria sensibilidade artística de cada ator.

A Similitude Entre a Criação na Natureza e a Criação Cênica

Stanislávski buscava um profundo envolvimento do ator com o papel, um envolvimento tão intenso e complexo que levaria à própria existência da personagem em cena – ao "eu existo". Como foi visto nesse processo, a criação cênica deveria ser similar à criação que ocorre na natureza:

> Para semear e cultivar frutos, aveia, para conceber e dar à luz a uma criança é preciso um tempo determinado, estabelecido pela natureza. Para conceber, gestar, dar à luz e criar o papel, também é preciso determinado tempo, estabelecido pela natureza criativa. Existem as etapas de desenvolvimento do papel depois do seu primeiro aparecimento nas luzes da ribalta, a sua infância, adolescência, maturidade. Existem os

27 Ibidem, p. 97.

seus meios de alimentação e de criação, as doenças inevitáveis do crescimento e assim por diante.[28]

Na analogia proposta, a gestação é uma etapa fundamental. Sem ela a personagem não pode se desenvolver e ter condições para nascer, mas o processo criativo não finaliza com o seu nascimento – a estreia no palco. Assim como uma criança que nasce, a personagem necessita continuar a se desenvolver incessantemente, se alimentando, se transformando, enfrentando seus problemas, pois do contrário significa que a sua vida chegou ao fim. É necessário que o ator mantenha vivo o seu processo cênico, o que envolve descobertas constantes, sem se acomodar e se fechar no que já foi alcançado. Essa abordagem do processo criativo do ator se refere claramente ao processo de criação da arte da *perejivánie*.

Nos diários de Sulerjítski, nas anotações de 09 de dezembro de 1913, também consta uma analogia reveladora a respeito do trabalho do ator e a criação que se dá na natureza. Para contextualizar a passagem sobre a qual estamos nos referindo, é importante dizer que Sulerjítski apontou para dois tipos de clichês e tensões existentes nos atores. O primeiro clichê seria o muscular e o segundo o nervoso. Seguem, então, as palavras de Sulerjítski:

> O primeiro [o clichê muscular] me parece semelhante ao homem [a uma pessoa] que arranca com as mãos uma flor da terra e, para que ela cresça, arruma os botões com os dedos etc., completamente esquecido das raízes. O segundo [o clichê nervoso] planta uma semente, cuida das raízes, rega e afofa a terra, enquanto a flor não cresce. Quando ela cresce, abandona gradualmente as raízes e dá toda a atenção para a flor; e, para que ela fique mais bonita, começa a pintá-la com tintas a óleo; por causa disso, as raízes secam ainda mais e as flores, por sua vez, também por isso empalidecem; então pinta-a mais, toda

28 Ibidem, p. 79.

A Arte da Perejivánie

a planta murcha completamente e o que resta é uma boneca morta, repugnante e borrada.

Mas onde está aquele que tratará sempre apenas das raízes e alcançará a exuberante florescência de toda a planta?[29]

Nessa analogia, identificamos a concepção de Sulerjítski sobre as três tendências da arte teatral observadas por Stanislávski[30] – o ofício, a representação e a *perejivánie*. O primeiro clichê descrito por Sulerjítski se refere ao ator que realiza o ofício da cena e como a preocupação dele reside apenas na forma, ele trabalha diretamente sobre os resultados e, portanto, não há processo criativo. Por esse motivo, ignora por completo as raízes e se interessa somente em moldar a flor de acordo com a forma que ele busca cristalizar em cena, lidando, desde o princípio, com um material sem vida. Já o segundo clichê diz respeito à arte da representação, ou seja, ao ator que cultiva a semente e cuida da planta até o momento que surge a flor, e assim, realiza um processo criativo vivo. No entanto, logo que a flor nasce, esse processo é abandonado e o ator se torna indiferente à vida que ele mesmo cultivou, voltando-se apenas para o que é visível. Desse modo, a flor que surgiu vai secando enquanto o ator tenta encobrir sua perda de viço e seu desbotamento pelo retoque da forma em sua externalidade.

A indagação final de Sulerjítski reflete a sua busca pelo ator capaz de cultivar com cuidado a flor desde a semente, sem jamais deixar

29 Sulerjítski apud D. Merino, op. cit., p. 52.
30 Conforme verificamos na obra de Vinográdskaia, é interessante observar que no diário de Vassili Lujski (1869-1931), ator do TAM, consta uma anotação de 6 de setembro de 1908 na qual ele relata que Stanislávski, junto de Sulerjítski, se reuniu nessa data com jovens atores da trupe para anunciar a criação de um "grupo filial" ao TAM. Segundo Lujski, essa foi a primeira vez que eles ouviram a definição de Stanislávski a respeito de "teatro da representação", "teatro da *perejivánie*" e sobre outros fundamentos do Sistema. Ainda de acordo com ele, o Primeiro Estúdio do TAM foi formado, posteriormente, a partir desse grupo (ver I.N. Vinográdskaia, *Jizn' i Tvortchestvo K.S. Stanislavskogo*, t. 2, p. 133). Essa informação demonstra que em 1908 Stanislávski já estava começando a elaborar o Sistema, bem como as suas observações sobre as tendências da arte teatral. Portanto, ao realizar a analogia com a flor, Sulerjítski acompanha o pensamento/prática que, há alguns anos, já vinha sendo desenvolvido por Stanislávski.

de cuidar de suas raízes, isto é, o ator da arte da *perejivánie*. Esse ator sabe que para a forma se manter viva e criadora não pode ser seca, fixada e retocada com artifícios. É preciso permitir a sua permanente transformação, a sua evolução, pela adaptação às circunstâncias de cada instante. Conforme depreendemos da reflexão que Sulerjítski realiza após o texto supracitado, os atores geniais, talentosos por natureza, já nascem com a capacidade de cuidar continuamente das raízes da sua criação, de realizar a arte da *perejivánie*. Nesse sentido, o Sistema serve justamente para ajudar aos atores que não possuem essa capacidade nata, mas que apresentam a possibilidade de desenvolvê-la por meio de um profundo trabalho sobre si mesmo.

Em geral, quando o ator improvisa uma cena ou realiza um *étude* pela primeira vez, a criação surge fresca, viva. Na medida em que as repetições se tornam necessárias para o aprofundamento da criação, o ator tende a cristalizar em uma forma o que foi criado, ao mesmo tempo que o que havia de vivo aos poucos tende a desbotar, e pode chegar ao ponto de perder totalmente sua cor. Após a estreia do espetáculo, cada vez mais se faz necessária a disposição do ator em seguir em busca da descoberta de novos impulsos, em manter uma relação viva, de real escuta, percepção e troca com seus *partners*. Sendo assim, na arte da *perejivánie*, o caráter improvisacional deve ser permanente, isto é, ele deve estar presente em algum nível no trabalho de cada ator em cena. A gradação dessa presença vai depender dos vários fatores do momento. É esse caráter que coloca o ator em estado de jogo, de *atenção* ao que está acontecendo em cena, que lhe torna possível manter-se criador, a cada apresentação, a cada instante – é preciso ter capacidade de se colocar nas circunstâncias de hoje, do aqui e do agora, como tantas vezes disse Stanislávski. Essa capacidade também faz parte do ininterrupto trabalho sobre si mesmo que deve envolver o ator.

Sem vida não há arte da *perejivánie*. No caso da personagem, todo o seu processo de desenvolvimento também envolve a busca pela manifestação da vida criada em uma forma cênica artística.

Seguindo os passos da analogia realizada por Stanislávski, e por Sulerjítski, da similitude existente entre o processo de criação na natureza e o processo artístico, Iúri Zavadski compara o surgimento de uma flor na natureza e o procedimento de confecção de uma flor artificial com o processo de criação da personagem:

> Ao confeccionar uma flor artificial, o artesão recorta pétala por pétala, o miolo da flor, o pistilo e o estame, a haste e as folhas, e tudo isso como resultado consolida certa imagem já anteriormente conhecida. Na natureza, tudo ocorre de modo completamente diferente. Em primeiro lugar – a semente, que nada tem em comum com a flor. Em seguida, da terra – sob o sol, sob a chuva – desponta o broto, se eleva a haste, separam--se as folhas e origina-se o botão. [...] E como resultado de tudo isso surge a flor, cujo surgimento não foi anunciado por nada. Eis que assim é a criação de uma personagem. Quem não entende isso, surpreende-se: "Como assim, pois a semente não tem nada a ver com a flor; não é daqui que se inicia o caminho em direção à personagem!" Mas toda questão está justamente na semente e na concepção de que a força criativa nela contida, ao assumir diversos aspectos em vários estágios de desenvolvimento, conduz ininterruptamente ao final – ao surgimento da personagem (da "flor").[31]

A fala de Zavadski é significativa por complementar as reflexões de Stanislávski e de Sulerjítski e por seguir na mesma direção dos mestres. Em primeiro lugar, aponta para a diferenciação entre os procedimentos de execução do ofício da cena e da arte da representação e o processo criativo guiado pelas leis da natureza. Em segundo lugar, salienta uma possibilidade de trabalho do ator com o papel muito singular e corajoso, porque fala de um trabalho vivo, processual, cujo resultado não se conhece previamente. Tocando assim na essência do Sistema de Stanislávski e, por conseguinte, na arte da *perejivánie*.

---

31 I. Zavadski, *Utchitelia i Utcheniki*, p. 51.

No processo da flor natural, ocorre um processo de amadurecimento progressivo que surpreende com a chegada da flor. Essa flor pode apresentar pétalas maiores, menores ou diferentes umas das outras mesmo que minimamente, certa coloração que a distingue das outras flores, entre outras características que tem relação direta com o processo de seu cultivo. De acordo com as circunstâncias do ambiente, a flor levará o seu próprio tempo para amadurecer, e o seu surgimento depende de todo o processo. Não há fixidez, há transformação incessante, contemplando gestação, nascimento, desenvolvimento e morte; até que surja um novo botão e o ciclo seja retomado. O cultivo não se inicia pela flor, esse é o ápice do desenvolvimento da planta que volta a acontecer toda vez que surge uma nova flor.

No caso da flor artificial, antes de iniciar a confecção da flor, o artesão já sabe que material será necessário para chegar ao resultado que planejou, pois segue um padrão que se repete em seu ofício, e confeccionará a flor que foi previamente imaginada por ele, fixando-a, por fim, em uma forma. Se nos transportarmos para a sala de ensaio, podemos imaginar um diretor que solucionou e estabeleceu previamente a criação de todo o espetáculo e, ao ensaiar, busca apenas conformar o ator à sua criação, apontando tudo o que ele deve fazer em cena sem considerar a singularidade artística de cada ator, sem permitir que ele contribua efetiva e ativamente com a criação. Do mesmo modo, podemos pensar em um ator que chega para o primeiro ensaio com a imagem pronta do papel e, que a partir daí, irá percorrer todo o caminho do processo de criação em busca da construção de tal imagem previamente determinada. Esse ator desconsidera as possibilidades criativas que podem surgir a cada ensaio e o quanto a percepção do mundo que o circunda e do que o atravessa no instante do jogo, se assim o permitir, pode levá-lo a descobertas, à afinação artística e ao amadurecimento da sua criação.

Na natureza, a flor segue o seu ciclo de desenvolvimento natural até atingir o seu ápice e começar a murchar, até secar totalmente. Assim, abre espaço a um novo botão e a uma nova flor, e assim por diante. Muitas vezes, com as muitas repetições necessárias, o estímulo

A Arte da Perejivánie

que costumava impulsionar o ator para a criação já não o toca. A justificativa em executar determinada ação já não é suficiente para manter a vida em cena e a criação que antes era viva, potente, vai secando. É preciso manter-se em estado de criação, assim como acontece na natureza ao se renovar a cada instante e a seguir cultivando, descobrindo, descobrindo-se mesmo sem conhecer de antemão as novas flores que brotarão.

O ator que escolhe realizar a sua criação em um processo similar ao que acontece com o surgimento da flor na natureza tem de aceitar a falta de garantias, tem de encarar a instabilidade e o risco de um processo que vai se constituindo no decorrer da travessia. Dizemos que se trata de um processo similar ao que ocorre na natureza, porque, ao mesmo tempo que respeita e é guiado pelas leis orgânicas da natureza criativa, todo processo também se dá em busca de uma forma artística. A diferença é que essa forma artística vai sendo descoberta pelo próprio ator e lapidada por ele ao longo de todo o seu percurso de cultivo e amadurecimento e, mesmo depois de apresentá-la ao público, não a torna fixa como uma flor artificial. Afinal, ela é uma criação cênica viva. Essa é a maior diferença em relação ao ofício executado pelo artesão/artífice e ao ator da arte da representação. Segundo Stanislávski, "em cada criação cênica, em cada papel existe sua vida, sua história, sua natureza, com os seus vivos, por assim dizer, *elementos orgânicos da alma e do corpo*. A criação cênica é uma criação viva, orgânica, criada à imagem e semelhança do ser humano e não um clichê teatral morto e desgastado"[32].

O processo vivo que segue através das leis orgânicas da natureza não se apoia em um padrão gerador de clichês. Portanto, no trabalho do ator que almejava Stanislávski, não se pode conhecer a personagem antes de realizar o seu processo de criação, antes de experimentar as suas possibilidades em cena. Da mesma maneira que quando a flor se encontra ainda na semente, como possibilidade de vir a ser, não podemos saber como será a flor, pois há um

---

32 *Sobránie Sotchinéni v 9 Tomakh, t. 6: Tchást' 1*, p. 79. (Grifo do autor.)

caminho vivo, autêntico, orgânico, a ser percorrido para chegar até ao seu desabrochar. No trabalho do ator, segundo a arte da *perejivánie*, a personagem-flor natural, como ser existente, real, dentro do universo da cena, mesmo depois de estrear-nascer, segue sendo aperfeiçoada em sua forma artística.

Para a Arte da Perejivánie, São Acessíveis Todas as Esferas

> *As pessoas se acostumaram a atribuir importância demasiada, na vida e na cena, a tudo que é consciente, visível, acessível ao ouvido e à visão. Entretanto, apenas um décimo da vida humana transcorre no plano da consciência; nove décimos e, além disso, a mais elevada, importante e bela vida do espírito humano, transcorrem em nossa sub- e superconsciência.*
>
> C. STANISLÁVSKI, *O Trabalho do Ator Sobre o Papel*.

Quando se considera o entendimento de Stanislávski de que a maior parte da "vida do espírito humano" acontece em outro plano, mais elevado, e que essa ideia é um dos princípios que regem a sua visão sobre a natureza humana e, portanto, sobre a criação cênica, toda a sua busca e a própria arte da *perejivánie* ganham outra dimensão. Stanislávski busca atingir com a arte teatral o que está além dos cinco sentidos humanos, busca explorar outra esfera da nossa percepção que não se situa na vida comum, que é de outra

A Arte da Perejivánie

ordem. Essa outra esfera corresponde, segundo ele, ao subconsciente e ao superconsciente.

E é essa compreensão da criação artística que se estende aos discípulos de Stanislávski. Por exemplo, Evguéni Vakhtángov em uma de suas aulas, em 16 de outubro de 1919, transmitiu essa mesma ideia aos seus alunos: "É possível preparar o papel somente em 1/10, pois 9/10 é inconsciente e a eles não se pode tocar."[33]

Stanislávski citou ao longo de sua obra, pelo menos em dois momentos[34], os estudos de Elmer Gates (1859-1923) e de Henry Maudsley (1835-1918), como a origem e a base científica desse pensamento. No entanto, conforme Serguei Tcherkásski, a fonte desse princípio para os estudos de Stanislávski se encontra nos escritos do iogue Ramacharaka. Segundo ele, Stanislávski "empresta literalmente a referência de Ramacharaka para os psicólogos Gates e Maudsley"[35]. Por conta da censura, Stanislávski foi obrigado a ocultar e a refutar qualquer ligação com ensinamentos que pudessem ser relacionados a algum tipo de idealismo, misticismo ou prática espiritual, logo, a conexão primordial dos princípios e elementos do Sistema com a ioga não está presente de modo explícito em sua obra.

No final dos anos 1920, de acordo com Tcherkásski, "surge uma Comissão Para a Leitura do livro de Stanislávski – havia a ordem para retirar dos manuscritos tudo o que não correspondesse às exigências da filosofia materialista, do materialismo dialético"[36]. Como consequência disso, o pensamento materialista foi constantemente reafirmado em notas da primeira edição das obras completas de Stanislávski comentadas por Grigori Kristi e Vladímir Prokófiev[37].

---

33 Lektsii E.B. Vakhtangova v Pervoi Studii, *Dokumenty i Svidetel'stva: t. 1*, p. 305.
34 Encontramos essa referência no Tomo 4 (*Sobránie Sotchinéni v 9 Tomakh, t. 4*, p. 103), como citado acima, e no tomo 6 (*Sobránie Sotchinéni v 9 Tomakh, t. 6: Tchást' 1*, p. 54) das obras completas de Stanislávski. No texto do tomo 6, Stanislávski se refere ao inconsciente, ao invés de sub e superconsciência, e à "vida humana", na referência citada, como se vê, consta "vida do espírito humano".
35 S. Tcherkásski, *Stanislávski i Ioga*, p. 43.
36 Ibidem, p. 7.
37 Vladímir Prokófiev (1910-1982), especialista na arte teatral (*teatroved*), foi pesquisador e disseminador do Sistema de Stanislávski. Participou do Estúdio de Ópera e Arte Dramática,

Nessas notas, para que a obra fosse aceita pela censura para a publicação, houve a tentativa de relacionar os elementos do trabalho criativo de Stanislávski apenas a estudos ligados à ciência. Como também há evidências de que Stanislávski se esforçou para que acreditassem que os termos que utilizou eram provindos puramente da prática com os atores, como pode ser verificado no prefácio da primeira parte da obra *O Trabalho do Ator Sobre Si Mesmo*. Tudo para que a sua obra fosse aceita para a publicação.

Diante disso, é importante não perder de vista a riqueza e a extensão do estudo empreendido por Stanislávski em suas investigações que transitou por diversas fontes de conhecimento. Como bem esclarece Tcherkásski:

> Ao criar pela primeira vez na história da arte teatral, um Sistema de criação do ator com base nas leis da natureza viva, e não sobre as estéticas postuladas pelo teatro de uma época determinada, Stanislávski sorveu informação de todo o corpo de conhecimento acumulado pela humanidade naquele momento. A vastidão analisada nessa base de dados impressiona – vai desde a escola de Mikhail Schépkin e as tradições realistas da escola teatral russa até a prática da hatha ioga e da raja ioga, desde os trabalhos do filósofo romano Quintiliano até as pesquisas de psicologia de Théodule Ribot e os tratados da filosofia clássica alemã. E quando Stanislávski encontrava ideias semelhantes em diferentes fontes, ele via nisso mais uma confirmação da justeza de suas buscas. Ideias semelhantes estavam circulando no final do século XIX-início do século XX na ciência, na filosofia e na arte.[38]

Segundo Tcherkásski, na biblioteca e no arquivo de Stanislávski se encontram dois livros de Ramacharaka: *Hatha Yoga: Filosofia Yogue do Bem-Estar Físico do Ser Humano* e *Raja Yoga: Ensinamento dos Yogues*

---

sob a orientação de Stanislávski. A partir de 1950, liderou a Comissão de estudo e de publicação da herança literária de Stanislávski e de Nemiróvitch-Dântchenko.

38 S. Tcherkásski, op. cit., p. 75.

Sobre o Mundo Psíquico do Ser Humano. Esses livros, publicados em russo nos anos de 1909 e 1914, foram escritos pelo norte-americano William Atkinson (1862-1932), em Chicago, EUA, sob o pseudônimo de Ramacharaka. Em 1893, foi realizado em Chicago "O Parlamento Mundial das Religiões". Esse encontro possibilitou o início da conexão entre o Ocidente e a ioga. Não existem informações claras sobre quem iniciou Atkinson (Ramacharaka) nos ensinamentos da ioga. O que se sabe é que, durante trinta anos, ele escreveu mais de cem livros utilizando pelo menos dez pseudônimos diferentes e que esses livros continuam sendo publicados até os dias de hoje.

Para Tcherkásski, existe um lado positivo de Stanislávski ter sido introduzido nos ensinamentos iogues por meio desses livros: eles estavam voltados para o entendimento ocidental e forneciam uma ideia mais generalizada da ioga, sem se fixar em uma escola específica. Segundo ele, isso pode ter contribuído para que Stanislávski fizesse uma ligação fecunda desses ensinamentos com a arte, que era o seu objetivo primordial: "Ao iniciar os leitores ocidentais no mundo da sabedoria oriental, Ramacharaka expôs os princípios iogues como a base da habilidade de governar a si mesmo, como a arte do aperfeiçoamento moral de si mesmo, sem sublinhar o objetivo verdadeiro e final – o alcance do nirvana."[39]

De acordo com Tcherkásski, a obra de Ramacharaka chegou às mãos de Stanislávski em 1911 e, desde então, passou a ser seriamente estudada e aplicada por ele. Assim, os princípios da ioga passaram a ser experimentados por Stanislávski pouco antes do surgimento do Primeiro Estúdio do TAM e foram parte essencial de toda a sua pesquisa futura.

Para abordar a noção de superconsciente no Sistema de Stanislávski é preciso, então, considerarmos a censura empreendida pelo Estado soviético, a partir de 1917. Ao antever problemas com a censura, o próprio Stanislávski, como já foi referido, busca alterar alguns termos em sua obra escrita, apesar de continuar utilizando-os em sua prática. É o caso da noção de prana, que também provém da ioga.

39 Ibidem, p. 38.

De acordo com Tcherkásski, na obra escrita de Stanislávski termos como "prana" e "superconsciente" foram substituídos respectivamente por "energia" ou "energia muscular" e por "subconsciente".

Na obra *O Trabalho do Ator Sobre o Papel*, o termo "superconsciência" é repetido com frequência por Stanislávski ao tratar do processo criativo de *A Desgraça de Ter Inteligência*, que corresponde aos anos de 1916 a 1920[40]. O mesmo não acontece quando se trata dos processos de *Otelo*, de William Shakespeare, de 1930 a 1933, e de *O Inspetor Geral*, de Nicolai Gógol (1809-1852), 1936 a 1937. Nesses casos, o termo "superconsciente" está ausente e o que aparece é o "subconsciente".

Em nota da obra em espanhol[41], traduzida da edição soviética das obras completas de Stanislávski, consta uma explicação a respeito do termo "superconsciente": "termo tomado por Stanislávski, sem sentido crítico, da filosofia e da psicologia idealistas. Porém, diferentemente dos idealistas, Stanislávski introduz nesse termo [superconsciente] uma conotação materialista. Por isso, sua terminologia não tem nada em comum com a noção mística da criação"[42].

Tal nota não está presente na edição russa mais recente de *O Trabalho do Ator Sobre o Papel*, que faz parte das obras completas de Stanislávski – segundo esclarecimento da edição, essa publicação buscou se aproximar mais da fonte original e conservou apenas parcialmente os comentários preparados por Kristi e Prokófiev. Embora as notas escritas por eles tenham sido orientadas, em vista da forte censura na época, Tcherkásski aponta que é possível encontrar nelas pistas valiosas sobre a influência da ioga no Sistema stanislavskiano. Como, por exemplo, na referência sobre a influência de Ramacharaka e os princípios iogues. Mesmo que Kristi e Prokófiev afirmem

---

40 Possivelmente, aqui não houve maiores problemas com a censura porque esse volume foi publicado somente em 1957 e as notas da edição afirmam que no fim da década de 1920 Stanislávski renuncia ao termo "superconsciente" substituindo-o por "subconsciente", em razão de que este último "expressa mais claramente suas ideias sobre a natureza da criação do ator e corresponde à terminologia científica moderna". Ver C. Stanislávski, *El Trabajo del Actor Sobre Su Papel*, p. 143.
41 Na edição argentina, da edição russa traduzida, a nota encontra-se na página 143, nota 71.
42 Ibidem.

A Arte da Perejivánie

que Stanislávski teria deixado tudo isso para trás, aí está a evidência de uma influência. E, como se sabe, no que diz respeito a sua prática e à base do seu Sistema, Stanislávski nunca abandonou essa referência. Anatóli Smeliánski[43] afirma que Stanislávski em nenhum momento determina ou tenta fixar as noções de inconsciente, superconsciente ou subconsciente e, inclusive, rejeita a possibilidade de teorizar sobre essas importantes noções. O provável motivo para essa escolha, segundo Smeliánski, é que Stanislávski esperava que o artista soubesse que sem a participação do subconsciente não pode existir inspiração. Mas Stanislávski também sabia que não adiantava explicar o fenômeno teoricamente e explicitar os conceitos, se o ator não conseguisse sentir a alegria de ter a inspiração e o subconsciente operando em sua atuação[44]. Tcherkásski reafirma essa posição dizendo que Stanislávski não define com rigor tais conceitos porque entende que cada artista já experimentou em algum momento a força da inspiração quando o seu superconsciente foi despertado. Da mesma maneira, de acordo com Tcherkásski, para quem nunca teve essa sensação não faria diferença explicar[45].

O Superconsciente e a Busca Criativa de Stanislávski

A partir da ligação intrínseca da inspiração com a superconsciência, Smeliánski traz uma importante perspectiva da função desse conceito na criação artística e no próprio trabalho do ator:

> A superconsciência do artista é a esfera das descobertas, das invenções, das novidades. Ela abre o desconhecido; o sub-

---

43 Anatóli Smeliánski é um dos maiores conhecedores da obra de Stanislávski da atualidade. É autor de livros e artigos sobre o teatro russo e editor-chefe da nova edição das obras completas de Stanislávski. De 2000 a 2013, foi reitor da Escola-estúdio do TAM e hoje é o presidente dessa mesma instituição.

44 Ver A. Smeliánski, Professia-Artist, em C. Stanislávski, *Sobránie Sotchinéni v 9 Tomakh*, t. 2: *Rabota Aktiora Nad Soboi, Tchást' 1*, p. 25-26.

45 Ver S. Tcherkásski, op. cit., p. 64.

consciente oferece o clichê. Na fonte da superconsciência, se formam os mais loucos projetos criativos, as mais inesperadas hipóteses artísticas, que se contrapõem, em grande medida, ao conservadorismo da consciência, que nos protege de todos os imprevistos, das incertezas, das práticas não verificadas. É esta energia "nuclear", que põe à prova o caráter primevo do trabalho do ator, que Stanislávski tentou "conquistar" e atrair por meio de influências indiretas. A assimilação da psicotécnica e dos "elementos" da própria natureza criativa se tornou, nesse plano, condição para a existência da profissão do ator.[46]

A nossa consciência tenta nos proteger dos riscos do desconhecido ao buscar repetir o traço dos caminhos já percorridos e de tudo que nos é reconhecível psicofisicamente. Vem daí a nossa facilidade em reproduzir hábitos infinitamente, tornando-os parte de nós mesmos, por meio de atitudes/ações previsíveis diante tanto da vida quanto da cena. Já o superconsciente possibilitaria o inesperado, permitiria que nos deparássemos com o desconhecido que surpreende a nós e aos outros ao nos trazer novos pontos de vista e invenções impensadas – por esse motivo, para Stanislávski, estaria ligado intrinsecamente com a fonte de criação artística.

Ao mesmo tempo, é preciso reverter a consciência, essa esfera conservadora que se satisfaz agarrando-se aos caminhos que parecem mais seguros – os caminhos costumeiros, verificados e experimentados sem aparentes riscos –, em aliada, em trampolim para um salto rumo ao desconhecido, ao superconsciente. Porque, para Stanislávski, sem um trabalho concreto, consciente e autovigilante que busca exatamente quebrar automatismos por meio da percepção de si mesmo e do mundo circundante, a nossa consciência e o nosso subconsciente tendem a trabalhar pela manutenção de determinados padrões e perspectivas. Entretanto, a repetição de padrão e a criação artística são incompatíveis. Assim, o trabalho do ator com os elementos do Sistema ou, como

46 A. Smeliánski, op. cit., p. 27.

A Arte da Perejivánie

nos diz Smeliánski, "a assimilação da psicotécnica", visa ao alcance, por meios indiretos, ou seja, conscientes, do plano superconsciente.

Ao definir a "assimilação da psicotécnica" e dos elementos da natureza criativa como requisito para a própria existência da profissão do ator, Smeliánski reitera a importância concedida por Stanislávski à natureza no trabalho do ator. A essência da competência do ator-criador residiria, então, na própria possibilidade de acessar o plano superconsciente por meios conscientes – presentes na natureza. Esses meios conscientes são os próprios elementos do Sistema, os elementos da natureza criativa do ator que constituem a psicotécnica elaborada por Stanislávski.

Dessa forma, Smeliánski aproxima em grande medida o alcance da superconsciência à capacidade de criação artística; e à ideia, tão cara à Stanislávski, do ator como autêntico criador que possui o pleno domínio de sua arte. Sempre que falamos em ator-criador e domínio da sua arte estamos nos referindo ao aperfeiçoamento da própria natureza criativa do ator – permanente trabalho sobre si mesmo – e não em domínio como controle ou estabilidade final, como virtuosismo que se limita a técnica. Estamos falando de domínio como segunda natureza. É pelo desenvolvimento da psicotécnica que é permitido ao ator o amadurecimento em sua arte, que se amplia as possibilidades de ele alcançar indiretamente, por meios conscientes, a esfera sutil do superconsciente.

Também é importante salientar o caráter psicofísico que está presente na psicotécnica proposta pelo Sistema stanislavskiano, pois com ela se busca atingir a totalidade corporal, mental e emocional do ator. É bom lembrar que Stanislávski defendia justamente que a técnica existe para o talento, a inspiração, a superconsciência e a *perejivánie* do papel. Que uma técnica que esteja separada desses elementos é só uma técnica estéril e vazia.

Ao afirmar que "a superconsciência abre o desconhecido", enquanto "o subconsciente oferece o clichê", Smeliánski diferencia substancialmente o subconsciente do superconsciente, levando-nos a acreditar ainda mais que o desaparecimento do termo "superconsciente" da obra escrita de Stanislávski, a partir dos anos 1930, não se deu apenas por mera substituição de uma noção pela outra como as notas da edição soviética quiseram fazer acreditar, e sim pela censura; pois, como vimos, entre essas noções há uma importante diferença que transpassa toda a obra de Stanislávski.

O princípio, ou lema, que traduz o modo de operação da busca artística e espiritual de Stanislávski geralmente é afirmado como "suscitar a criação subconsciente do artista por meio da psicotécnica consciente", como foi referido em nosso primeiro capítulo. Na citação abaixo, esse mesmo princípio aparece de modo diverso como "o superconsciente através do consciente":

> A principal essência do meu livro[47] – alcançar o superconsciente através do consciente, eu tento com a ajuda de técnicas conscientes do trabalho artístico, ensinar a provocar em si mesmo a criação superconsciente – a própria inspiração. Eu afirmo, com base em uma longa prática, que isso é possível, claro, com a única condição de que toda a iniciativa da criação será dada à natureza – o único criador que é capaz de criar, criar verdadeiramente o belo, o inconcebível, o inacessível, que não é acessível para qualquer consciência, o vivo, isto é, o que oculta em si mesmo o espírito vivo.[48]

O texto supracitado provém do anexo, "Das Variantes do Prefácio Para o Livro *O Trabalho do Ator Sobre Si Mesmo*"[49], onde se encontram escritos de Stanislávski datados dos anos 1930. Dessa forma, comprova-se que Stanislávski seguia utilizando o termo "superconsciente" nessa época que corresponde aos anos finais de sua vida. Entretanto, em função da censura stalinista, o termo "superconsciente" não está

---

47 Stanislávski está se referindo à obra *O Trabalho do Ator Sobre Si Mesmo: O Trabalho Sobre Si Mesmo no Processo de Criação da Perejivánie.*
48 Ibidem, p. 465.
49 Anexo presente apenas na edição russa mais recente das obras completas de Stanislávski, de 1989, não consta na primeira edição, de 1938.

A Arte da Perejivánie

presente no conteúdo do primeiro tomo da obra, publicado em 1938. Por isso, entendemos que o resgate do superconsciente no que diz respeito ao seu forte vínculo com a obra stanislavskiana nos possibilita uma compreensão mais profunda e justa da própria busca pedagógica de Stanislávski para a criação artística.

Para ele, o preparo de um solo fértil – pelo trabalho consciente sobre elementos da própria natureza humana, que são os elementos do Sistema – abre espaço à manifestação da inspiração, da arte viva, que provém da esfera movediça e intangível da superconsciência. Nesse sentido, provocar a criação superconsciente é provocar a própria inspiração artística.

Reafirmando e aprofundando ainda mais a diferença apontada entre subconsciente e superconsciente, Tcherkásski aponta que nos textos iogues acessados por Stanislávski, a esfera inconsciente, inacessível à consciência humana, é constituída por duas partes: o subconsciente, vida mental que pertence ao indivíduo; e o superconsciente seria a consciência elevada que ultrapassa o ser humano, permitindo a sua ligação com o plano espiritual, transcendental – uma união do indivíduo com o todo.

Para Stanislávski, "o superconsciente eleva a alma humana ao mais alto grau"[50]. Nesse sentido, Tcherkásski afirma que, ao entender o superconsciente como uma esfera que excede o próprio indivíduo, Stanislávski acreditava na possibilidade de a arte tocar e entreabrir essa região superior e que, "justamente por isso, ela pode falar sobre culturas, séculos e distinções individuais"[51]. Tcherkásski vai além e afirma que: "toda a ênfase emocional e, ousamos dizer, religiosa de Stanislávski em relação aos 'mistérios da natureza viva e criativa', todo o entendimento teatral estão vinculados à abertura desse maravilhoso fenômeno do psiquismo humano"[52].

Compreender que Stanislávski buscava meios para que o ator atingisse essa esfera transcendente capaz de exceder o indivíduo e

---

50 *Sobránie Sotchinéni v 9 Tomakh, t. 4*, p. 140.
51 S. Tcherkásski, *Stanislávski i Ioga*, p. 63.
52 Op. cit., p. 63.

alcançar uma região ampla, superior, também nos remete à abordagem do papel buscada por ele. Stanislávski dizia que o ator devia "partir de si mesmo", o que foi motivo de críticas especialmente por Vladímir Nemiróvitch-Dântchenko (1858-1943) e Michael Chekhov (1891-1955). Não cabe nos aprofundarmos aqui sobre essa discussão, mas podemos dizer, a partir de considerações de Maria Knebel[53], que ambos, Nemiróvitch-Dântchenko e M. Chekhov, cada um de acordo com suas particularidades, de certa forma estavam próximos ao pensar que o ator não seria capaz de atingir a complexidade de determinados papéis partindo de si mesmo, pois a sua alma e experiências seriam demasiado pobres diante da riqueza e profundidade do papel concebido por um autor. A esse respeito, M. Chekhov se referiu, por exemplo, a Hamlet, e dizia que "partir de si mesmo" poderia levar o ator ao naturalismo. É importante dizer também que Knebel ressalta que nem Stanislávski e nem M. Chekhov, um de seus alunos mais brilhantes, consideravam possuir a verdade completa e final a esse respeito[54].

Contudo, se olharmos pela perspectiva da esfera do superconsciente que Stanislávski almejava alcançar pelo trabalho do ator, podemos entender a razão pela qual ele seguiu defendendo que o ator deveria "partir de si mesmo". Porque o próprio ator, em sua singularidade individual, carregaria em si mesmo a possibilidade de alçar voo a essa esfera transcendente, na qual se encontra a intuição criativa e há acesso a culturas, séculos e aos "mistérios da natureza viva e criativa", como disse Tcherkásski.

Retornando ao texto de Stanislávski sobre o superconsciente, é possível seguir aprofundando a nossa compreensão sobre a sua busca artística e espiritual:

> a essência da arte e a principal fonte da criação estão profundamente ocultas na alma humana; lá, no próprio centro da nossa

---

53 Ver M. Knebel, em M. Tchekhov, *Literaturnoe Nasledi, t. 2, Ob Iskusstve Aktera*, p. 5-30.
54 Ibidem, p. 11.

A Arte da Perejivánie

vida espiritual, lá, na insondável esfera da superconsciência, na qual se encontra o manancial da vida viva, em que está o centro principal da nossa natureza – o nosso recôndito "eu", a própria inspiração. Lá está oculto o material espiritual mais importante. Ele é escapadiço e não se entrega à consciência; é preciso se aproximar dele com especial cuidado. Este material é criado a partir de impulsos artísticos inconscientes, de atrações instintivas, de pressentimentos criadores, de expectativas, de estados de ânimo, de embriões, de espectros, de sombras, dos aromas sentidos, dos arroubos impetuosos das paixões, dos êxtases elevados e da própria inspiração. É impossível definir com palavras, nem ver, nem ouvir, nem ter consciência de todos esses sentimentos, sensações e estados[55].

Para Stanislávski, na superconsciência também se encontra o "nosso recôndito 'eu'" e o material espiritual mais importante. É interessante observar os elementos apontados por Stanislávski para a constituição desse material, que vão desde atrações instintivas e pressentimentos até espectros e sombras. São materiais provindos da nossa própria vida e que juntos podem se combinar em infinitos tons e matizes, lembrando a citação de abertura deste capítulo que evoca a riqueza da abrangência da *perejivánie*. É preciso estar atento e saber escutar a si mesmo e ao outro, à vida ao redor; estudar, ler, viajar; observar e vivenciar. Pois, para Stanislávski, é a partir dos "feixes de pensamentos" produzidos pela experiência de vida e pelo conhecimento que o nosso superconsciente se alimenta.

Na esfera da superconsciência, residem a inspiração, a intuição e a organicidade, daí a importância de se abordar essa noção em um estudo sobre a arte da *perejivánie*. Da mesma maneira, reafirmar a necessidade do trabalho do ator sobre si mesmo para tornar o seu aparato mental, afetivo e físico capaz de alcançar e de navegar por essa esfera, mesmo que por alguns instantes.

---

55 *Sobránie Sotchinéni v 9 Tomakh*, t. 4, p. 140-141.

Stanislávski demonstra o quanto as pesquisas de ordem espiritual foram importantes desde o início da sua trajetória e o acompanharam no decorrer do tempo: "O meu trabalho como diretor e ator transcorreu em parte no plano externo, da realização teatral, mas principalmente na esfera da criação espiritual do ator."[56] O grau de elevação artística que Stanislávski buscava não era compatível com o nível de percepção comum à maior parte das pessoas, e sim com a elevação espiritual alcançada por poucos, por meio de um contínuo trabalho sobre si mesmo. E, para ele, esses poucos deveriam corresponder aos artistas dedicados à cena. Por esse motivo, por vezes se refere ao seu ideal artístico como credo, ao teatro como templo e ao artista/ator como sacerdote. Lembramos assim da ordem espiritual de artistas que pretendia criar junto com Sulerjítski, reunindo pessoas de "visões sublimes e de ideias amplas".

No texto "Período da *Perejivánie*", que versa sobre o processo criativo de *A Desgraça de Ter Inteligência*, Stanislávski tratou da importância de se encontrar um objetivo criador que arrebatasse o ator no âmbito das suas emoções e impulsionasse plenamente a sua vontade de se colocar em ação. Esse objetivo seria como um motor que coloca em funcionamento não apenas o físico, mas também aspectos da vida superconsciente do artista. Sob essa perspectiva, Stanislávski faz um aparte que mais uma vez o aproxima dos ensinamentos da ioga: "os hindus chamam tais objetivos de ordem superior de superconsciente"[57].

Dada a inacessibilidade do consciente à vida que se passa na esfera superconsciente, o acesso a uma esfera superior só poderia acontecer mediante leis da natureza criadora. Para Stanislávski,

> não é fácil se aproximar de uma esfera que não é acessível à consciência. Tal objetivo não pode ser alcançado pela simples técnica do ator, por mais perfeita que ela seja. Tal objetivo somente pode ser alcançado pela própria natureza, que é a única que pode criar inconscientemente criações vivas. [...] É

---

56 *Sobránie Sotchinéni v 9 Tomakh, t. 1: Moiá Jizn' v Iskússtve*, p. 489.
57 *Sobránie Sotchinéni v 9 Tomakh, t. 4*, p. 103.

A Arte da Perejivánie

por isso que a arte da *perejivánie* coloca na base do seu ensino *o princípio da criação natural da própria natureza pelas leis normais estabelecidas por ela mesma*[58].

A busca por meios indiretos de acesso à esfera escorregadia e intangível do superconsciente foi, certamente, um dos maiores objetivos artísticos de Stanislávski, por isso ele dizia que a arte que buscava era a arte da *perejivánie*. A capacidade do ator *perejivát'* em cena seria a chave principal para esse acesso. Esses meios de acesso indiretos correspondem ao próprio trabalho sobre os elementos do Sistema, os quais seguem as leis orgânicas da natureza, como denominou Stanislávski. Para ele, o aperfeiçoamento do ator sobre os elementos do Sistema prepararia o terreno para o acesso a essa esfera tão complexa e misteriosa. Esse trabalho é árduo e contínuo, exige estudo intenso. Stanislávski dizia que é necessário, por um lado, preparar o terreno para a criação e, por outro "aprender a não atrapalhar a criação superconsciente da natureza"[59]. Pois, como foi visto anteriormente, a técnica que não trabalha em conjunto com a natureza não é capaz de gerar um processo criativo vivo em cena. E, além disso, a ideia de "aprender a não atrapalhar" nos conduz a uma espécie de não técnica, ou melhor, à sua superação e, ao mesmo tempo, a um processo que integra e revela corpo, mente e espírito.

Sobre essa ideia, salientamos possíveis aproximações aos princípios tratados por Stanislávski na citação retirada de uma entrevista concedida por Grotowski, em março de 1967, quando se encontrava em Paris com a *tournée* do espetáculo *O Príncipe Constante*:

> devemos perguntar ao ator: Quais são os obstáculos que lhe impedem de realizar o ato total, que deve engajar todos os seus recursos psicofísicos, do mais instintivo ao mais racional?" Devemos descobrir o que o atrapalha na respiração, no movimento e – isto é o mais importante de tudo – no contato

---

58 *Sobránie Sotchinéni v 9 Tomakh, t. 6: Tchást' 1*, p. 79.
59 *Sobránie Sotchinéni v 9 Tomakh, t. 4*, p. 103.

humano. Que resistências existem? Como podem ser eliminadas? Eu quero eliminar, tirar do ator tudo que seja fonte de distúrbio. Que só permaneça dentro dele o que for criativo. Trata-se de uma liberação. Se nada permanecer é que ele não era um ser criativo[60].

Como vemos, Grotowski também busca pela percepção dos obstáculos e do que atrapalha o ator psicofisicamente na realização do que chamou de "ato total", bem como intenciona descobrir meios que possibilitem essa liberação do ator para a criação. Segundo Tatiana Motta Lima, o conceito de "ato total" foi formulado por Grotowski a partir do processo experienciado por Ryszard Cieślak (1937-1990) na criação de *O Príncipe Constante*. Diz ela:

> O ato total envolvia uma série de ideias e processos. Mas, talvez, a mais fundamental, se olharmos para a trajetória de Grotowski como um todo, tenha sido a possibilidade, contemplada por esse conceito, de dar positividade à corporalidade, e de associar aquilo que era visto como físico – biológico, instintivo – com o que era visto como pertencente ao campo espiritual.[61]

Motta Lima salienta ainda que, com o conceito de organicidade também elaborado a partir dessa experiência, Grotowski passou a perceber o corpo "como uma espécie de pista de decolagem para o ato total"[62]. Stanislávski se referia à preparação do terreno ou de um solo fértil no âmbito psicofísico, para que o processo criativo do ator alcançasse a esfera superconsciente – espiritual. Parece-nos, então, que na visão de ambos, um terreno em estado bruto – um corpo despreparado – seria empecilho para a realização criativa plena do ator que deve envolver a totalidade do seu aparato psicofísico que é indiviso.

Dessa forma, no que se refere à obra stanislavskiana, o que se busca não é um processo que ocorra apenas em níveis inconscientes, até

---

60 J. Grotowski, *Em Busca de um Teatro Pobre*, p. 164.
61 T. Motta Lima, *Palavras Praticadas*, p. 184.
62 Ibidem, p. 186.

A Arte da Perejivánie

porque, mesmo que isso fosse possível escaparia dos domínios da arte. Pelo contrário, o ator deve ter ampla consciência do que está acontecendo em cena, atenção ao jogo com seus *partners* e com as circunstâncias do ambiente e da história, pois de outro modo perderia a capacidade de trabalhar sobre um dos elementos mais importantes do Sistema: a *adaptação* – a capacidade improvisacional que deve ser viva e passível de mudança a cada instante de sua permanência em cena. Por isso, podemos dizer que o domínio da psicotécnica pelo ator conduz à liberdade artística e criativa. Em suma, sem técnica não há domínio consciente, mas é preciso estar atento para que a técnica esteja a serviço da manifestação viva da natureza superconsciente, da inspiração e da intuição.

No texto final de *Minha Vida na Arte*, chamado "Um Resumo e o Futuro", Stanislávski questiona a pedagogia de formação dos atores e aponta para a importância do estudo, voltando a afirmar o princípio "o superconsciente através do consciente":

> Será que os artistas estudam a própria arte, a sua natureza? Não, eles estudam como se atua em um ou em outro papel, e não como ele é criado organicamente. O ofício do ator ensina como entrar em cena e atuar. Mas a arte verdadeira deve ensinar como estimular conscientemente em si mesmo a natureza criadora inconsciente para a criação orgânica superconsciente.[63]

Talvez a pergunta que mais intrigou e impulsionou Stanislávski em sua busca artística – que, sabemos agora, não tem como ser compreendida inteiramente se desvinculada da sua busca espiritual – foi aquela sobre a manifestação da inspiração artística. Ele acreditava que o ator não poderia estar à mercê do surgimento ou não desse sopro de vida que considerava divino. Ele, por muitas vezes, se refere à inspiração como a vinda de Apolo para a cena. Sob essa óptica, o estudo dos ensinamentos da ioga traz uma contribuição concreta para essa busca. A inspiração, como vimos, pertence à esfera superconsciente que pode ser alcançada pela natureza criadora, aprimorada e potencializada de

---

63 *Sobránie Sotchinéni v 9 Tomakh, t. 1: Moiá Jizn' v Iskússtve*, p. 495.

um profundo trabalho sobre si mesmo. Segundo Stanislávski: "Para a arte da *perejivánie* são acessíveis todas as esferas, planos, matizes e sutilezas escapadiças da vida consciente, inconsciente e supercons-ciente do espírito humano, evidentemente, conforme o grau dos dons e dotes criativos de cada artista particular."[64]

A *perejivánie* se mostra aqui como fluxo de vida em movimento no qual é possível transitar livremente pela totalidade psicofísica do ser humano, por sutilezas que de outra maneira não se deixariam apanhar, e que, por isso mesmo, podem revolucionar o processo criativo do ator. A *perejivánie* alcançaria o superconsciente e, ao mesmo tempo, ofereceria ao ator a possibilidade de transitar por todas as esferas da mente e do espírito.

O Superconsciente
e as Formas Artísticas Sutis

Naquele tempo, eu pensava que o diretor deveria estudar e sentir os aspectos costumeiros da vida, do papel e da peça para mostrá-lo ao espectador e obrigá-lo a viver na montagem de costumes como em sua própria casa. Mais tarde, eu conheci o verdadeiro sentido do chamado realismo.

"O realismo termina onde começa a superconsciência".

Sem o realismo, que chega, às vezes, até ao naturalismo, não se penetra na esfera do superconsciente. Se o corpo não passa a viver, a alma não acredita.[65]

Essa citação se refere ao período da vida de Stanislávski que foi denominado por ele como juventude artística. Como se vê, em um primeiro momento, Stanislávski entendia o realismo em um sen-tido restrito, da vida comum transposta à cena. Ao compreender o

---

64 *Sobránie Sotchinéni v 9 Tomakh, t. 6: Tchást' 1*, p. 80.
65 *Sobránie Sotchinéni v 9 Tomakh, t. 1: Moiá Jizn' v Iskússtve*, p. 236.

A Arte da Perejivánie

seu "verdadeiro sentido", ele se volta para o que é crível, orgânico e verdadeiro na criação, ou seja, tudo o que não vai contra a natureza, e sim age segundo as suas leis. O realismo, no sentido de uma criação real, autêntica, está referido aqui como passagem obrigatória para o alcance de uma região superior em termos psíquicos e espirituais – a esfera superconsciente. Refletindo a partir da fala de Stanislávski, parece-nos que quando o ator alcança a esfera da superconsciência ocorre um salto em sua criação e não se pode mais determiná-la em termos de realismo ou naturalismo. O que importa aqui é que para que seja possível a realização desse salto, o ator deve em primeiro lugar ser capaz de realizar consciente e organicamente uma ação simples. Sem isso, para ele, nenhuma forma artística, seja o próprio realismo, seja o grotesco, é capaz de sustentar-se como arte viva.

A citação abaixo esclarece melhor a ideia do naturalismo ligado à arte viva e à abertura da esfera superconsciente:

> O *simbolismo*, o *impressionismo* e todos os outros refinados *ismos* na arte pertencem à superconsciência e começam onde termina o ultranatural. Porém, somente quando a vida espiritual e física do artista em cena se desenvolve *naturalmente*, normalmente, pelas leis da própria natureza, – o superconsciente sai de seus esconderijos. A menor violência sobre a natureza – e o superconsciente se oculta nas profundezas da alma, escapando da tosca anarquia muscular.[66]

Stanislávski jamais desvinculou a estética, qualquer linguagem teatral ou forma artística da necessidade de uma arte viva, da arte da *perejivánie*. Aqui, apontou para o desenvolvimento natural, isto é, para as leis da natureza, da vida psicofísica do ator em cena, como possibilidade de acesso à esfera superconsciente.

Na citação a seguir, a maneira como Stanislávski expõe o seu entendimento acerca das diferentes formas artísticas em relação ao superconsciente é ainda mais esclarecedora:

---

66 Ibidem, p. 287.

Quanto mais sutil for o sentimento e quanto mais irreal, mais abstrato, mais impressionista etc., tanto mais ele é superconsciente, ou seja, está perto da natureza e afastado da consciência. O irreal, o impressionismo, a estilização, o cubismo, o futurismo, e as demais sutilezas, ou o grotesco, começam na arte lá onde a *perejivánie* natural, viva e humana e o sentimento alcançam o seu pleno e natural desenvolvimento, lá, onde a natureza se livra da tutela da razão, do poder do convencional, dos preconceitos, da violência e se entrega a sua própria iniciativa superconsciente (intuição), lá, onde termina o ultranatural e começa o abstrato.

Assim, o único acesso ao inconsciente é através do consciente. O único acesso ao superconsciente, ao irreal é através do real, através do ultranatural, isto é, por meio da natureza orgânica e da sua vida criativa normal e não violada. Seria uma desgraça se a esfera do abstrato, ou as estilizações, ou o impressionismo, ou outras formas refinadas e sutis da *perejivánie* e da *voploschénie* fossem abordadas a partir do intelecto, de invenções, do externo, da moda, de formas rebuscadas ou teorias racionais.[67]

A partir disso, evidencia-se que Stanislávski relaciona as formas artísticas, que chama de mais sutis, com o superconsciente, enquanto o real e o ultranatural permanecem na esfera da consciência agindo sob a influência do racional. Esse esclarecimento é de suma importância para a compreensão da sua obra. Desse modo, reafirma-se que o realismo, o naturalismo ou o ultranatural constituem para ele uma espécie de passagem necessária que fundamenta o caminho do ator para uma criação viva de formas artísticas sutis, como o grotesco, a estilização e até o que chamou de irreal.

Segundo Stanislávski: "Tendo esgotado todos os caminhos e os meios conscientes de criação, o artista se aproxima do limite, além do qual a consciência humana não é capaz de seguir. Lá, a seguir,

---

67 *Sobránie Sotchinéni v 9 Tomakh, t. 4*, p. 141-142.

A Arte da Perejivánie

começa a esfera da inconsciência, da intuição, que não é acessível ao intelecto, mas ao sentimento; que não é acessível ao pensamento, mas à autêntica e criativa *perejivánie*."[68]

Aqui, Stanislávski colocou que a criação consciente do ator deve ser levada até ao esgotamento, como condição para que ele se acerque dos limites intangíveis da intuição e do inconsciente. Na citação anterior, o realismo está colocado da mesma forma, como condição para o alcance do irreal, da esfera superconsciente. Assim sendo, reafirmamos que ele tratava o realismo como criação consciente, crível que é concretizada pela realização da ação física. Fazemos essa afirmação considerando que, especialmente nas suas últimas pesquisas, a ação física, ou melhor, psicofísica, tornou-se o elemento de confluência dos demais elementos do Sistema, isto é, ela se tornou o principal meio consciente para o acesso do inconsciente.

Finalizamos o nosso estudo sobre a riqueza e amplitude da arte da *perejivánie* em sua possibilidade de acessar as nuanças de todas as esferas, da consciência à superconsciência, com um trecho de uma carta de Stanislávski, escrita em 23 de abril de 1930, para a sua secretária Ripsimé Tamántseva (1889-1958). Nessa carta, está exposto o seu receio de publicar separadamente os três tomos de sua obra[69] sem um plano geral no início do primeiro livro, explicando que ele faz parte de um projeto mais amplo que envolve outras obras. Acredita que, se assim não o fizer, o livro poderá ser entendido de modo incompleto e mesmo equivocado:

> É preciso ter em vista que o livro vai começar com um plano de todo o esquema[70], ou seja, de todos os três tomos. Sem isso, creio eu, não é possível publicar o livro em partes. Realmente: se publicar o primeiro livro (*Diário de um Estudante:*

---

68 Ibidem, p. 140.

69 *O Trabalho do Ator Sobre Si Mesmo* (Rabota Aktiora Nad Soboi), partes I e II, e *O Trabalho do Ator Sobre o Papel* (Rabota Aktiora Nad Rol'iu).

70 O plano de todo o esquema de que fala Stanislávski consta no prefácio da edição russa da primeira parte de *O Trabalho do Ator Sobre Si Mesmo*. No entanto, esse mesmo prefácio, escrito por Stanislávski, não se encontra na edição em português da obra correspondente, *A Preparação do Ator*.

Trabalho Sobre Si Mesmo. Perejivánie), então, vai parecer que a *perejivánie* tem caráter ultranaturalista, e o livro vai ser criticado por isso. Se, no início do primeiro livro, for colocado o plano geral e for explicado que todo o sistema conduz para a criação superconsciente, então, o naturalismo dos estágios iniciais do sistema conseguirá ser justificado.[71]

Ao afirmar que todo o Sistema conduz para a criação superconsciente e que esta começa onde termina o realismo, parece claro o objetivo de Stanislávski de conduzir a arte teatral para esferas que não se referem a estéticas específicas. Afinal, a cena deve servir para manifestar a vida e não para pré-determinar a forma da sua manifestação. Nessa carta, podemos verificar o seu temor em ser mal interpretado em relação à *perejivánie*, o receio que a ligação da *perejivánie* com a natureza humana e com o real seja entendida de maneira estreita. Pois percebe-se que ele não buscava o naturalismo pelo próprio naturalismo. Assim como o realismo, ou o real, o naturalismo seria como uma ponte; uma passagem para esferas elevadas da arte.

Não Se Pode Viver o Papel aos Saltos

Cada ser humano em cada minuto da sua vida sente alguma coisa, perejiváet – falou Arkádi Nikoláievitch – Se não sentiu nada, significa que estava morto. Pois somente os mortos não experimentam nenhuma sensação. O importante é o que

71 *Sobránie Sotchinéni v 9 Tomakh, t. 9: Pis'ma:* 1918-1938, p. 410.

você perejiváete em cena – os seus próprios
sentimentos, análogos à vida do papel, ou
algum outro, que não tem relação com ele?

C. STANISLÁVSKI, *O Trabalho do Ator Sobre Si*
Mesmo. Parte 1

Como nos diz Stanislávski, todos estão sentindo algo em todos os momentos, seja em cena ou fora dela. Para isso é suficiente estar vivo. O ator em cena não se desvincula de seus próprios sentimentos, percepções, afetos, sensações, memórias, experiências e referências pessoais, pois toda essa rede complexa constitui as suas particularidades, a sua individualidade artística. No entanto, quando em criação, esse complexo se encontra direcionado para dar suporte e possibilitar ao ator o mergulho nas camadas da vida do papel. Nesse momento, o ator se encontra nas circunstâncias de outra realidade, a realidade do papel. Trata-se, então, do ator-papel, de que fala Stanislávski. O ator-papel se situa além do ator e além do papel – é constituído por eles, mas é "outro", outro de si mesmo.

Remetemo-nos, assim, à noção de "eu existo" e à conhecida pergunta de Stanislávski: o que eu faria se estivesse em tais circunstâncias? O comprometimento do ator-criador na realização de suas ações em cena, nas relações com os seus *partners*, a sua capacidade de percepção e de imaginação ao se deixar tocar pelo que acontece em torno de si, assim como dentro de si mesmo, de acordo com as circunstâncias do papel nas quais ele se encontra em cada momento da atuação, a cada dia, pode gerar aproximação e similitude com os sentimentos e sensações implicados no papel. Também podemos pensar que quando Stanislávski nos diz que "o importante é o que você *perejiváete* em cena", ele está se referindo à exigência, fundamental em seu Sistema, de que o ator deve encontrar uma justificativa para cada ação que realiza em cena.

Para contextualizar o processo de investigação artística e a evolução do pensamento/prática de Stanislávski, vamos a algumas recordações de suas inquietações artísticas expostas na obra *Minha*

Vida na Arte a respeito da sua percepção sobre a "desarticulação"[72] entre corpo e alma e a busca por um estado geral criador. Stanislávski relata que, por volta de 1905, percebeu que estava atuando "vazio por dentro, com hábitos externos de ator, sem o ardor da alma"[73]. A percepção que teve de si mesmo vai se acentuar ainda mais e culminar em um momento de muitos questionamentos. No ano seguinte, enfrenta o ápice de seu descontentamento com o próprio trabalho, o que considerou como marco da sua entrada na maturidade artística[74]: "Antes tudo partia de uma bela e inquietante verdade interna. Hoje restava dela somente a casca em erosão, carcoma e lixo enlodados na alma e no corpo por diversos motivos que não tinham nenhuma relação com a arte autêntica."[75]

Stanislávski percebeu que, após analisar amplamente a sua trajetória, a justificativa de suas ações em cena já não se sustentava após apresentar muitas vezes o mesmo espetáculo e que, em consequência disso, se instalava aos poucos em seu aparato psicofísico um descompasso que impedia a sua plenitude criativa. Parecia-lhe que o conteúdo "interno" da sua criação estava distante da forma "externa", como se eles fossem o céu e a terra. Ele se encontrava dominado pela mecanicidade do hábito. Com o passar do tempo, a sua desarticulação entre corpo e alma aumentava, e quanto maior o número de apresentações, mais mecanicidade e sensação de vazio sentia. É significativo que para expor a sua sensação nesse momento,

---

72 A palavra utilizada por Stanislávski é *vývikh*, que também pode ser traduzida como luxação, deslocamento ou desvio (ver N. Voinova et al., *Dicionário Russo-Português*, p. 88), isto é, ao escolher a palavra *vývikh* para se referir a esse fenômeno, ele fala em luxação, não se trata, pois, de fratura ou separação.

73 *Sobránie Sotchinéni v 9 Tomakh, t. 1: Moiá Jizn' v Iskússtve*, p. 354.

74 Em 1906, afastado para descanso na Finlândia, Stanislávski enfrenta um momento de profunda crise. Conforme o seu próprio relato, o seu querido amigo e colaborador, o escritor Anton Tchékhov havia morrido recentemente; as montagens das obras de Maurice Maeterlinck (1862-1949) pelo TAM são um fracasso; e o Estúdio Teatral conduzido por Vsévolod Meierhold, a convite de Stanislávski, havia encerrado as suas atividades. Somando-se a esses fatos que o atingiram de forma dolorosa, Stanislávski sente uma grande necessidade de refletir sobre o vazio que havia se instalado em seu trabalho em cena (ver *Sobránie Sotchinéni v 9 Tomakh, t. 1: Moiá Jizn' v Iskússtve*, p. 371-374).

75 Ibidem, p. 371.

A Arte da Perejivánie

ele utiliza palavras que não só remetem ao vazio, mas também à degradação, à estagnação e à sujeira que, do mesmo modo, envolvem a alma e o corpo.

A partir do exemplo de uma de suas atuações mais reconhecidas, o Doutor Stockmann[76], Stanislávski se perguntava como havia perdido as sensações, as lembranças vivas que animavam o papel, o seu *leitmotiv*. E pensando sobre as suas outras personagens, acreditava que nelas só restava a repetição mecânica, o "resultado exterior do sentimento já adormecido"[77]. Referindo-se ao que lhe estava acontecendo naquele momento, a ausência de vida e de sentimentos em cena, dos quais restava apenas uma superfície estagnada, utilizou seguidamente os verbos "repetir", "parecer", "copiar", "imitar", ou seja, ele se encontrava afastado da "arte da *perejivánie*" e do autêntico processo de criação do ator.

Nesse período de reflexões, fez a seguinte descoberta: percebeu que o estado no qual se encontrava em cena era o estado geral de ator, o qual estava interferindo negativamente em sua capacidade criativa. Pois, segundo ele, era um estado artificial por ser fruto de uma situação ficcional – a atuação de algo alheio a si mesmo diante de um grande público. De acordo com o seu entendimento, o ator colocado nessa situação ficcional se agarrava a maus hábitos, a clichês a fim de conseguir desempenhar a sua função. O mestre chamou essa percepção de "a descoberta de uma verdade há muito conhecida"[78]. Tratava-se de algo que já sabia apenas como um saber racional, mas naquele momento, ao contrário, compreendia plenamente, conseguia sentir/perceber, de fato, tal "verdade". Segundo Stanislávski, na linguagem da cena, compreender significa sentir[79], isto é, o conhecimento, para ser considerado como

---

76 Papel da obra *O Inimigo do Povo*, de Henrik Ibsen (1828-1906).

77 *Sobránie Sotchinéni v 9 Tomakh, t. 1: Moiá Jizn' v Iskússtve*, p. 372.

78 "Descoberta de Verdades Há Muito Tempo Conhecidas", como se sabe, foi o título escolhido por Stanislávski, na obra *Minha Vida na Arte*, para o primeiro texto sobre o seu amadurecimento artístico.

79 De acordo com Tcherkásski esse pensamento, presente em inúmeros momentos na obra de Stanislávski, tem origem nos ensinamentos da ioga.

tal, deveria passar pela totalidade do aparato psicofísico do ator e não apenas pelo seu intelecto.

Então, como transformar esse estado geral de ator, pernicioso ao trabalho do artista, em um estado geral criador – um estado físico, mental e espiritual que permita o estabelecimento de um terreno propício para a criação artística?

Nas palavras de Stanislávski: "Não existiriam alguns caminhos técnicos para a criação de um estado geral criador? [...] como compreender a natureza e os elementos integrantes do estado geral criador?"[80]

Na busca pelas respostas para as suas inquietações acerca do estado geral criador, Stanislávski passou a observar atentamente a si mesmo e aos artistas que considerava de grande talento. Com igual intuito, começou a realizar experimentos com atores do TAM e consigo mesmo durante os ensaios, inclusive diante do público, transformando o palco – e as apresentações – em uma espécie de laboratório. Aos poucos, Stanislávski começou a perceber que quanto maior era a tensão que se instalava no aparato psicofísico do ator, menor era a sua capacidade de domínio sobre si mesmo e sobre o seu processo criativo. Ao mesmo tempo, observou que quando o corpo do artista se encontrava livre de tensões era submetido à sua vontade e, sem maiores impedimentos, manifestava o que se passava em sua alma. E, assim, descobriu outra importante "verdade": além de permitir um alívio muscular, os exercícios experimentais realizados durante as apresentações dos espetáculos atraíam a sua atenção para as sensações corporais e para o que estava acontecendo em cena[81]. Desse modo, Stanislávski encontrou elementos que se tornaram fundamentais em seu Sistema – a libertação muscular, a atenção cênica e a concentração.

---

80 *Sobránie Sotchinéni v 9 Tomakh, t. 1: Moiá Jizn' v Iskústve*, p. 376.
81 É conhecido o temor de Stanislávski-ator em relação à plateia, à qual se referia como "o terrível buraco negro" (*Sobránie Sotchinéni v 9 Tomakh, t. 1: Moiá Jizn' v Iskústve*, p. 377). Quando atuava, durante muitos anos, essa situação de exposição gerou nele uma grande tensão, ao mesmo tempo que, certamente, o incentivou a investigar e a alcançar de fato meios de superação e de plenitude criativa para o trabalho cênico.

A qualidade abrangente da concentração, capaz de envolver a totalidade psicofísica do ator, e a própria relação essencial que se dá entre todos os elementos do Sistema, reforça a inexistência da dicotomia "interno" e "externo" na prática stanislavskiana. De acordo com Stanislávski:

> Prosseguindo com as minhas observações ulteriores sobre mim mesmo e sobre outros, eu compreendi (isto é, senti) que a criação é, antes de tudo, *a absoluta concentração de toda a natureza espiritual e física*. Ela absorve não apenas a visão e a audição, mas todos os cinco sentidos do ser humano. Ela absorve, além disso, o corpo, o pensamento, o intelecto, a vontade, o sentimento, a memória e a imaginação. Toda a natureza espiritual e física deve estar concentrada, durante a criação, para o que está acontecendo na alma da personagem.[82]

Os espetáculos *Drama da Vida*[83], de 1907, e *Um Mês no Campo*[84], de 1909, são marcos importantes da busca artística de Stanislávski. O espetáculo *Drama da Vida*, que contou com a assistência de Sulerjítski na direção, consistiu na sua primeira experiência na aplicação prática da técnica interior dirigida para o alcance de um estado criador. Os princípios da técnica interior haviam sido verificados há pouco tempo por ele em seu trabalho de laboratório. Nesse espetáculo de estética simbolista, o mestre russo optou por trabalhar com os atores na imobilidade. Stanislávski buscou retirar dos atores os gestos, movimentos e ações que, segundo ele, eram elementos relativos aos meios externos da *voploschénie*, muito realistas ou materiais. Assim, como meio de expressão cênica, restaram os olhos, o rosto e a mímica[85]. Desse modo, ele desejava trazer à tona "a paixão incorpórea

---

82 Ibidem, p. 378.

83 *Drama da Vida*, de Knut Hamsun (1859-1952), estreou no TAM em 8 de fevereiro de 1907.

84 *Um Mês no Campo*, de Ivan Turguêniev (1818-1883), estreou no TAM em 9 de dezembro de 1909.

85 Sobre a mímica, Stanislávski esclarece que está se referindo ao desenvolvimento da mobilidade dos músculos do rosto – a sua afinação, segundo ele, "não se pode ensinar a mímica,

em seu aspecto puro e despido, que nasce de modo natural e parte diretamente da alma do artista"[86].

Antes da elaboração do Sistema, o estado geral criador era atribuído à inspiração, à vontade de Apolo, enfim, a algo abstrato. Com o desenvolvimento da técnica interior, o ator busca acionar esse estado por meio de um preparo que se dá pelo trabalho com os elementos do Sistema em si mesmo. Sobre a preparação de *Drama da Vida*, nos referimos em especial aos elementos "se" mágico, concentração, fé e sentido da verdade e libertação muscular.

Naquele momento, para Stanislávski, se o ator conseguisse atingir um estado criador, a *perejivánie* surgiria por si só, não seriam necessários movimentos e todo o "incorpóreo" seria transmitido essencialmente pelo olhar. Na seguinte anotação, sobre o elemento relação, ou comunhão, que data dessa mesma época, fica exposta a importância concedida por ele à expressão dos olhos do ator: "É preciso não esquecer que na relação com as pessoas os olhos do ser humano falam de forma bem mais significativa do que as toscas palavras e a fala. A língua dos olhos é tão sutil que é inexprimível em palavras."[87]

Voltando um pouco no tempo, para o diário de direção de Stanislávski de 16 de novembro de 1904, destacamos que os seus apontamentos iniciais tratam da importância da alma humana e consideram que é por meio dos olhos que se torna possível apreciá-la. O mestre afirmava, assim, que os olhos seriam o melhor modo de expressão da alma. A sua preocupação residia em como uma multidão de espectadores poderia divisar essa expressão por meio dos olhos do ator. Ele falava, então, da necessidade de tempo e da imobilidade do ator em cena[88]. É importante mencionar que Stanislávski havia passado grande parte de 1904, desde maio, ensaiando três peças curtas de Maeterlinck[89] que estrearam em 2 de outubro daquele mesmo ano, sem sucesso junto

---

pois isso pode criar uma careta artificial" (*Sobránie Sotchinéni v 9 Tomakh, t. 3: Rabota Aktiora Nad Soboi, Tchást' 2*, p. 25).

86 *Sobránie Sotchinéni v 9 Tomakh, t. 1: Moiá Jizn' v Iskústve*, p. 386.
87 *Sobránie Sotchinéni v 9 Tomakh, t. 5: Knigue 1*, p. 438-439.
88 *Sobránie Sotchinéni v 9 Tomakh, t. 5: Knigue 2*, p. 189.
89 *Os Cegos, A Intrusa* e *Interior*.

ao público. Uma experiência tão significativa com obras simbolistas, realizada em época tão próxima desses escritos, certamente foi uma influência intensa e duradoura que permaneceu nas experimentações dos espetáculos que vieram em seguida.

Retornando à nossa reflexão sobre a montagem de *Drama da Vida*, citamos Vássina e Labaki:

> O sucesso fabuloso da estreia de *Drama da Vida* em 1907 celebrou a vitória do trabalho a partir do simbolismo. Finalmente, Stanislávski conseguiu realizar seu sonho audaz de 1905, abrindo caminho para formas inovadoras de linguagem teatral. Como toda inovação, foi igualmente aplaudida e atacada. Os "esquerdistas" ficaram felizes com a "morte do realismo"; os conservadores o acusaram de traição dos valores do velho TAM.[90]

É significativo que a primeira experiência prática do Sistema tenha se dado com tamanho sucesso em um espetáculo simbolista. No entanto, Stanislávski criticou o seu próprio trabalho como ator no espetáculo. Ele sentiu falta de uma justificativa interna para a imobilidade, o que gerou demasiada tensão em seu aparato psicofísico. Stanislávski relatou a sua percepção: "a violência sobre a natureza, como sempre, afugentou o sentimento e evocou a realização mecânica, os clichês inexpressivos, o estado de ator, o ofício"[91]. A falta de justificativa para a imobilidade resultou, então, em violência sobre a sua própria natureza. E quando o ator se choca contra a natureza, quando ela é desrespeitada em suas leis orgânicas, sobra a mecanicidade na realização das ações e a rigidez do hábito que não permitem espaço ao livre fluxo da energia.

Em *Drama da Vida*, a busca de Stanislávski estava voltada para os meios que pudessem conduzir o ator ao estabelecimento de um estado criador e que possibilitassem o surgimento de uma atuação

90 E. Vássina; A. Labaki, *Stanislávski: Vida, Obra e Sistema*, p. 39.
91 *Sobránie Sotchinéni v 9 Tomakh, t. 1: Moiá Jizn' v Iskússtve*, p. 387.

viva. No espetáculo *Um Mês no Campo*, o enfoque da montagem estava direcionado para a manifestação da alma dos atores e para a sua percepção pelos espectadores: "Como desnudar as almas dos atores em cena a tal ponto que os espectadores possam vê-las e compreender o que se passa nelas? [...] é preciso eliminar tudo o que atrapalha a multidão de milhares de pessoas de perceber a essência interior dos sentimentos e pensamentos vivenciados."[92]

Sob a perspectiva de "desnudar as almas dos atores em cena", pode-se acrescentar que essa busca artística de Stanislávski teria um alcance ainda mais amplo com a evolução do Sistema: a relação com o espectador.

Para Stanislávski, o teatro deveria se tornar um espaço que transcendesse o comum, configurasse um lugar onde o espectador pudesse deixar de lado as suas máscaras comportamentais, posição social e títulos, e se desnudasse dessas cascas em conjunto com o ator – sendo apenas uma pessoa diante de outra pessoa. Os atores em cena e os espectadores na plateia são vistos por Stanislávski com igual medida de responsabilidade para criar a atmosfera que permitiria a emissão e a recepção das camadas invisíveis, ou seja, a irradiação e a inradiação. Assim, se criaria uma comunhão viva entre eles: "Somente em tal atmosfera e diante de tal criação coletiva é possível transmitir a partir da cena o *intransmissível*, isto é, o *inconsciente*, que constitui a essência das melhores obras antigas e novas, a parte mais importante da própria alma dos atores."[93]

Como citado antes, Tcherkásski afirma que Stanislávski teve de substituir em sua obra escrita o termo *prana*, provindo da ioga, por energia, em razão da censura da época. Entretanto, continuou a utilizar o prana em sua prática. De acordo com Tcherkásski, para Stanislávski, a irradiação do *prana* se tornou um meio de fomentar a relação autêntica, viva, entre ator e espectador, bem como entre *partners*, consigo mesmo e com os objetos de cena[94].

---

92 Ibidem, p. 406. Aqui a palavra utilizada é *perejivaemikh*, que optamos por traduzir por "vivenciados".

93 *Sobránie Sotchinéni v 9 Tomakh, t. 6: Tchást' 1*, p. 93.

94 Ver S. Tcherkásski, op. cit., p. 52.

A Arte da Perejivánie   139

Desse modo, Stanislávski nos diz que: "O espectador engajado na criação já não pode sentar-se tranquilamente, recostado para trás, ainda mais que o artista já não o entretém. Desta vez, o próprio espectador se move para a cena e lá estando, com sentimentos e pensamentos, participa da criação."[95]

A relação se converte, pois, em colaboração – o espectador se torna um dos responsáveis pela criação do espetáculo. Para ele, esses caminhos invisíveis da comunhão, do contato, da comunicação, que transcendem o que é visto e o que é ouvido em cena, acontecem pela irradiação. Esses são os caminhos trilhados pela arte da *perejivánie*.

Em busca dessa comunicação de alma a alma, no espetáculo *Um Mês no Campo*, Stanislávski elimina da cena tudo o que considera desnecessário, não só no que diz respeito à atuação dos atores, mas também a outros elementos cênicos como o cenário, inclusive realizando cortes no texto. Com essa montagem, recorre novamente à imobilidade dos atores, buscando afirmar a ação por meio da criação de um desenho interno e da partitura da alma do papel que pudessem abranger a complexidade da psicologia das personagens. Assim, segundo ele:

> Em nossa arte, o artista deve compreender o que exigem dele, o que ele próprio deseja, o que pode arrebatá-lo criativamente. As partes separadas do papel surgem da infinita série de tais objetivos atraentes para o artista, que compõe a sua vida do espírito [do papel], a sua partitura interna.
>
> [...]
>
> O resultado principal desse espetáculo foi o de orientar a minha atenção para os meios de estudo e de análise tanto do próprio papel como do meu estado criador dentro dele. E, então, compreendi mais uma verdade há muito conhecida – que o artista precisa não apenas saber trabalhar sobre si mesmo, mas também sobre o papel."[96]

95 *Sobránie Sotchinéni v 9 Tomakh, t. 6: Tchást' 1*, p. 93.
96 *Sobránie Sotchinéni v 9 Tomakh, t. 1: Moiá Jizn' v Iskússtve*, p. 407-408.

Para compor a vida do espírito e a partitura da alma do papel, Stanislávski passa a realizar uma minuciosa análise e estudo do papel, além de exigir que o ator percebesse a si mesmo como artista-criador e entendesse os mecanismos que o impulsionavam para a criação. Essa análise permitiu a concepção de um detalhado desenho das personagens e influenciou diretamente na união das partes separadas do papel e na capacidade de *perejivát'* em cena, com o preenchimento dos espaços vazios que tanto atormentaram Stanislávski-ator. Por isso, a montagem de *Um Mês no Campo* teve imensa importância para o amadurecimento do Sistema[97].

Nessa ocasião, apesar das dificuldades e resistências que enfrentou com os atores do elenco, Stanislávski provou novamente pela aplicação prática do Sistema, mesmo este estando ainda em processo inicial de desenvolvimento, que a arte sonhada por ele – a arte da *perejivánie* – era possível e que poderia dar bons frutos como arte transformadora, tanto no trabalho sobre o papel quanto no trabalho sobre o próprio ator.

Para esclarecer a etapa de desenvolvimento em que se encontrava o Sistema nessa época, consta a seguir o esquema que Stanislávski organizou, em junho de 1909, com apontamentos sobre os princípios do Sistema. Lembrando que o espetáculo *Um Mês no Campo* estreou no final de 1909. Como está indicado logo no início do texto, o mestre russo queria escrever um artigo com base nesses apontamentos:

1909, junho.
Programa do artigo "Meu Sistema".

Parte I
1. Arte da representação e arte da *perejivánie*.
2. O estado geral na representação e na *perejivánie*.
3. O estado geral correto e o incorreto na criação cênica.

---

97 Para mais informações sobre o processo de montagem desse espetáculo pelo TAM sugiro o livro *Stanislávski em Processo: "Um Mês no Campo", Turguêniev*, de Simone Shuba.

4. As condições cênicas e outras que obstaculizam o correto estado geral criador.

5. O estado geral correto como base da criação cênica.

Parte II. Educação do estado geral criador correto

6. A atenuação da tensão muscular.

7. Exercícios para a atenuação da tensão muscular.

8. As *perejivániia* afetivas.

9. A memória afetiva.

10. O estímulo das *perejivániia* afetivas e da memória afetiva.

11. Os exercícios correspondentes.

12. A concentração do sentimento, ou a concentração criadora, ou o círculo de concentração.

13. Os exercícios correspondentes.

14. Relação. Sentimentos.

15. Relações afetivas.

16. Os exercícios correspondentes.

17. A concentração do pensamento.

18. O pensamento e a palavra como porta-vozes e registros do sentimento.[98]

A partir dessas valiosas anotações de Stanislávski podemos ressaltar que muitos dos elementos elaborados pelo mestre permaneceram durante a evolução de seu Sistema, sofrendo, é claro, algumas transformações menores ou maiores. A diferenciação entre a arte da representação e a arte da *perejivánie*, por exemplo, como dissemos mais acima, foi desenvolvida na escrita em um manuscrito de 1918. Entretanto, como apontamos em uma nota, há um registro de setembro de 1908 que evidencia que essa temática foi abordada por Stanislávski em uma conversa com jovens atores do TAM.

Nas duas partes da obra *O Trabalho do Ator Sobre Si Mesmo*, Stanislávski realizou uma abordagem sobre o estado geral, dividida em três

---

98 *Sobránie Sotchinéni v 9 Tomakh, t. 5: Knigue 2*, p. 345-346.

capítulos: estado geral cênico interno, estado geral cênico externo e estado geral cênico. Como vemos, ele seguiu aprofundando o seu trabalho sobre essa temática até o fim da vida. O que ele chamou de estado geral incorreto se refere ao que definia como estado de ator, um estado atoral ou teatral no sentido negativo do termo. Esse estado se apoiaria na reprodução de formas vazias e de clichês enraizados, não se tratando, portanto, de um estado que permitisse a realização de uma criação cênica autêntica pelo ator, ou seja, o "estado geral incorreto" está ligado à arte da representação e ao ofício da cena.

Outra preocupação, que Stanislávski transmitiu em seu esquema de 1909 sobre o Sistema, é a busca por decifrar e compreender o que atrapalha o ator de alcançar o estado geral criador. Pois, a partir dessa compreensão, se revelaria o caminho para buscar meios concretos para transpor ou se afastar desses obstáculos. Naquele momento, ele já havia apontado algumas percepções: a necessidade de atenuar as tensões dos músculos, o que mais tarde se tornaria o elemento libertação muscular, o trabalho com a memória afetiva, mais adiante denominada memória emocional, e o círculo de concentração, nomeado posteriormente de atenção cênica. Da mesma forma, o elemento relação se encontra como foco de pesquisa para Stanislávski. E, claro, a presença da *perejivánie* se mostra bastante intensa em sua busca, desde o período inicial da elaboração do Sistema. Como vemos, é de extrema relevância considerar a busca e os estudos realizados por Stanislávski antes mesmo da década de 1910, pois só assim é possível alcançar uma compreensão mais abrangente sobre as suas investigações e descobertas.

Nos seguintes fragmentos retirados de um manuscrito do final da primeira década do século XX, chamado "Partitura do Papel", Stanislávski já apontava para a ligação existente entre a vida contínua do papel e a fusão com os sentimentos gerados pela conexão do ator com o papel:

> Não se pode viver o papel aos saltos, isto é, somente enquanto se está falando.

A Arte da Perejivánie

Acaso você já encontrou em sua vida tais fenômenos, que vivem somente enquanto estão falando, e quando se calam, morrem?

Não parece a você que tal anormalidade é uma deformidade? Tais pessoas não existem na vida e não devem existir em cena. Mas os atores se acostumaram a preencher os espaços vazios do papel com as suas próprias sensações de ator e não percebem a mistura que se forma em sua alma por causa do entrelaçamento dos sentimentos do papel com os seus sentimentos pessoais.

Tais atores utilizam o seu papel como um espantalho e preenchem o seu miolo com qualquer mistura de quaisquer sentimentos e sensações.

[...]

Na maioria dos casos, tais atores permanecem em cena como si mesmo, ou seja, pessoas com nervos excitados e com a natureza deformada pelo ofício, e os sentimentos do próprio papel são substituídos pelas palavras e técnicas de atuação, com os quais eles encobrem o vazio interno do papel. Tal criação me lembra de manequins sem alma, vestidos com belos tecidos.[99]

Aqui, Stanislávski abordou uma ideia de fluxo no trabalho do ator e apontou para a necessidade de se criar, a cada instante, sem quebras, uma linha viva por onde se possa "navegar" em cena. Pois, nos momentos em que há quebras e nos momentos sem justificativas, o risco de se cair em um clichê ou na forma vazia se torna maior. Ao longo do tempo, nas pesquisas de Stanislávski, vai se tornando mais evidente que a linha que pode proporcionar esse fluxo vivo para o ator é a linha da ação física. Lembrando que Stanislávski fala da linha de ação como se ela fosse os trilhos do trem, como a linha que está ali, sólida, para orientar o ator em cena; outra imagem é a da pista de decolagem para o avião, a base necessária para que o ator possa

99 Ibidem, p. 335-336.

tomar impulso para realizar o seu voo em direção aos sentimentos, às sensações, à organicidade, à *perejivánie*.

Relacionamos essa ideia de fluxo sugerida por Stanislávski ao dizer que "não se pode viver o papel aos saltos", aos "sintomas" de organicidade conforme entendidos por Grotowski. Tatiana Motta Lima aponta para esses sintomas, dos quais selecionamos os seguintes: "O corpo funciona em 'fluxo' e não em 'bits' (em pequenos cortes); O corpo aparece como um 'fluxo de impulsos vivos'; [...] O corpo está totalmente envolvido em sua ação."[100]

Ao abordar a plasticidade do ator, Stanislávski também apontava para uma ideia de fluxo quando falava em "linha interna do movimento da energia"[101], ou na energia[102] que desperta a ação externa "ao passear pela rede do sistema muscular provocando os centros motores internos"[103].

Também nos parece relevante tentar perceber ao que Stanislávski se referia quando criticava os atores que "permanecem em cena como si mesmo". Nesse caso, ele parece tratar de atores que estão enrijecidos pelo hábito teatral e se encontram aprisionados na manifestação de estereótipos, sem ter condições de se abrir para a realização de um processo criativo – e assim, eles mesmos são como cascas vazias, "manequins sem alma".

No manuscrito "Partitura do Papel", citado anteriormente e pertencente à mesma época dessas montagens, Stanislávski esclarece no que consiste, para ele, o verdadeiro artista:

> tal artista, antes de tudo, se interessa não por partes separadas, mas pelo papel todo em sua integridade, que é a constituição da alma do papel.
> A criação artística deve ser também harmoniosa.

---

100 *Palavras Praticadas*, p. 277.
101 *Sobránie Sotchinéni v 9 Tomakh, t. 3: Rabota Aktiora Nad Soboi, Tchást'* 2, p. 37.
102 Lembrando que, ao se referir à energia, Stanislávski está fazendo uso do prana.
103 *Sobránie Sotchinéni v 9 Tomakh, t. 3: Rabota Aktiora Nad Soboi, Tchást'* 2, p. 29.

A Arte da Perejivánie

É por isso que o verdadeiro artista, por meio de uma grande análise, combina os sentimentos do papel compondo-os em belas harmonias. O verdadeiro ator cria uma sinfonia de sentimentos e aprende a cantá-la belamente. Palavras servem a ele apenas como meio que amplifica os sons da alma, os pensamentos substituem a melodia, e as ideias o *leitmotiv*, que passa através de toda a vida do papel e da peça[104].

A análise do papel proposta por Stanislávski serve justamente para que o ator se aproprie da integridade do papel e compreenda a sua luta, seus anseios e obstáculos ao longo da trajetória de toda a vida do papel na peça. Para ele, é a compreensão do todo que possibilita ao ator criar a "alma do papel".

Seu interesse pela música – como se sabe, quando jovem, desejava se tornar cantor de ópera – certamente contribuiu para a evolução de suas pesquisas na esfera da cena teatral. Quando busca definir o que seria o verdadeiro artista, que é o ator-criador, e relaciona a sua criação com elementos musicais tais como a harmonia, a composição, a partitura, a sinfonia, o canto, a amplificação dos sons, a melodia, o *leitmotiv*, torna mais concreto não só o processo criativo da cena como também a própria definição de trabalho do ator, e a necessidade de um estudo profundo de sua arte para o desenvolvimento de suas competências.

Dessa forma, de acordo com Stanislávski, os pensamentos do ator em cena deveriam seguir o seu curso como se fossem a melodia da obra, e as ideias deveriam conduzir o percurso do papel ao longo da peça e manter a sua unidade, como o *leitmotiv* na obra musical. Nesse momento, quando ele fala que o verdadeiro artista compõe os sentimentos em "belas harmonias", cria uma "sinfonia de sentimentos" e utiliza as palavras como meio para amplificar "os sons da alma", torna-se visível a presença e a importância concedida por ele aos sentimentos e a busca pela criação da alma do papel. No texto a seguir, que

---

104 *Sobránie Sotchinéni v 9 Tomakh, t. 5: Knigue 2*, p. 336.

tem como título "Como Se Preparar Para o Espetáculo"[105], Stanislávski relaciona o elemento musical do *leitmotiv* com a *perejivánie*: "O processo de criação da *perejivánie* obtém o seu desenvolvimento quando o artista sente o nervo do papel que, como um *leitmotiv*, acompanha a personagem em todas as suas situações."[106]

Refere-se, então, a Nicolai Gógol, que escreve algumas orientações para a interpretação dos atores em sua obra *O Inspetor Geral*. Gógol chamava de prego esse nervo do papel, que seria como uma ideia/objetivo principal, uma presença constante em suas personagens do início ao fim da peça. Para Stanislávski, esse prego poderia ser definido, inclusive, como o acorde da alma do papel e seria responsável por unir as partes de *perejivánie* conferindo inteireza à criação.

A partir dos escritos de Stanislávski nessa época, Irina Vinográdskaia (1920-2006)[107] ressalta dois pontos importantes. Em primeiro lugar, existe uma aproximação do que mais tarde seria denominado por ele de ação transversal. Antes de fazê-lo, refere-se à ação transversal como "impulso fundamental", *leitmotiv*, "prego do papel" ou "acorde da alma". Vinográdskaia também aponta que ele, nesse momento, expõe a sua percepção acerca da unidade e da interligação existente entre os princípios psicofísicos no trabalho criativo do ator[108].

Assim, conforme Stanislávski:

> Em cada personagem sinceramente criada existe o seu hábito inerente, as particularidades de movimento, andar, comportamento e assim por diante.
>
> Se elas não estão fora da realidade, mas cresceram da *perejivánie* da alma da personagem, todas essas particularidades

---

105 Junto desse texto, também há outro chamado Como Manifestar a Vontade na Repetição da Criação no Espetáculo (*Sobránie Sotchinéni v 9 Tomakh, t. 5: Knigue 1*, p. 405), no qual Stanislávski trata do mesmo tema.

106 *Sobránie Sotchinéni v 9 Tomakh, t. 5: Knigue 1*, p. 403.

107 Irina Vinográdskaia foi pesquisadora teatral e historiadora do TAM. Participou da Comissão de estudo e de publicação da herança literária de Stanislávski e de Nemiróvitch-Dântchenko. Publicou quatro volumes cujo título em português seria *Vida e Obra de C.S. Stanislávski* e também *Stanislávski Ensaia*.

108 Ver I. Vinográdskaia, *Jizn' i Tvortchestvo K.S. Stanislavskogo, t. 2*, p. 149.

A Arte da Perejivánie

externas do papel estão indissoluvelmente unidas com a sua própria psicologia.

Esta ligação é tão forte e indissolúvel, que o hábito fisiológico do papel estimula a sua psicologia na alma do artista e, reciprocamente, a *perejivánie* psicológica dos sentimentos do papel gera o hábito para o estado fisiológico do corpo do ator.[109]

A compreensão dessa conexão psicofísica inseparável é um grande passo para o desenvolvimento do Sistema. Stanislávski se encaminha – e ainda haverá trinta anos de buscas e verificações – para a ideia sob a qual trabalhou em suas últimas pesquisas: a realização consciente da ação física que como consequência natural conduz o ator por uma via inconsciente ao alcance da *perejivánie*.

Segundo escreveu Boris Suchkevitch (1887-1946)[110], na brochura chamada "Sete Momentos do Trabalho Sobre o Papel", nos ensaios de *O Inspetor Geral*, realizados em 1908, Stanislávski passou a utilizar as "estranhas palavras: 'prego' e 'círculo'"[111]. Suchkevitch reafirma a ideia do prego como origem da ação transversal e a do círculo como geradora da noção de atenção ou atenção criativa. Ainda de acordo com ele, prego e círculo seriam palavras fundadoras do Sistema de Stanislávski, que, para ele, tem por objetivo maior ensinar a atenção ao ator.

A essa altura já é possível entender que Stanislávski partia da necessidade de suprir o vazio que o habitava em cena buscando acionar o processo de *perejivánie*. Passou pela tentativa de limitar os movimentos, a fim de eliminar a manifestação de clichês, e percebeu ao fazer a análise minuciosa do papel que se o ator possuísse uma ideia motriz que o estimulasse e o conduzisse até o final da história da peça, a *perejivánie* e os sentimentos poderiam ser despertados como resultado desse trabalho sobre si mesmo e sobre o papel.

---

109 *Sobránie Sotchinéni v 9 Tomakh, t. 5: Knigue 1*, p. 404.
110 Boris Suchkevitch, diretor, ator e pedagogo, se tornou membro do TAM em 1908. Participou da criação do Primeiro Estúdio do TAM, participou também do Segundo Estúdio.
111 *Sem' Momentov Raboty Nad Rol'iu*, p. 8.

Um dos primeiros registros que encontramos do termo "ação transversal" consta em anotações de Stanislávski feitas durante o inverno de 1913:

> Ação transversal.
>
> Geralmente, a ação transversal é entendida em um sentido direto, em uma acepção restrita – simples, física, mecânica, uma linha reta que conduz ao objetivo. [...] A ação transversal consiste em um rio largo que quanto mais flui, mais abrange a vida submarina da peça. Nesse fluxo a ação transversal de cada papel é o caminho por onde passa o barco lançado para diferentes direções pela correnteza. Imagine que você chegou a viajar para a América e fica interessado apenas na colher e na caixinha de fósforos que estão diante de seus olhos, ou se interessa pela vereda, na calçada pela qual você anda, sem nem ver e nem receber o estado de ânimo de toda a atmosfera da vida americana.[112]

Novamente surge aqui a ideia de fluxo, agora ligada à imagem da correnteza e das diferentes correntes contidas em um rio largo e profundo. A ação transversal consiste na força motriz da criação do ator, mas isso não significa que o ator deva ignorar as nuances do caminho percorrido e se fechar em uma linha rígida e reta. Os lugares para onde o papel é lançado pela correnteza do rio são parte da ação transversal dele mesmo, pois a ação transversal é o próprio rio.

Como complemento do pensamento exposto nessas notas de 1913, relacionamos o texto "A Arte do Ator e do Diretor", preparado por Stanislávski em abril de 1928 para a Enciclopédia Britânica. Esse texto oferece um apanhado de seu trabalho à época, o qual se desenvolveu em grande parte como decorrência dos questionamentos colocados por ele mesmo no início dos anos 1900.

Ao discorrer sobre o seu entendimento acerca do início do processo criativo, Stanislávski expõe que é necessário encontrar o motivo

---

112 *Sobránie Sotchinéni v 9 Tomakh, t. 5: Knigue 2*, p. 374.

A Arte da Perejivánie

fundamental da obra a ser encenada. Esse motivo seria a ideia criativa do autor, da qual surge o germe (*zerno*), isto é, o princípio gerador responsável pelo desenvolvimento orgânico da criação que pode ser entendido como o que mais tarde foi chamado de superobjetivo. A partir disso, diz Stanislávski: "desvendar o 'germe' do drama e acompanhar a linha básica da ação que passa através de todos os seus episódios e, por isso, é chamada por mim de ação transversal – eis a primeira etapa no trabalho do ator e do diretor"[113].

Na primeira parte de *O Trabalho do Ator Sobre Si Mesmo*, Stanislávski dedica um capítulo específico aos elementos: superobjetivo da obra do autor e ação transversal do artista-papel. De acordo com ele,

> a ação transversal consiste, para o próprio artista, em uma extensão direta das linhas das aspirações motrizes da vida psíquica, que tem o seu começo na inteligência, na vontade e no sentimento do artista criador.
>
> Sem a ação transversal, todas as partes e objetivos da peça, todas as circunstâncias propostas, as relações, as adaptações, os momentos de verdade e de fé e outros ficariam inertes, separados um do outro, sem qualquer esperança de voltar à vida. Mas a linha transversal de ação une num todo único, atravessa todos os elementos, como o fio de um colar de contas soltas, e os orienta para o superobjetivo geral.
>
> A partir desse momento todos servem a ela[114].

Daqui é possível depreender como o pensamento formulado por Stanislávski se mostra claro na definição da ação transversal, que atua em conjunto com o superobjetivo, que a orienta e proporciona a justificativa para a realização das ações físicas que vão constituindo a própria linha de ação transversal.

Para finalizar, segundo Stanislávski,

---

113 *Sobránie Sotchinéni v 9 Tomakh, t. 6: Tchást' 1*, p. 275.
114 *Sobránie Sotchinéni v 9 Tomakh, t. 2: Rabota Aktiora Nad Soboi, Tchást' 1*, p. 418.

nós precisamos de um superobjetivo análogo às intenções do escritor, mas que, necessariamente, estimule uma ressonância na alma humana do próprio artista criador. Eis o que pode provocar a *perejivánie*, que não seja formal, racional, mas sim autêntica, viva, humana, espontânea. Ou, em outras palavras, é preciso buscar o superobjetivo não apenas no papel, mas na própria alma do artista[115].

O superobjetivo é uma ideia, a linha transversal de ação é o que permite a concretização dela ao longo da criação. Se o superobjetivo não ressoa na alma do ator e permanece como ideia formal, racional, ele irá se concretizar apenas na forma e não alcançará os sentimentos, sensações e sentidos do ator, como também não será capaz de despertar a *perejivánie*.

Então a Nossa Arte É a Arte da Ação

> *"Perejivát"', para Stanislávski, significa o processo de permanecer vivo onde quer que a* mise-en-scène *lance o ator, a partir do frescor do sentimento e não do clichê, mantendo-se um criador e não um simples imitador ou executor da vontade alheia* [...]. *Stanislávski exigiu apenas uma coisa: a justificativa interna de tudo o que o artista faz em cena.*
>
> A. SMELIÁNSKI, em C. Stanislávski, *O Trabalho do Ator Sobre Si Mesmo. Parte 1.*

A epígrafe escolhida para iniciarmos este texto integra o prefácio, denominado "Profissão-artista", escrito por Anatóli

115 Ibidem, p. 413-414.

A Arte da Perejivánie

Smeliánski para a primeira parte da obra *O Trabalho do Ator Sobre Si Mesmo*[116].

A justificativa interna para as ações do ator em cena e os meios para tornar possível essa justificativa foram primordiais para o desenvolvimento do Sistema stanislavskiano. Como vimos anteriormente, essa forte percepção de Stanislávski, e a busca que se seguiu, aconteceu de modo decisivo em um estágio bastante inicial da elaboração do Sistema: tanto em seus questionamentos sobre a sua experiência com a personagem Doutor Stockmann (1906) como também sobre o espetáculo *Drama da Vida* (1907). O próprio empenho em buscar justificativas para as ações que realiza em cena lança o ator em direção a uma atitude criadora em seu trabalho, nada cômoda, que coloca em movimento a sua autonomia criativa.

A fala de Smeliánski segue:

> A interpretação rasa da *perejivánie* conduziu e conduz à compreensão do sistema como método emocional da preparação do ator para a criação. A natureza ativa da atuação do ator, desse modo, se obscurece, e todo o sistema se apresenta sob uma luz deturpada. A evolução de Stanislávski da "arte da *perejivánie*" para a "arte da ação" frequentemente não é levada em conta, entretanto, está justamente aqui a principal contradição que move o sistema, a qual qualquer intérprete dele precisa assimilar. A verdade da ação leva à verdade da paixão – Stanislávski estava revisando o sistema sob este ponto de vista em seus últimos anos de vida. O que, infelizmente, não encontrou e não poderia encontrar um reflexo integral e coerente no livro *O Trabalho do Ator Sobre Si Mesmo*. Assim o mais importante é apontar para isso hoje.[117]

---

116 Tomo 2 da edição mais recente das obras completas de Stanislávski em nove volumes, publicado em 1989.

117 Profissão Artista, em C. Stanislávski, *Sobránie Sotchinéni v 9 Tomakh, t. 2: Rabota Aktiora Nad Soboi, Tchást' 1*, p. 16.

Smeliánski abre muitas portas nessa citação. A primeira delas diz respeito à restrição equivocada da *perejivánie* à esfera emocional do ator, quando se desconsidera que a sua manifestação em cena acontece por meio da realização da ação física a qual, portanto, depende do caráter ativo do jogo do ator. Essa compreensão limitada se tornou mais fortalecida pela tentativa de muitos em, apressadamente, compreender o Sistema a fim de fixá-lo e aplicá-lo como um manual acabado sobre a arte do ator. Nesse sentido, o que não se compreendeu é que o Sistema não poderia ser fixado, pois ele se encontrava em permanente estado de laboratório nas mãos de Stanislávski. Aqui reside toda a complexidade do Sistema e a dificuldade de compreendê-lo. Para nos referirmos ao Sistema, é preciso considerar todo o caminho percorrido durante sua elaboração, pelo menos, desde a primeira aparição do termo nos escritos de Stanislávski, em 1909. Não se deve congelar e nem menosprezar os seus primeiros passos, do mesmo modo que não se pode negligenciar nem supervalorizar as suas últimas experimentações.

Da "Arte da Perejivánie" Para a "Arte da Ação"

A evolução de "arte da *perejivánie*" para a "arte da ação", da qual fala Smeliánski, diz respeito à mudança de perspectiva que aconteceu nas pesquisas de Stanislávski ao longo de sua trajetória artística. Para o pesquisador e diretor teatral Angel Ruggiero essa evolução foi uma inversão de procedimentos[118]: do "crer para agir"

---

118 Aqui não nos aprofundaremos sobre esse tema. Em poucas palavras, essa inversão de procedimentos se refere ao fato de que, por um longo período de suas pesquisas e processos criativos, Stanislávski trabalhou partindo do ensaio de mesa, da análise mental do papel e da peça. A sua percepção de que esse procedimento levava o ator a uma posição passiva na criação o levou, em torno dos anos 1930, a transformar esse modo de abordagem. Surge, assim, o método de análise ativa e os ensaios pela criação de *études*. O tema da mudança de perspectiva nas pesquisas de Stanislávski foi abordado por mim, em um primeiro momento, na dissertação de mestrado: *Imaginação e Desconstrução em K. Stanislávski* (UFF, 2011). Para se debruçar um pouco mais sobre esse tema, recomendamos a

por "agir para crer"[119]. O "agir para crer" de Ruggiero corresponde ao ponto de vista pelo qual Stanislávski passou a revisar o Sistema no final de sua vida, citado por Smeliánski como "a verdade da ação leva à verdade da paixão".

Em um manuscrito de 1918, Stanislávski, ao esclarecer o que move a "arte da *perejivánie*", destaca o aforismo de Púschkin[120]:

> "*A verdade das paixões, a verossimilhança dos sentimentos nas circunstâncias propostas – eis o que exige do dramaturgo a nossa inteligência*", disse A.S. Púchkin. Essas são as palavras para a nossa bandeira. O vivo, o autêntico sentimento e a "verdade das paixões" criam, antes de tudo, a vida do espírito humano do papel, acessível para a nossa consciência.[121]

A "verdade das paixões" pode ser lida como a verdade dos desejos, das vontades, dos objetivos, a verdade do que o ator faz em cena. O princípio de Púschkin, adotado por Stanislávski, nos leva às questões básicas apontadas por ele na análise do papel: o que eu quero? Por quê? Para quê?

A "verossimilhança dos sentimentos nas circunstâncias propostas" congrega dois elementos fundamentais do Sistema stanislavskiano, a saber, o sentimento da verdade e a fé do ator no que está acontecendo em cena, hoje, aqui e agora, de acordo com as circunstâncias propostas. As circunstâncias propostas não se referem apenas às circunstâncias que constam no papel, pois são bem mais abrangentes e envolvem todas as informações ocorridas a cada instante da realização cênica: o estado do ator, de seu *partner*, a relação estabelecida pelo jogo entre eles em cada momento, se é dia ou noite, qual é a temperatura e assim por diante. Enfim, as circunstâncias

leitura do meu artigo Do "Crer Para Agir" ao "Agir Para Crer": A Mudança de Perspectiva nas Pesquisas de Stanislávski, *Caderno de Registro Macu*, v. 4.

119 Acerca del Discurso Stanislavskiano, revista *Máscara*, n. 15, p. 78.

120 Aleksandr Púschkin (1799-1837), reconhecido escritor e poeta russo. O aforismo citado está presente em diversas passagens da obra de Stanislávski.

121 *Sobránie Sotchinéni v 9 Tomakh, t. 6: Tchást' 1*, p. 78.

propostas se referem a todos os elementos que devem ser percebidos pelo ator-criador no momento da atuação, provocando novas reações e adaptações – isto é, tornando vivas as suas ações. Smeliánski, em sua afirmação, não contesta a "verdade das paixões", e sim a coloca como consequência da ação, do mesmo modo que a própria *perejivánie*. E nessa transformação é importante perceber que: a "verdade das paixões" de Púschkin e a "arte da *perejivánie*" estão ligadas indissoluvelmente à "arte da ação". Sem tal compreensão, não é possível alcançar a totalidade da ação psicofísica almejada por Stanislávski.

A seguinte citação faz parte da conversa, realizada em 15 de maio de 1938, com estudantes do Curso de Direção do Gitis – entre eles, Gueórgui Tovstonógov –, após Stanislávski assistir aos dois primeiros atos de *As Três Irmãs*, de Tchékhov. Conforme nota de Vinográdskaia, o estenograma foi revisado por Kristi, também presente na conversa. Nessa citação, consta um dos últimos registros que encontramos da *perejivánie* na obra de Stanislávski. A conversa se inicia quando Stanislávski se dirige aos estudantes com a pergunta: "Em que vocês estão interessados?" Em seguida, os estudantes explicam que gostariam de ouvir diretamente dele uma fala a respeito de suas últimas pesquisas na esfera das ações físicas. Uma vez que, segundo o grupo, esse conhecimento tem chegado até eles de modo distorcido, daí a importância da conversa. Seguem as palavras de Stanislávski:

> Então a nossa arte é a arte da ação. A palavra "ato" (*akt*) provém da palavra latina *actus*, que significa ação; a palavra "drama", com origem na Grécia antiga, também significa ação. [...]
>
> Enquanto estão agindo em cena, é interessante, quando deixam de agir, fica enfadonho. [...]
>
> Imaginem que durante todo o papel vocês estão agindo com lógica e verdade, que verificam todo o papel pela linha física, que realizam todas as ações perfeitamente, assim como na vida. Será criada a vida do corpo humano do papel, e isso

já constitui a metade da vida do papel. Não é brincadeira – é a metade da nossa existência!

Mas seria possível simplesmente executar a ação pela ação, realizar uma ação, outra, uma terceira, sem justificá-las e preenchê-las com o seu sentimento? Não. Fica enfadonho e desagradável. [...] Onde vocês irão procurar a justificativa para as suas ações? Certamente em suas memórias, nos sentimentos, nas circunstâncias da vida, análogas à vida do papel. Vocês começam a colocar sob a ação do papel as suas memórias pessoais, retiradas da vida. Assim, essas ações se tornam vivas. Se não fizer isso, tudo será formal. Disso provém a afetação formal ou simplesmente o formalismo, ao invés da *perejivánie*.

Quando em vocês se cria uma linha de ações físicas, bem justificada e internamente vivenciada, não existe tal perigo. Então, paralelamente com a linha de ações físicas em vocês se puxa a linha interna do seu sentimento, que justifica essas ações. [...] Vocês chegarão ao sentimento a partir da ação. E depois se esforcem, o quanto for possível, em exercitar essa linha. As ações físicas são válvulas para, no fim das contas, influenciar os sentimentos, para provocar os sentimentos correspondentes a essas ações.[122]

Essa fala reafirma o entendimento colocado por Smeliánski sobre a evolução ocorrida nas pesquisas de Stanislávski: de "arte da *perejivánie*" para "arte da ação", a qual inclui a ideia fundamental de que "a verdade da ação leva à verdade da paixão". É interessante perceber que, por inúmeras vezes, Stanislávski afirmou em sua obra que a arte buscada por ele é a "arte da *perejivánie*". Por outro lado, essa fala torna absolutamente claro o seu ponto de vista de então: "a nossa arte é a arte da ação". Mas, sem a *perejivánie* não se alcançaria uma arte viva.

Para complementar essa discussão sobre a "arte da *perejivánie*" e a "arte da ação", trazemos novamente o estudo de Serguei Tcherkásski.

122 I. Vinográdskaia (org.), *Stanislávski Repetíruet*, p. 496-497.

De acordo com Tcherkásski, para pensarmos sobre a *perejivánie* é também necessário fugir das divisões por fases – fixas e estabelecidas – da trajetória de Stanislávski.

Tcherkásski propõe, inclusive, uma reflexão importante quanto à divisão, que geralmente é feita nos estudos realizados sobre sua obra, entre o primeiro e o último Stanislávski. O problema existente nesse tipo de separação, para Tcherkásski, é que as pesquisas iniciais de Stanislávski, referentes ao período dos anos 1910, são consideradas imaturas em contraponto ao que é indicado como um amadurecimento que o artista russo teria alcançado a partir do final dos anos 1920. Ao entronizar o período final das pesquisas stanislavskianas e rejeitar o trabalho e o estudo realizados nos anos iniciais, desconsidera-se e, até mesmo, invalida-se a influência fundamental que o trabalho realizado nos anos 1910 ofereceu para as descobertas feitas no final da sua vida[123].

Opondo-se ao preconceito que, de certo modo, estabeleceu-se sobre as pesquisas de Stanislávski nos anos 1910, Tcherkásski destaca os ensinamentos da ioga como uma importante fonte do Sistema. Segundo ele, a ioga não apenas estava intensamente presente nas pesquisas de Stanislávski em seu momento inicial (o primeiro contato com a ioga foi em 1911), como também perdurou até o seu período final, constituindo a própria base do Sistema. Em vista disso, Tcherkásski afirma que "a prática criativa de Stanislávski e o seu Sistema deram início ao diálogo entre Oriente e Ocidente na esfera da cultura teatral e da pedagogia do ator"[124]. Esse pioneirismo de Stanislávski pela aplicação de ensinamentos iogues unidos aos princípios que já vinha desenvolvendo em seu Sistema se reflete também na afirmação de Vássina e Labaki:

> Stanislávski foi a primeira pessoa, na arte dramática ocidental, a utilizar a prática e a filosofia milenares da ioga. A parte espiritual de seu pensamento encontra aqui uma correspondência

123 S. Tcherkásski, op. cit., p. 3-6.
124 Ibidem, p. 6.

perfeita, desde a ideia da transmissão dos ensinamentos de mestre para alunos até a aspiração ao aperfeiçoamento pessoal. Da noção de meditação na ioga – e sua prática – é que derivaram os exercícios de concentração, indispensáveis para atingir o estado criador do ator. O conceito de prana usa, entre outras coisas, a noção da importância do plexo solar.[125]

Considerar a conexão do Sistema de Stanislávski com os ensinamentos da ioga interessa a este estudo, tanto para aprofundar o entendimento sobre os processos de *perejivánie* e de *voploschénie* quanto para a compreensão mais ampla do trabalho do ator sobre si mesmo, objetivo primordial da presente obra. Tcherkásski afirma que, ao compreender os laços entre a educação do ator proposta por Stanislávski e a prática da ioga, podemos ultrapassar os limites do âmbito da pedagogia teatral e "esclarecer problemas fundamentais da criatividade, em muitas esferas da atividade criativa, assim como de importantes questões da prática psicofísica contemporânea do 'aperfeiçoamento moral de si mesmo'[126] do ser humano"[127]. Ao perceber a fundamental influência da ioga como uma das principais fontes do Sistema nós ampliamos a compreensão sobre os ensinamentos de Stanislávski como um todo.

A partir da sua interação com os elementos do papel e da peça e com os elementos internos e externos da criação, o ator deve encontrar em si mesmo o que o estimula. Deve "partir de si mesmo", de suas impressões e referências pessoais que, como vimos, podem ser alçadas à esfera transcendental do superconsciente com o objetivo de criar e realizar o seu trabalho em cena. Ao respeitar a sua própria singularidade artística, o ator se torna e permanece criador, mesmo na repetição da estrutura criada. Ele não cria de "uma vez e para sempre", como diria Stanislávski, mas está sempre buscando,

---

125 E. Vássina; A. Labaki, *Stanislávski: Vida, Obra e Sistema*, p. 117.
126 O princípio de "aperfeiçoamento moral de si mesmo" (*samoussoverchénstvovanie*) foi abordado em nosso primeiro capítulo.
127 S. Tcherkásski, op. cit., p. 6.

ele não cristaliza a sua criação, mas mantém o trabalho em permanente transformação a cada dia e a cada instante. Lembrando que uma das perguntas básicas de Stanislávski para colocar o ator em ação, estimular a imaginação e abrir suas possibilidades criativas era: "O que eu faria se estivesse em tais circunstâncias?"

A Arte da Perejivánie – Resultado em Processo

A ideia de que o ator deve estar em contínuo processo de criação – seja nos ensaios, seja nas apresentações – é muito importante para Stanislávski. Durante os períodos de sua vida denominados por ele de infância artística, adolescência artística e juventude artística, apesar de sua busca por um caminho criativo em seu trabalho de ator, por muitas vezes, usando suas próprias palavras, "não encontrou outra saída senão a cópia de modelos que admirava", isto é, tentava reproduzir a atuação dos grandes talentos que havia visto no palco. Em algumas ocasiões, disse que havia conseguido alcançar uma criação genuína a partir de si mesmo, sem recorrer a cópias. Todavia, logo em seguida, acabava por fixá-la, mesmo que de forma involuntária, e assim, passava a copiar a si mesmo[128]. Era evidente que essa prática não o satisfazia, porém, em seus primeiros passos nas artes cênicas, não conhecia outro caminho para a criação. Sabia que era necessário buscar algo diferente disso e buscou, incansavelmente. A arte da *perejivánie* surgiu como consequência dessa busca.

Retornamos, assim, à fala de Smeliánski:

---

128 Nota-se que, ao relatar essas experiências, Stanislávski se referia ao que denominou como representação e ofício.

Por *perejivánie* Stanislávski compreendeu o *processo* de criação do ator, sua orientação e caráter, determinados por toda a estrutura da personalidade artística, pelas circunstâncias propostas do papel e da peça, pela ação transversal e pelo superobjetivo. A *perejivánie* não é o começo, mas o resultado do processo orgânico da *perevoploschénie*, o seu ponto culminante e a sua justificativa.[129]

Como esclarece Smeliánski, o processo de criação da *perejivánie* está intimamente ligado à individualidade artística do ator, ou seja, à sensibilidade da percepção e da observação de si mesmo e do outro, da vida e da natureza, da capacidade de imaginar e de enxergar possibilidades criativas no que é grandioso, mas também na simplicidade, na apreciação da arte em todas as esferas; enfim, tudo o que constitui um ator como criador vai interferir no seu saber/poder *perejivát'* em cena. A individualidade artística também determina a amplitude da percepção e da resposta frente às circunstâncias propostas do papel e da peça, bem como a capacidade de entendimento e de apropriação da ação transversal e do superobjetivo.

Na fala de Smeliánski, há duas palavras utilizadas para definir a perspectiva de Stanislávski sobre a *perejivánie* que merecem destaque: processo e resultado. A palavra "processo" se encontra grifada pelo autor com o intuito de marcar a sua importância para a compreensão desse termo essencial do Sistema de Stanislávski. A partir disso, Smeliánski aponta para um processo de transformação genuíno e autêntico do ator que, somado ao seu papel, dará origem a uma "nova criação" ao "eu existo". Talvez possamos complexificar ainda mais a sua afirmação e dizer que a *perejivánie* é ao mesmo tempo processo e resultado; ou melhor, é resultado em processo. Trata-se do resultado de um processo criativo que, por isso mesmo, não se fixa – permanece em movimento, em desenvolvimento cumulativo,

---

129 A. Smeliánski, Profissão Artista, em C. Stanislávski, *Sobránie Sotchinéni v 9 Tomakh, t. 2: Rabota Aktiora Nad Soboi, Tchást' 1*, p. 15.

pois deve se manter vivo, orgânico. A conquista da organicidade em cena é o seu objetivo principal. Para Stanislávski, o alcance da organicidade se dá pelo envolvimento psicofísico (integralidade física, mental e emocional) do ator na execução da ação.

A Perevoploschénie e a Personagem Cênica

Faz-se necessário analisar também uma informação-chave colocada por Smeliánski, a saber, "a *perejivánie* não é o começo, mas o resultado do processo orgânico da *perevoploschénie*, o seu ponto culminante e a sua justificativa".

Iúri Stromov (1920-1995)[130], em sua obra *O Caminho do Ator Para a Criação da* Perevoploschénie, ao apontar para o sinônimo do verbo *voploschátsia*, chegou a uma definição fecunda para que possamos refletir sobre a compreensão da *perevoploschénie*: "'receber a carne em si mesmo'. Em outras palavras – transformar-se, permanecendo você mesmo"[131].

Para Stromov:

> A *perevoploschénie*, sob o meu ponto de vista, é o momento do salto dialético, quando o ator-criador se torna ator-personagem[132]. Ao acumular as qualidades necessárias para a personagem, o ator, de repente, em algum momento inexplicável, se torna outro. Ele pensa, age e vive de modo diferente. Eis aqui o Rubicão, o momento que se pode chamar de *perevoploschénie*. E, então, ele vive em cena a personagem cênica – um fenômeno também muito complexo e dialético.

130 Iúri Stromov foi ator e pedagogo. Atuou no teatro e no cinema. Entre os anos 1960 e 1990, foi pedagogo do Departamento de Maestria do Ator do Instituto Teatral nominado Boris Schukin. Esse Instituto teve origem na Escola Teatral de Vakhtángov, fundada pelo próprio Vakhtángov na década de 1910.

131 *Put' Aktiora k Tvórtcheskomu Perevoploschéniu*, p. 16.

132 Salientamos que Stromov utiliza a palavra *óbraz*, palavra russa que significa imagem e, geralmente, é utilizada para designar personagem. Na maior parte deste livro, optamos por traduzir *óbraz* como personagem.

A Arte da Perejivánie

O ator vai conscientemente ao encontro da *perevoploschénie*, mas ela acontece subconscientemente. Eu a compararia, no momento indubitável da sua chegada, com a inspiração. O ser humano tem o poder de preparar a vinda da inspiração, mas provocá-la diretamente não está em seu poder.[133]

Relacionamos a definição de Stromov sobre a *perevoploschénie* como um "salto dialético" que leva à transformação do ator-criador em ator-personagem com o estudo realizado por Nair D'Agostini. Segundo ela, a personagem é a consequência de um "salto qualitativo" na partitura de ações do ator, que ocorre por meio de uma transformação inconsciente que o leva a passar de "ator-personagem a personagem-ator"[134]. Esse salto dialético, ou qualitativo, está relacionado intrinsecamente com a *perevoploschénie*, ou seja, com a travessia que envolve toda a coragem necessária ao ator para se lançar em direção ao risco do desconhecido e, assim, abre-se a possibilidade de ele alcançar uma nova intensidade artística – a entrada na esfera da intuição e da inspiração; do superconsciente.

Para Stromov:

> Não pode haver uma *perevoploschénie* completa ou incompleta: ou ela existe ou não existe. E falando em *perevoploschénie* completa ou incompleta, subentende-se, evidentemente, o grau de saturação da personagem pelo traço característico. A *perevoploschénie* pode acontecer sem uma mudança externa visível no ator. Portanto não se pode falar de "transformação" da *perevoploschénie*. A personagem cênica é que se transforma. E isso são coisas diferentes. O modo de existência na personagem cênica não é a *perevoploschénie*, mas a real estrutura da personagem cênica.[135]

---

133 I. Stromov, *Put' Aktiora k Tvórtcheskomu Perevoploschéniu*, p. 16.
134 N. D'Agostini, *Stanislávski e o Método de Análise Ativa*, p. 110.
135 Op. cit., p. 16.

Como se vê, Stromov diferencia o processo de transformação do ator-criador em ator-personagem do fenômeno da *perevoploschénie*, que, como ele mesmo comparou, seria como a inspiração e, portanto, conscientemente intangível e invisível. Contudo, quando ela surge tem o poder de provocar no ator uma transformação, a metamorfose em ator-personagem, para utilizar a denominação dada pelo autor. Essa transformação pressupõe um tornar visível – o processo de *voploschénie* – uma materialidade que se estende ao domínio da personagem cênica. Entretanto, esses processos são indivisíveis, assim como se dá com a própria *perejivánie* e a *voploschénie*: um processo depende do outro para existir. Pois, conforme Stromov explicita, "não pode haver *perevoploschénie* 'em um aspecto puro', sem a personagem cênica, visto que a personagem não surge sem ela". Aqui fica clara a relação existente entre a *perevoploschénie* e a personagem cênica. A *perevoploschénie* é um salto, um sopro vivo ligado ao fluxo do processo de criação da *perejivánie*, que conduz o ator ao alcance de outras esferas, como o superconsciente. A metamorfose ocorrida nessa travessia significa, na linguagem de Stanislávski, que naquele momento o ator alcançou a capacidade de *perejivát* plenamente as ações de seu papel, ou seja, passou de ator-criador a ator-personagem.

Algumas Considerações...

Liubov Gurévitch inicia o seu livro *A Criação do Ator: Sobre a Natureza Artística da* Perejivánie *do Ator em Cena* com a seguinte provocação:

> "Transformar-se ou fingir em cena, essa é a questão. A questão por resolver!" – disse a mim, certa vez, uma atriz bastante conhecida e culta do Teatro Aleksandrinski. – Pois bem, essa

é a questão por resolver para muitos dos próprios artistas: o ator deve *perejivát'* o que ele transmite em cena com todos os recursos de seu aparato corporal, ou ele pode representar, sem estar experimentando e, até mesmo, sem ter experimentado os sentimentos, o desassossego, os movimentos internos, que ele quer provocar no espectador?[136]

Para lançar luz sobre a complexidade dessa questão, Gurévitch remonta a duzentos anos de sua época. Segundo ela, essa discussão tem seu início na obra *Dissertatio de Actione Scenica*, publicada em latim pelo padre jesuíta alemão Franciscus Lang (1654-1725)[137], no ano de 1727. De acordo com Gurévitch, Lang diz que para "deslocar os espectadores para os movimentos da alma é preciso que esses movimentos aconteçam primeiramente na própria alma do ator"[138]. Talvez seja exatamente essa a discussão que devamos afrontar na atualidade ao nos deparar com a divisão feita por Stanislávski entre arte da *perejivánie* e arte da representação. Pois podemos afirmar que ainda hoje no âmbito do ensino/aprendizado teatral russo segue atuante uma perspectiva que, herdeira de Stanislávski, fala na busca por um teatro vivo, por um teatro orgânico. É de profundo interesse aqui levantar a discussão sobre a relevância da noção de *perejivánie* para o campo das artes cênicas, hoje, cerca de cem anos depois das pesquisas stanislavskianas.

Ao estudarmos o processo de *perejivánie*, na obra de Stanislávski, entendemos que não há um conceito final, acabado, fixo. Stanislávski, ao longo de sua vida, sempre esteve mergulhado em uma busca artística incessante. Essa inquietude criativa foi um dos motivos de ter deixado algumas obras inacabadas. Kristi e Prokófiev definem a busca permanente de Stanislávski do seguinte modo: "a renovação sem pausa de formas e de atitudes na criação cênica era para

---

136 L. Gurévitch, *Tvortchestvo Aktiora*, p. 5.

137 Franciscus Lang foi professor de retórica e de poética em Instituições jesuítas como também diretor, dramaturgo e professor de teatro.

138 Franciscus Lang apud L. Gurévitch, op. cit., p. 5.

ele uma das principais condições da evolução do ator e do diretor para conquistar novos cumes da arte"[139].

Stanislávski tinha receio de que a sistematização do trabalho de uma vida inteira se tornasse uma espécie de fórmula que fosse transformada, como ele mesmo disse, em um caderno de receitas. Por isso, havia uma necessidade constante de rever seus textos, de reescrevê-los e de fazer apontamentos para a complementação de textos já escritos. As experimentações teatrais que Stanislávski acompanhou e guiou até o fim de sua vida, em diferentes Estúdios, também explicitam essa não estagnação.

A arte da *perejivánie* era vista por Stanislávski como uma verdadeira arte revolucionária:

> Naquele momento, que imperavam convencionalismos na maioria dos teatros, o que nos parecia mais novo, inesperado, revolucionário? Para o espanto dos contemporâneos, parecia ser para nós o realismo espiritual, a verdade artística da *perejivánie*, o sentimento do ator. E isso é o mais difícil que existe em nossa arte, exige um longo trabalho prévio interior.[140]

A revolução a que se refere está relacionada ao momento inicial de suas descobertas sobre a arte da *perejivánie* pela relevância que seu surgimento teve dentro do contexto teatral – de uma atuação regida por convenções – daquela época. Ao mesmo tempo, é possível ver na fala de Stanislávski o quanto ela segue tendo uma importância fundamental no decorrer de sua busca artística, pois está ressaltado o "longo trabalho prévio interior" que é exigido do ator-criador para que lhe seja possível conquistar essa arte. Naquele momento, ele destacava o trabalho interior em relação à *perejivánie*. Contudo, já ficou esclarecido que no decorrer das pesquisas de Stanislávski, cada vez mais foi se afirmando a compreensão de que esse trabalho acontece na totalidade psicofísica do ator: não há separação.

139 G. Kristi; V. Prokófiev, Introducción, *El Trabajo del Actor Sobre Su Papel*, p. 10.
140 *Sobránie Sotchinéni v 9 Tomakh, t. 1: Moiá Jizn' v Iskússtve*, p. 279-280.

A Arte da Perejivánie

Enfim, considerar a mudança de perspectiva que aconteceu com Stanislávski ao longo de sua trajetória artística é, sem dúvida, primordial para uma compreensão mais ampla e coerente do Sistema. Mas também é preciso lançar um olhar mais profundo sobre a "arte da *perejivánie*", pois ela permanece na base da "arte da ação". Ela é a condição indispensável para compreender no que consiste a totalidade da ação psicofísica na visão de Stanislávski.

O Processo de Criação da Voplochénie

— A partir de tudo o que foi dito, eu compreendi que o estudo da nossa arte consiste na assimilação da psicotécnica da *perejivánie*. Ela nos ajuda a realizar o objetivo de fogo do trabalho criador – a criação da "vida do espírito humano" do papel – tentou concluir Chustov.

– O objetivo da nossa arte não é somente a criação da "vida do espírito humano" do papel, mas também a sua transmissão externa em uma forma artística – Tortsov corrigiu a Chustov. Por isso, o ator deve *perejivát'* o papel não apenas interiormente, mas *voploschát*[1] externamente o vivenciado. Diante disso, observem que a dependência externa da transmissão da *perejivánie* interna é especialmente forte em nossa orientação artística.

Para refletir a vida sutil, que frequentemente é subconsciente, é necessário possuir um aparato vocal e corporal extraordinariamente sensível e magnificamente cultivado. A voz e o corpo devem transmitir, com imensa sensibilidade e espontaneidade, instantaneamente e com precisão, os sentimentos internos mais sutis, quase inacessíveis. Por isso, o artista da nossa orientação deve cuidar, muito mais do que em outras orientações artísticas, não apenas do aparato interior, que cria o processo da *perejivánie*, mas também do exterior, o aparato

---

1 Forma verbal de *voploschénie* no infinitivo.

corporal, que transmite fielmente os resultados do trabalho criativo do sentimento – a sua forma exterior da *voploschénie*.[2]

O presente capítulo se inicia com uma fala de Tortsov ao se dirigir aos estudantes que estavam no começo de seu aprendizado na escola teatral imaginada por Stanislávski em sua obra. O discurso de Tortsov destaca três pontos que nos interessam e que serão aqui examinados. O primeiro ponto a ser observado diz respeito à abordagem conjunta dos processos de *perejivánie* e de *voploschénie*. O segundo ponto, que se encontra absolutamente ligado ao primeiro, trata da inexistência de separação entre as noções de "interno" e "externo" na prática cênica e pedagógica proposta. O terceiro expõe a exigência de que o ator possua um aparato físico muito bem desenvolvido e aperfeiçoado, pois somente assim alcançará a possibilidade de manifestar artisticamente, em cena, a "vida do espírito humano" do papel.

A fala que precede o discurso de Tortsov é a do estudante Chustov, que tenta resumir o objetivo da orientação artística proposta por seu mestre como a "assimilação da psicotécnica da *perejivánie*" e, dessa forma, acaba por anular a importância da *voploschénie* no processo criativo do ator. Sem a menor dúvida, a assimilação da psicotécnica da *perejivánie* é fundamental e sem ela não é possível alcançar a arte buscada por Stanislávski. Afinal, ela abrange com intensidade os sentimentos, os sentidos, as sensações, os desejos, a atenção, as crenças, a imaginação, as lembranças, a intuição, em suma, os domínios mais sutis do ser humano capazes de gerar a "vida do espírito humano" do papel. Ao corrigir o entendimento de Chustov, Tortsov afirma a indivisibilidade do processo criativo do ator, composto de modo conjunto e interdependente, pelos processos de *perejivánie* e de *voploschénie*. Não se pode desconsiderar a necessidade de concretizar cenicamente a criação da *perejivánie* no aparato psicofísico do ator, ou seja, é imprescindível que o ator revele todo esse complexo humano vivo e sutil em uma forma artística. A manifestação cênica

---

2   *Sobránie Sotchinéni v 9 Tomakh, t. 2: Rabota Aktiora Nad Soboi, Tchást' 1,* p. 64.

autêntica da arte da *perejivánie* depende da realização do processo criativo do ator em sua totalidade.

Certamente, Stanislávski optou por colocar em palavras esse embate de ideias entre mestre e aprendiz como uma oportunidade de esclarecer suas investigações acerca do Sistema, do pensamento e da prática do trabalho do ator sobre si mesmo. A despeito da explicitação de Tortsov – que se repete em outros momentos da obra de Stanislávski, tal a sua necessidade e relevância – existe, ainda hoje, um senso comum que associa fixamente Stanislávski ao pensamento expressado por Chustov. Logo, ao entender a noção de *perejivánie* como irmanada à noção de *voploschénie* e perceber a íntima conexão que une esses processos em um só, nos aproximamos dos ensinamentos de Stanislávski, porque foi dessa forma que o Sistema foi idealizado, colocado em prática, experimentado e elaborado no TAM e em seus Estúdios.

A afirmação de Boris Pokróvski[3] reforça esse entendimento: "*Voploschénie* e *perejivánie* não estão separadas, e sim entrelaçadas, e essa é a união mais importante."[4] Segundo Grigori Kristi: "O sistema de Stanislávski não pode ser entendido corretamente se não for tomado em todo o conjunto dos elementos da vivência e da encarnação, unificados no ato criador de forjar a imagem cênica."[5] Por fim, retomamos a fala de Tortsov: "o ator deve *perejivát'* o papel não apenas interiormente, mas *voploschát'* externamente o vivenciado"[6].

Antes de tudo, para compreender a totalidade do Sistema de Stanislávski é preciso considerar que a obra *O Trabalho do Ator Sobre Si Mesmo* foi dividida em duas partes. No primeiro momento, foram desenvolvidos os elementos ligados à criação da *perejivánie* e, posteriormente,

---

3   Boris A. Pokróvski (1912-2009) foi um grande diretor de ópera e pedagogo russo. Atuou como diretor principal do Teatro Bolshói de 1958 a 1982, onde encenou mais de quarenta óperas.

4   B.A. Pokróvski, Prefácio: Para Que o Ator Precisa do Sistema, em C. Stanislávski, *Sobránie Sotchinéni v 9 Tomakh, t. 3: Rabota Aktiora Nad Soboi, Tchást'* 2, p. 6.

5   G. Kristi, Prefacio, *El Trabajo del Actor Sobre Sí Mismo. El Trabajo Sobre Sí Mismo en el Proceso Creador de la Encarnación*, p. 13.

6   *Sobránie Sotchinéni v 9 Tomakh, t. 2: Rabota Aktiora Nad Soboi, Tchást'* 1, p. 64.

O Processo de Criação da Voploschénie

os elementos relacionados à criação da *voploschénie*, o que é uma divisão operacional que não reflete a sua prática artístico-pedagógica. Essa divisão foi pensada por Stanislávski com a finalidade de organizar teoricamente a prática experimentada e de abordar mais detalhadamente cada elemento do Sistema. A partir desse entendimento, também é possível afirmar que cada um desses elementos deve acontecer na totalidade psicofísica do ator. Faz-se necessário, então, retornarmos à abordagem do Sistema como "arte da ação". Segundo Kristi:

> Precisamente na década de 1930, Stanislávski havia chegado a novas e importantes conclusões e generalizações sobre a índole da criação do ator, e isso o obrigou a revisar a fundo o seu enfoque tanto da educação do ator como do processo de criação da personagem e do espetáculo. A longa série de fatores do sentimento criador do artista, revelados e estudados por Stanislávski nas diversas etapas de sua vida, se unifica agora em um só conceito: a ação. A ação autêntica, orgânica e orientada à finalidade do ator em cena; a ação, entendida como um processo psicofísico único se converte no centro de todo o trabalho criador e pedagógico de Stanislávski. Situada antes em um mesmo plano com os demais elementos, a ação passa a absorvê-los em sua totalidade.[7]

Entender a ação como "processo psicofísico único" é vital para a compreensão do Sistema stanislavskiano. A partir desse entendimento já não é possível tratá-lo sob um ponto de vista que privilegia a "ação interna" ou aspectos psíquicos; não há separação. O processo é unificado, e o que o une é a ação física.

Seguindo com a discussão, reafirmamos que, embora o uso das noções de "interno" e "externo" se repita por muitas vezes na obra de Stanislávski, a aparente dicotomia, levantada pelos termos em questão, não deve ser entendida como verdadeira na prática da criação do ator,

---

7 G. Kristi, Prefacio, *El Trabajo del Actor Sobre Sí Mismo. El Trabajo Sobre Sí Mismo en el Proceso Creador de las. Vivencias*, p. 26.

pois isso pode nos levar a uma compreensão parcial dos ensinamentos stanislavskianos. Da mesma forma que os processos de *perejivánie* e de *voploschénie* são inseparáveis, também não se pode conceber uma divisão entre interno e externo na prática artística e pedagógica de Stanislávski. Em inúmeros momentos de sua obra há pistas e evidências que demonstram ser esta uma divisão puramente convencional. Citamos, como exemplo, a percepção de Stanislávski sobre a "desarticulação" entre corpo e alma como nociva ao trabalho do ator.

Do capítulo "Cultura Física" destacamos o exercício da acrobacia que é abordado por Stanislávski com o objetivo de fortalecer a conexão corpo-mente – "interno" e "externo" – no trabalho do ator. De acordo com Stanislávski, que nos fala por meio de Tortsov, a acrobacia é necessária ao artista *"para os momentos mais intensos de elevação espiritual, para... a inspiração criadora"*[8]. Não podemos nos esquecer de que a "elevação espiritual" e a "inspiração criadora" se referem ao superconsciente. Assim, é interessante pensar que, para Stanislávski, esse nível de ativação e destreza corporal seria necessário ao ator para o alcance da esfera superior da superconsciência. Conforme explicita Tortsov, o exercício da acrobacia permite o desenvolvimento da capacidade de decisão, da entrega completa à ação: "Que desgraça, se antes do salto mortal ou diante de um número complicado o ginasta hesitar e duvidar! Ele corre risco de morte. Em tais momentos não se pode duvidar, é preciso não hesitar, agir, decidir-se e entregar-se nas mãos do acaso, lançar-se, como na água gelada! Que seja o que for!"[9].

Tortsov compara os momentos cruciais da acrobacia com os momentos culminantes do ator em cena. O ator, assim como o ginasta, não poderia hesitar e nem antecipar o seu próximo passo. A decisão e a ação deveriam ocorrer em conjunto, instantaneamente, unidas pela entrega do ator ao "aqui e agora". Desse modo, a ação seria desempenhada "com uma *decisão valente, pela intuição física e pela inspiração*"[10].

8 *Sobránie Sotchinéni v 9 Tomakh, t. 3: Rabota Aktiora Nad Soboi, Tchást' 2*, p. 20.
9 Ibidem.
10 Ibidem, p. 21.

O Processo de Criação da Voploschénie

O que nos chama a atenção nessa passagem é a expressão "intuição física" (*fizítcheskaia intuítsiia*). Essa expressão, a nosso ver, é valorosa para revelar a busca pela integridade, de corpo, mente e alma, na prática do Sistema, pois, aqui, Stanislávski confere ao plano corpóreo uma qualidade que, em geral, é relacionada com a esfera mental--espiritual. Tortsov relaciona esse aprendizado de desenvolvimento psicofísico por meio da acrobacia com a ideia de "atravessar o Rubicão" que, como vimos em relação ao fenômeno da *perevoploschénie*, pressupõe coragem e entrega para correr o risco do salto em direção ao desconhecido. No caso da acrobacia, em essencial o que se exige do ator é a capacidade de decidir e agir, sem hesitar.

Quando o ator alcança tal domínio e sensibilização de seu aparato corporal, ele pode suscitar uma intuição que é física, material. Então, nos reportamos à inteireza desejada por Stanislávski para o trabalho do ator. Pois, somente assim, por meio da totalidade psicofísica, se torna possível manifestar artisticamente em cena a "vida do espírito humano" do papel – o que nos remete ao conceito capital desta obra: o trabalho do ator sobre si mesmo. Complementamos esse pensamento com a seguinte citação de Motta Lima, a respeito de seus estudos sobre a obra de Grotowski: "Não existe a ideia de um corpo de ator, um corpo da arte, separado ou diferente do corpo do homem/artista, separado de um corpo vivo. Não existe um corpo para servir à cena. Ao contrário, a cena é que pode servir como espaço potencializador para a vida do corpo, para a descoberta de um corpo-vida."[11]

Motta Lima aponta para um corpo-vida, em contraposição a um corpo que serviria à vida. Nesse sentido, o aparato corporal e vocal buscado por Stanislávski também não deve ser encarado como um físico preparado para servir à *perejivánie*, e sim para permitir que ela flua espontaneamente unida à *voploschénie*, permitindo e impulsionando o salto da *perevoploschénie*. Lembrando que a *perejivánie* é processo e resultado, resultado em processo.

---

11 T. Motta Lima, *Palavras Praticadas*, p. 413.

Tornar Visível a Vida Criativa Invisível do Artista

A partir de hoje nos ocuparemos do nosso aparato corporal da *voploschénie* e da sua técnica física, exterior. Em nossa arte, está dedicado a eles um papel de importância absolutamente excepcional: tornar visível a vida criativa invisível do artista. A *voploschénie* exterior é importante uma vez que transmite a interior "vida do espírito humano".

Eu já lhes falei muito sobre a *perejivánie*, mas eu não disse ainda nem a centésima parte do que cabe experimentar os seus sentimentos quando se trata da intuição e do inconsciente.

Saibam que essa área, da qual vocês retirarão o material, os meios e a técnica da *perejivánie*, é infinita e incalculável.

Por sua vez, os meios que servem para *voploschát'* a *perejivánie* inconsciente, também são incontáveis. E, frequentemente, eles devem *voploschát'* de maneira inconsciente e intuitiva.

Este trabalho, inacessível à consciência, é realizado unicamente pela natureza. A natureza é o melhor criador, artista e técnico. Ela é a única que possui com perfeição os aparatos criativos, internos e externos, da *perejivánie* e da *voploschénie*. Somente a própria natureza é capaz de *voploschát'* os sentimentos sutis e imateriais com a ajuda da matéria grosseira que constitui o nosso aparato vocal e corporal da *voploschénie*.

No entanto, é preciso ajudar a nossa natureza criadora nesse árduo trabalho. Essa ajuda se expressa em não mutilar, mas, pelo contrário, em levar até a natural perfeição o que nos foi dado pela própria natureza. Em outras palavras, é preciso aperfeiçoar e preparar o nosso aparato corporal da *voploschénie* de modo que todas as suas partes respondam à tarefa que lhes predestinou a natureza.[12]

---

12 *Sobránie Sotchinéni v 9 Tomakh, t. 3: Rabota Aktiora Nad Soboi, Tchást'* 2, p. 14. De acordo com nota da publicação de 1948, esse texto se encontra em um caderno que possui no ▶

A segunda parte da obra *O Trabalho do Ator Sobre Si Mesmo* se inicia com o capítulo "Passagem Para a *Voploschénie*", na qual Stanislávski estabelece a atmosfera do início do segundo ano letivo da escola teatral conduzida pelo mestre Tortsov.

Essa atmosfera se dá diante dos novos pedagogos da escola, responsáveis pelas disciplinas que compõem o trabalho sobre os elementos referentes ao processo de criação da *voploschénie*. Os temas das disciplinas estão estampados em bandeirinhas penduradas: canto, afinação da voz, dicção, leis da fala, tempo-ritmo, plástica, danças, ginástica, esgrima, acrobacia. Logo no começo do livro, ao elencar esse conjunto de práticas que visa ao desenvolvimento de múltiplas habilidades, temos uma indicação da excelência de aperfeiçoamento do aparato físico, que será exigido dos estudantes-atores no decorrer do ano letivo, e também podemos visualizar o que idealizava Stanislávski para a educação de atores com base em seu Sistema.

A citação que abre este estudo faz parte do discurso realizado por Tortsov ao receber os estudantes-atores para o prosseguimento da sua formação artística. Nessa citação, existem vários pontos relevantes para nós e que, portanto, merecem destaque.

Em primeiro lugar, ambos os processos de *perejivánie* e de *voploschénie*, em conjunto, devem desenvolver e preparar o aparato psicofísico do estudante-ator por meio da psicotécnica a ponto de tornar esse aparato um solo propício para a criação inconsciente e intuitiva (superconsciente) da natureza.

Aqui chegamos a outro aspecto a ser abordado: a afirmação de Tortsov sobre as infinitas possibilidades que possuem tanto os meios da *perejivánie* quanto os meios da *voploschénie*. Essa riqueza ilimitada de recursos criativos provém da sua ligação essencial com a natureza e com as esferas superiores – intuição e alma. Lembrando, mais uma vez, da infindável combinação de matizes que podem compor uma paixão e do conhecimento provindo de todo tipo de

---

▷ índice a anotação "1933, outono", feita pela secretária de Stanislávski, Ripsimé Tamántseva. No entanto, ainda conforme essa nota, no texto há correções realizadas por Stanislávski que parecem ser de um período posterior.

experiências pelas quais passamos no decorrer da vida que servem para alimentar o nosso superconsciente.

Quando Tortsov fala que "somente a própria natureza é capaz de *voploschát*' os sentimentos sutis e imateriais com a ajuda da matéria grosseira que constitui o nosso aparato vocal e corporal da *voploschénie*", ele nos remete aos questionamentos artísticos enfrentados por Stanislávski por volta de 1905, que culminaram na profunda crise que o acometeu em 1906, originando o período de sua vida que denominou de maturidade artística. Naquele momento, ele fazia referência ao aparato físico do ator como matéria grosseira em comparação com a fineza e a sutileza que constituem os sentimentos e o superconsciente.

Embora as suas percepções em 1905-1906 já apontem para a precariedade física do ator frente à sutileza das demais esferas da criação, sabemos que, nesse momento e também nos anos seguintes, ele segue investigando a arte do ator mediante uma abordagem que priorizava subjetividades interiores capazes de despertar no ator, em cena, um estado criador vivo. De acordo com Kristi, naquela época Stanislávski acreditava que ao desenvolver o "desenho interior" do papel, este se manifestaria naturalmente na configuração física do ator. Desse modo, Kristi afirma que essa abordagem "unilateral" do Sistema em seu período inicial levou Stanislávski a uma grave crise em 1915: o fracasso no papel de Salieri[13]. Somente então teria compreendido que "subestimando a importância da técnica artística exterior da encarnação ao forjar o estado de ânimo criador, estava seguindo um 'caminho falso na arte'"[14].

Em *Minha Vida na Arte*, no capítulo "O Ator Deve Saber Falar: Um Espetáculo Puchkiniano", Stanislávski relata o seu tormento:

> Pois, o que fiz, eu fiz sinceramente; eu sentia a alma, os pensamentos, as aspirações e toda a vida interior do meu Salieri. Eu vivi o

---

13 Stanislávski atuou no papel de Salieri, da obra *Mozart e Salieri*, de Púschkin, no espetáculo que estreou no TAM em 26 de março de 1915.

14 G. Kristi, Prefacio, *El Trabajo del Actor Sobre Sí Mismo. El Trabajo Sobre Sí Mismo en el Proceso Creador de la Encarnación*, p. 11.

O Processo de Criação da Voploschénie

papel corretamente, enquanto o meu sentimento partia do coração para os centros motores do corpo, para a voz e a língua. Mas era só o vivenciado se expressar nos movimentos e, especialmente, nas palavras e na fala, que se criava contra a minha vontade uma desarticulação, uma falsidade, uma dissonância, e eu não reconhecia na forma externa a sinceridade do sentimento interno.[15]

Para Stanislávski, a dissonância entre o que se passava sinceramente em sua mente, em seus sentimentos e em sua alma e a expressão física dessa vida que se manifestava de modo falso em seu Salieri era fruto principalmente da sua falta de conhecimento sobre o seu próprio aparato vocal. Aqui surge mais uma das "verdades há muito conhecidas": a importância do estudo da voz e da fala para o trabalho do ator. Ao exprimir como se sentiu em cena durante a experiência com Salieri, Stanislávski recorre a palavras como violência, tensão, medo e *zajim*[16]. Os críticos foram bastante duros com o desempenho de Stanislávski, mas, acima de tudo, a crítica que fez a si mesmo marcou profundamente a sua vida artística.

No ano seguinte, em 1916, Stanislávski começou a ensaiar uma nova montagem do TAM, da obra de Dostoiévski, *A Aldeia de Stepantchikov*, no papel de Rostánev. Stanislávski havia atuado nesse papel com sucesso em 1891, em período anterior ao TAM. Conforme relata, naquela ocasião havia alcançado uma "fusão natural e completa" com o papel e sentia-se em um estado criativo que chamou de "paraíso para o artista". A partir desse relato, entendemos que Stanislávski se apropriou a tal ponto do seu papel que se tornou possível "transformar" a si mesmo em outro de si mesmo – ou seja,

---

15 *Sobránie Sotchinéni v 9 Tomakh, t. 1: Moiá Jizn' v Iskússtve*, p. 325.

16 Na língua russa corrente, *zajim* significa aperto, prendedor, amordaçamento (ver Voinova et al., op. cit., p. 169). Na terminologia teatral se refere à tensão mental e muscular que se coloca como obstáculo para a organicidade, impedindo o alcance da vida autêntica em cena, o livre pensar e agir do ator. Segundo Stanislávski, o mais insignificante *zajim* pode paralisar a criação. Para ele, quando há alguma espécie de *zajim* significa que o ator não se encontra em um "estado geral cênico" justo (ver N. Zvéreva; D. Lívnev, *Sozdanie Aktiorskogo Obraza*, p. 45).

realizou o "salto qualitativo" inconsciente da *perevoploschénie* – concretizando em cena uma "nova criação". Ao se referir ao momento pelo qual passou, ele se questionava: "Será que não existem meios técnicos para penetrar no paraíso artístico não ao acaso, e sim por vontade própria? Somente quando a técnica atingir essa possibilidade o nosso ofício de ator vai se tornar uma arte autêntica."[17]

Retornando à montagem do TAM, em 1916, Poliakova se refere ao papel de Rostánev como o mais amado por Stanislávski, "no qual com tanta plenitude e espontaneidade se revelou o tema principal de Stanislávski-ator – o tema do ser humano que faz o bem"[18]. Ele estudou cuidadosamente o seu papel e mesmo depois de 98 dias de ensaios não se sentia pronto para estrear. Nemiróvitch-Dântchenko, o segundo diretor, decidiu substituí-lo por outro ator. Depois disso, recusou-se a trabalhar sobre novos papéis.

De acordo com Inna Solovióva, Stanislávski havia planejado analisar o seu trabalho sobre o papel de Rostánev em um capítulo de *Minha Vida na Arte*, o qual denominou "A Aldeia de Stepantchikov: Minha Tragédia", mas desistiu. O fato é que essa personagem, como define o próprio Stanislávski, "não nasceu"[19]. A partir disso, temos a dimensão do quanto as experiências com os papéis de Salieri e de Rostánev o tocaram profundamente em seu trabalho como ator, o que acabou por impulsioná-lo para novos rumos em sua busca.

A Fala, o Tempo-Ritmo e a Plasticidade dos Movimentos

Stanislávski, a partir da sua percepção sobre a fala, voltou sua atenção para a música. Observou a base técnica disponível para o estudo musical, os exercícios que servem para o desenvolvimento

---

17 *Sobránie Sotchinéni v 9 Tomakh, t. 1: Moiá Jizn' v Iskússtve*, p. 195-197.
18 E. Poliakova, *Stanislavski-Aktior*, p. 348.
19 I. Solovióva, *Khudojestvenni Teatr*, p. 215-216.

O Processo de Criação da Voploschénie

técnico, a existência de uma terminologia necessária para o seu entendimento e, assim, levantou questões sobre como solucionar a carência que o ator possuía nessa área. Pois lhe parecia insustentável que a arte teatral não dispusesse de uma base consistente para o desenvolvimento da arte do ator como um todo. Então, pensou que poderia aprofundar a sua busca por meio do conhecimento musical. O Estúdio de Ópera do Teatro Bolshói, que se formou em 1918 sob a sua direção[20], foi um passo fundamental nesse sentido. Durante os anos de dedicação ao Estúdio de Ópera, Stanislávski verificou na prática que o Sistema poderia ser aplicado com sucesso não apenas no aprendizado de atores dramáticos, como também no ensino de atores-cantores.

Em 1919, iniciaram no TAM os ensaios para a montagem de *Caim*, de Byron, que passaram a ser intercalados com as aulas/ensaios dos atores-cantores do Estúdio de Ópera. *Caim* estreou no TAM no dia 4 de abril de 1920. Embora o espetáculo não tenha alcançado êxito junto ao público, esse processo de criação permitiu a Stanislávski mais duas descobertas fundamentais para o prosseguimento de suas investigações. Ele compreendeu (isto é, sentiu) que além de "saber falar", o ator deveria saber se mover e que o ritmo deveria servir não apenas à fala, como também ao movimento do ator em cena. Então, fazia-se necessário estudar, além da fala, o movimento – para tanto, cogitou criar um estúdio de balé. Da mesma forma, observou a importância dos princípios da escultura e da arquitetura para a criação do ator. Segundo Stanislávski, a tarefa do escultor se encontrava próxima à tarefa do ator: "O escultor está habituado a sentir o relevo do corpo do ser humano e as suas possibilidades físicas para a revelação da vida interior."[21] É pelo relevo do corpo que se revela a vida, sob essa óptica o próprio corpo é vida, um "corpo-vida" que o próprio ator "esculpe" em si mesmo.

20 Em 1926, o Estúdio de Ópera do Teatro Bolshói se tornou Teatro-Estúdio Estatal de Ópera Stanislávski e em 1928, Teatro de Ópera Stanislávski. Em 1941, o Teatro de Ópera se uniu ao Teatro Musical do Teatro de Arte, dirigido por Nemiróvitch-Dântchenko, dando origem ao Teatro Musical K.S. Stanislávski e V.I. Nemiróvitch-Dântchenko, que se encontra em pleno funcionamento até os dias de hoje.
21 *Sobránie Sotchinéni v 9 Tomakh, t. 1: Moiá Jizn' v Iskússtve*, p. 468.

Segundo Vinográdskaia, durante esse tempo de experimentações, Stanislávski chegou ao entendimento de que a evolução da arte teatral dependia do aprendizado das leis da música. Ele acreditava que o ritmo podia influenciar nos sentimentos dos atores em cena[22]. E, de fato, o tempo-ritmo se tornou um dos elementos mais importantes do Sistema. Para Stanislávski, a variação de tempo e de ritmo poderia criar uma infinidade de estados de ânimo e de sentimentos, lembrando que quando falamos de sentimento estamos tratando do termo *tchúvstvo*, que envolve também sentidos e sensações. Por isso, o tempo-ritmo, como elemento do Sistema, deve ser compreendido para além de velocidade e medida.

No que se refere ao estudo do ritmo e da plástica em *Caim*, Vinográdskaia nos diz que durante os ensaios Stanislávski observava atentamente o ritmo interno e externo do espetáculo, de cada episódio e do próprio ator em cena. Em uma anotação de ensaio de 13 de novembro de 1919, o ator Aleksandr Vichniévski (1861-1943) apontou que no primeiro ato Stanislávski trabalhou com os atores o "esquema da plástica". A esse respeito, Vinográdskaia afirmou que frequentemente Stanislávski "conduzia sessões especiais para o ritmo e a plástica com todos os participantes do espetáculo"[23]. Vinográdskaia também chamou a atenção para outro registro encontrado nos protocolos de ensaio de *Caim*, no qual consta que Nicolai Andreiev (1873-1932), o escultor e artista gráfico que fazia parte da equipe do espetáculo, havia feito esquemas de poses/posições para os atores/personagens. Para Vinográdskaia:

> Talvez este seja o único caso no qual C.S. pediu ajuda ao cenógrafo (*khudójnik*)[24] na busca do desenho plástico de *mise-en-scènes* isoladas. Aqui, em *Caim*, ele procurou por movimentos específicos das personagens, esculturalmente expressivos e musicalmente

---

22 I. Vinográdskaia, *Stanislávski Repetíruet*, p. 164-165.
23 Ibidem, p. 165.
24 *Khudójnik* significa pintor, artista plástico. Andreiev, a quem Vinográdskaia se refere, foi o responsável pelos esboços de cenário, dos figurinos e da maquiagem/caracterização do espetáculo *Caim*.

plásticos. Ele precisava de uma dinâmica extraordinária em cena, um realismo monumental, ditados pelas especificidades estilísticas da obra.[25]

Salientamos as expressões utilizadas para se referir aos movimentos das personagens em *Caim*: "esculturalmente expressivos" e "musicalmente plásticos". Nesse meio tempo, Stanislávski realizava experimentações com trechos de óperas com os atores-cantores do Estúdio de Ópera e, como consequência, acabou por se aprofundar no estudo da relação entre a música e a criação cênica. A importância do ritmo é evidente no trabalho com os atores-cantores, e, como vimos, ela se reflete nos ensaios de Caim. No mesmo momento que a abordagem do movimento se torna necessária a Caim, ela se manifesta igualmente no trabalho experimental do Estúdio de Ópera.

Na obra *Conversas de C.S. Stanislávski no Estúdio do Teatro Bolshói nos Anos 1918-1922*, registrada pela solista e pedagoga Concórdia Antárova (1886-1959), que era uma das estudantes do Estúdio, é possível comprovar a abordagem do movimento. Os registros de Antárova estão divididos em trinta conversações. A vigésima terceira conversação está especificamente voltada para o problema do movimento do ator em cena e se inicia com a afirmação de Stanislávski: "A primeira etapa, que ajuda na libertação de todo o ser humano para as tarefas criativas e artísticas, é evidente que será a função do corpo – o movimento."[26] A libertação da integridade corpo-mente por meio do movimento. Nessa aula/ensaio, Stanislávski aborda a importância da expressão justa do objetivo do ator no movimento físico. Para ele, o ator com frequência se move mal ao andar em cena.

É conhecido o trabalho de Stanislávski para que o ator estude a mecânica do andar e se torne consciente de seu funcionamento, desenvolvendo o que chamou de "andar cênico", ou seja, um andar com base nas leis da natureza, em oposição ao "andar teatral", baseado

---

25 *Stanislávski Repetíruet*, p. 165.
26 C. Stanislávksi apud C. Antárova, *Besedy K.S. Stanislavskogo v Studii Bol'chogo Teatra v 1918-1922*, p. 119.

em artifícios ou hábitos do modo de andar na vida cotidiana, que evidenciam o despreparo técnico do ator para estar em cena. Ele dedicou uma parte considerável do capítulo "Cultura Física" a essa problemática. Nesses escritos, além de trabalhar a mecânica do andar, a sua atenção está voltada para o movimento da energia (ou seja, do prana) no corpo do ator. Segundo ele, "a plástica externa está fundada na sensação interna do movimento da energia"[27]. Novamente, fica clara a indissolubilidade de interno/externo, de energia/plástica – vida que é corpo, e corpo que é vida. Stanislávski se referia não só à energia, mas à sensação da energia. Perceber isso é fundamental nessa abordagem do movimento e da plástica, pois a sensação se torna um verdadeiro elo de conexão orgânica da totalidade psicofísica do ator. Desse modo, segundo Stanislávski, a energia se movimenta não apenas pela coluna vertebral, como pelos braços e pernas e, assim "impulsiona a ação dos músculos das pernas e desperta o andar que possui extraordinária importância em cena"[28].

Para Stanislávski, "toda a vida, qualquer que seja ela, sempre é movimento. Seja o movimento do pensamento ou do corpo – será sempre movimento"[29]. Enxergar o movimento que há na vida – a vida em movimento – nos leva, com clareza, à noção de *perejivánie*. E, ao unir o movimento/vida que pode existir no pensamento e no corpo, mais uma vez retornamos à esfera da indivisibilidade de *perejivánie* e *voploschénie*.

A partir das imensas dificuldades que surgiram nas experiências com os papéis de Salieri e de Rostánev, Stanislávski reagiu com a busca por conhecimento para fundamentar tecnicamente o trabalho do ator em seu aparato físico – o aparato da *voploschénie*. Nesse sentido, as experimentações com os atores-cantores no Estúdio de Ópera do Teatro Bolshói e o processo criativo do espetáculo *Caim* somaram esforços de aprendizado que resultaram em avanços significativos para o desenvolvimento do Sistema. Como vimos, a partir

27 *Sobránie Sotchinéni v 9 Tomakh, t. 3: Rabota Aktiora Nad Soboi, Tchást' 2*, p. 48.
28 Ibidem, p. 37.
29 C. Antárova, op. cit., p. 120.

O Processo de Criação da Voploschénie

dessas experiências, que se iniciaram por volta de 1918, cada vez mais Stanislávski reconhecia a necessidade indispensável do desenvolvimento físico do ator tanto quanto do seu aperfeiçoamento nas esferas da mente e do espírito, e passa a trabalhar com a mesma medida de importância com as técnicas da *perejivánie* e da *voploschénie*.

A Relação Intrínseca Entre Vida e Plasticidade no Sistema de Stanislávski

Tratando ainda das transformações que se operavam nas investigações e na prática cênica de Stanislávski no final da década de 1910 e início dos anos 1920, no terceiro tomo de *Vida e Obra de C.S. Stanislávski*, organizada por Irina Vinográdskaia em forma de diário, há um fato significativo sobre o dia 5 de abril de 1921. Nesse dia, constam dois registros: trechos de um artigo publicado por Meierhold, Bebutov e Derjavin na revista *Boletim do Teatro* (*Véstnik teatra*) e um trecho do artigo publicado por Vakhtángov na revista *Cultura do Teatro* (*Kul'tura teatra*).

O artigo de Vakhtángov, que aborda a montagem de *Erik xiv*[30] pelo Primeiro Estúdio do TAM[31], apresenta total consonância com o que está acontecendo na prática stanislavskiana daquele momento:

> Essa é uma experiência do estúdio em busca de formas cênicas e teatrais para um conteúdo cênico (para a "arte da *perejivánie*"). Até os dias de hoje, o estúdio, fiel aos ensinamentos de C.S. Stanislávski, procurou obstinadamente alcançar o domínio da maestria da *perejivánie*. Agora, fiel aos ensinamentos de C.S. Stanislávski,

30 Obra de August Strindberg (1849-1912).
31 O espetáculo *Erik xiv* estreou no Primeiro Estúdio do TAM em 29 de março de 1921.

que buscam formas expressivas e apontam para os meios (respiração, som, palavra, frase, pensamento, gesto, corpo, plasticidade, ritmo – tudo em um sentido teatral especial, que tem um interior proveniente da própria natureza, o fundamento), o estúdio está ingressando em um período de busca de formas teatrais.[32]

A relação entre movimento, vida, plasticidade, expressividade e ritmo, que Vakhtángov indicou aqui, está presente em vários momentos do segundo tomo de *O Trabalho do Ator Sobre Si Mesmo*, pois esses são elementos-chave para o processo de criação da *voploschénie*. De acordo com Camilo Scandolara, Vakhtángov construiu o espetáculo *Erik XIV* sob a óptica da estética expressionista. Além disso, sobretudo na personagem-título atuada por Michael Chekhov, surge o grotesco "como resultado da tentativa de mostrar um mundo fraturado, como que visto pela mente de Erik"[33].

A atriz do Primeiro Estúdio, Lidia Deikun, que atuou no papel de Karin, esposa de Erik, relata que Vakhtángov estava se sentindo inseguro a respeito de como seria a recepção de Stanislávski diante das agudas inovações propostas pelo espetáculo. As inovações a que se refere diziam respeito "ao convencionalismo do cenário, dos figurinos, da maquiagem, da interpretação das personagens, das soluções de cada cena". Deikun narra qual foi a reação de Stanislávski na estreia do espetáculo:

> O espetáculo acabou e nos reunimos todos em nosso pequeno saguão para o público. Constantin Serguéievitch aparece, olha para nós, os participantes do espetáculo reunidos e... suas primeiras palavras são: "Onde está o diretor?" Alguém explica timidamente que por causa do agravamento da doença Evguéni Bogratiónovitch tinha ido para o sanatório.

---

32 Vakhtángov apud I. Vinográdskaia, *Jizn' i Tvortchestvo K.S. Stanislavskogo*, t. 3, p. 147.
33 C. Scandalora, *Os Estúdios do Teatro de Arte de Moscou e a Formação Pedagógica Teatral no Século XX*, p. 135-136.

"É uma pena"; uma pausa, e nitidamente, forte, como um veredito, pronuncia: "Futurismo!" E depois, novamente uma pausa, aflitiva, como asfixia. Todos os atores do elenco de *Erik* se sentam como no cadafalso antes da execução. [...] "Mas este futurismo eu entendo!". E começou uma série de elogios sobre a concepção do diretor, o intérprete do papel-título M. Chekhov, toda a organização do espetáculo, a expressiva *mise-en-scène*, a brilhante interpretação das personagens etc. Em suma, o espetáculo foi inteiramente aprovado por Constantin Serguéievitch e com bons votos do próprio iniciou uma longa, longa jornada.[34]

O evento narrado nos reafirma que o interesse de Stanislávski se encontrava em duas frentes, tanto no esforço por encontrar meios que capacitassem o ator a realizar a sua arte com liberdade criativa em toda e em qualquer linguagem teatral, quanto na experimentação prática de diversas e inovadoras formas artísticas.

Diferentemente do artigo de Vakhtángov e das palavras de Deikun a respeito de Stanislávski, o artigo publicado por Meierhold faz uma profunda crítica ao Teatro de Arte.

De acordo com Vinográdskaia:

> No artigo "Folhas Teatrais", V. Meierhold, V. Bebutov e K. Derjavin criticam e ridicularizam o "famoso" método do Teatro de Arte, "nascido – como eles escrevem – nos suplícios do naturalismo psicológico, na histeria das tensões das almas, junto da frouxidão dos músculos como no banho".
>
> "O perigo deste método é ainda maior – escrevem os autores do artigo –, que a sua pequena burguesia despretensiosa e antiteatral contamine as associações de trabalhadores, de camponeses e do Exército Vermelho."[35]

---

34 Em E. Vakhtángov, *Sbornik*, p. 355-356.
35 I. Vinográdskaia, *Jizn' i Tvortchestvo K.S. Stanislavskogo*, t. 3, p. 146.

A contradição encontrada entre as práticas apontadas nos dois registros, ou seja, os ensinamentos de Stanislávski e o "método" do Teatro de Arte, reforça o entendimento de que nesse período ele realizava suas investigações artísticas e pedagógicas muito mais fora do que dentro do TAM. Stanislávski, em inúmeras circunstâncias, teve dificuldade em seguir com suas buscas no TAM, onde encontrava resistência por parte dos artistas mais velhos. Por isso, acabou se voltando para os jovens. Esse afastamento e o isolamento de Stanislávski de seu próprio Teatro seriam abordados por Meierhold em outro artigo, publicado pouco depois, em 1º de maio de 1921: "A Solidão de Stanislávski"[36].

Contudo, é oportuno considerar que a crítica tecida por Meierhold sobre o "naturalismo psicológico" e o "espírito pequeno-burguês", a que foi ligado com tanta frequência o Teatro de Arte, está relacionada não apenas com a busca artística, mas também com as questões políticas. Nesse sentido, os últimos capítulos de *Minha Vida na Arte* são esclarecedores. Para Stanislávski, os "inovadores" se lançaram sobre a forma e relegaram a arte da *perejivánie* ao âmbito de uma "arte burguesa", em oposição à "arte proletária" que estava fundada na cultura física do ator. A abordagem do físico quando relacionada à "arte proletária", como é possível depreender da fala de Stanislávski, era consideravelmente diversa da cultura física proposta por ele em sua obra. Para Stanislávski, não era admissível pensar a forma sem que ela estivesse profundamente conectada à vida e à justificativa do que se faz em cena. A crítica realizada pelos "inovadores" atingiu até mesmo o embasamento artístico nas "leis orgânicas da natureza criativa", que foi visto como realista e ultrapassado. Nas palavras de Stanislávski:

> Enquanto a cultura física do corpo constituir no auxílio às principais tarefas criativas da arte: a transmissão da vida do espírito humano em uma forma artística – de toda a alma, eu saúdo os novos avanços externos do ator contemporâneo. Mas, a partir do momento que a cultura física se converte na

---

36 V. Meierhold, *Stat'i, Pis'ma, Rétchi, Bessêdy, 2 v., Tchast' 2*, p. 30-34.

própria finalidade da arte, a partir do momento que ela começa a violentar o processo criativo e a criar um deslocamento entre as aspirações do espírito e as convenções da atuação externa, quando ela esmaga os sentimentos, a *perejivánie*, eu me torno um adversário extremado dos novos e belos avanços.[37]

Como vemos, a crítica que Stanislávski levanta não é, de modo algum, uma condenação ao trabalho acerca da cultura física do corpo. Pois, também para ele, o aprimoramento dos elementos que se encontram à disposição do aparato corporal havia se tornado algo indispensável ao trabalho do ator. O problema reside no menosprezo à vida em cena. Segundo Stanislávski, para ser considerado um artista-criador, o ator deveria ser capaz de mobilizar todo o seu aparato criativo, e isso incluiria o corpo e, é claro, a alma – "o corpo não pode viver sem alma"[38].

No que diz respeito à busca pela plasticidade e pelo domínio físico no trabalho do ator sobre si mesmo, pontuamos alguns momentos da relação entre Stanislávski e Meierhold. No texto "Projetos de Reorganização" do TAM[39], datado de 1936-1937, Stanislávski aponta que planejava voltar a trabalhar com Meierhold e que desejava lhe entregar a direção artística de uma filial do TAM. De acordo com o plano, Meierhold uniria a sua trupe ao TAM e, além de realizar encenações, ensinaria a biomecânica. O retorno de Meierhold para junto de Stanislávski vai se concretizar realmente em março de 1938. Após o fechamento do GOSTIM[40] pelo regime stalinista, em 8 de janeiro de 1938, uma situação de extrema tensão para Meierhold, Stanislávski insiste para que ele venha trabalhar junto dele no Teatro de Ópera e o indica como seu sucessor, o que só acontece após a morte de Stanislávski, em agosto daquele mesmo ano – quando Meierhold

---

37 *Sobránie Sotchinéni v 9 Tomakh, t. 1: Moiá Jizn' v Iskússtve*, p. 487.
38 Ibidem, p. 488.
39 Texto publicado no sexto tomo das obras completas de Stanislávski: *Sobránie Sotchinéni v 9 Tomakh, t. 6: Tchást' 1*.
40 GOSTIM trata-se da sigla de Teatro Estatal Meierhold (Gosudárstvennyi Teatr Ímeni Meyerkholda).

assume, então, a direção artística do Teatro de Ópera Stanislávski. Meierhold segue trabalhando no Teatro de Ópera até o dia de sua prisão, em 20 de junho de 1939.

Como é de conhecimento geral, Meierhold atuou como ator do TAM nos primeiros anos após a sua fundação, de 1898 a 1902. Em 1905, a convite de Stanislávski, retorna para realizar suas experimentações no Teatro-Estúdio, organizado sob os esforços de Stanislávski que estava interessado na busca por novas linguagens cênicas, na busca de um novo ator. Contudo, o Teatro-Estúdio é fechado ainda em 1905 sem abrir as portas para o público. O reencontro entre esses dois grandes mestres só acontecerá em 1938, no fim da vida de ambos[41]. No entanto, nesse intervalo de tempo de 33 anos quando seguiram os seus próprios caminhos, talvez não se deva dizer que estiveram de fato totalmente separados. Afinal, quase que ininterruptamente, as experimentações de um afetaram a busca do outro, seja pela crítica e oposição feroz, seja pela valorização e apoio. Certamente, as críticas fizeram com que revissem posições, se empenhassem em fortalecê-las ou em abandoná-las, isto é, geraram transformações e evoluções.

Stanislávski, na temporada de 1936-1937, ao responder a uma pergunta sobre quem ele considerava o melhor diretor soviético disse: "O único diretor que eu conheço é Meierhold"[42]. Meierhold, em carta enviada a Stanislávski em 18 de janeiro de 1938[43], escreveu: "Como dizer-lhe sobre a minha imensa gratidão a vós por tudo o que me ensinou na difícil tarefa que se constitui a arte da direção?!"[44]

Segundo afirma Tatiana Batchélis:

> Para Meierhold, Stanislávski foi sempre um gênio do teatro, a quem seguiu e de quem discordou e a quem compreendeu a seu modo; e, depois da Revolução de Outubro, achou que os

---

41 Stanislávski faleceu em agosto de 1938. Meierhold foi preso em 1939 e assassinado no início de 1940.

42 De Volta a Stanislávski, G. Kristi, *Vstretchi s Meierkhol'dom*, p. 580.

43 Stanislávski completou 75 anos no dia 17 de janeiro de 1938.

44 V. Meierhold, *Perepiska:1896-1939*, p. 349.

O Processo de Criação da Voploschénie

demais tinham uma compreensão equivocada de Stanislávski. Aos olhos de Meierhold, Stanislávski sempre se elevava acima de toda a vida artística do século. Meierhold considerou-se a vida toda, um discípulo de Stanislávski e, aonde quer que o levassem os seus experimentos e divagações, balizava sempre suas posições pelas de Stanislávski.

Por outro lado, na vida, evolução e trabalho de Stanisávski e nas próprias buscas deste, Meierhold desempenhou o importante papel de opositor, que, com a sua arte, as suas buscas e ininterruptos experimentos, não apenas "contagiava" Stanislávski e despertava-lhe a fantasia, como também dava a Stanislávski mais força nas suas convicções ou o obrigava a dar-lhes base mais sólida ou, ainda, a reexaminar as suas próprias opiniões e a precisá-las e até abandonar algumas.[45]

Para finalizar a breve reflexão sobre a relação entre Stanislávski e Meierhold, na busca de reafirmar o interesse de Stanislávski em desenvolver o ator no âmbito físico – o que foi desenvolvido ao extremo por Meierhold – trazemos a seguinte afirmação de Vinográdskaia: "É possível dizer que para a compreensão da natureza da atuação do ator, os criadores da 'técnica da *perejivánie*' e da biomecânica estavam indo a partir de diferentes direções como se estivessem escavando um túnel a partir de extremidades opostas."[46] Se pensarmos nessa imagem proposta por Vinográdskaia, de um único túnel escavado a partir de sentidos opostos, onde em uma das extremidades se encontra Stanislávski e na outra Meierhold, podemos compreender que a busca de cada um desses grandes mestres se deu seguindo seus impulsos pessoais e artísticos, que, por vezes, eram completamente opostos. No entanto, se enxergarmos mais a fundo, sempre houve algo que os ligava intimamente. Não fosse assim, não teriam revisto muitas de suas práticas e crenças, enriquecido

---

45 T. Batchélis, em A. Cavaliere; E. Vássina (orgs.), *Teatro Russo*, p. 27.
46 I. Vinográdskaia, Diapasão da Vida: C.S. Stanislávski Sobre o Trabalho do Ator Sobre o Papel, em C. Stanislávski, *Sobránie Sotchinéni v 9 Tomakh, t. 4*, p. 18.

as descobertas um do outro, e se encontrado no fim de suas escavações. Arriscamos dizer que um dos pontos fundamentais dessa ligação foi a ação física.

Stanislávski desejava para os atores um aperfeiçoamento técnico que permitisse uma verdadeira transcendência da matéria, isto é, o alcance de um grau de liberdade psicofísica na qual o aparato corporal além de não atrapalhar a expressão da criação invisível também auxiliasse e estimulasse o seu acontecimento pleno, em uma plasticidade viva, como verdadeira arte da cena. Lembrando que estamos falando de uma via de mão dupla no âmbito da totalidade de corpo, mente e espírito, ou seja, o que pertence ao espaço mental e espiritual influencia o aparato físico, da mesma forma que o físico interfere nas esferas psíquicas, emocionais e espirituais do ator.

Não Se Pode Executar a Nona Sinfonia de Beethoven Com Instrumentos Desafinados

É preciso cultivar a voz e o corpo do artista sobre as bases da própria natureza. Isso exige um longo trabalho sistemático, para o qual os conclamo a começar desde o dia de hoje. Se isso não for feito, o seu aparato corporal da *voploschénie* se encontrará demasiadamente grosseiro para o trabalho delicado que lhe foi predestinado.

A sutileza de Chopin não se transmite com um trombone, assim como as sutilezas inconscientes dos sentimentos não podem ser manifestadas pelas partes grosseiras do nosso aparato corporal e material da *voploschénie*, especialmente se ele falseia, à semelhança de instrumentos musicais desafinados.

Não se pode transmitir com um corpo mal preparado a criação inconsciente da natureza, do mesmo modo que não se pode executar a Nona Sinfonia de Beethoven com instrumentos desafinados.

Quanto maior é o talento e mais sutil é a criação, maior é o aprimoramento e a técnica que o corpo requer.

Desenvolvam e submetam os seus corpos às ordens da criação interna da natureza...[47]

Tais palavras dão seguimento ao discurso de Tortsov citado na abertura da introdução ao processo da *voploschénie*. Vale lembrar que esse é o discurso que marca o retorno ao segundo ano letivo da formação na escola teatral apresentada na obra *O Trabalho do Ator Sobre Si Mesmo*. Nessa segunda parte do discurso do mestre Tortsov entendemos que, quando se fala em trabalho do ator sobre si mesmo, trata-se de um trabalho que, ao ter seu início no processo de educação do ator-criador, deverá se estender por toda a vida artística. As leis da natureza orgânica e espiritual do ser humano constituem a base do Sistema de Stanislávski. Por conseguinte, o trabalho do ator sobre si mesmo, seja pelo cultivo dos elementos ligados ao processo da *perejivánie* ou, pelo aprimoramento dos elementos ligados ao processo da *voploschénie*, deve ser realizado sobre essa base. Quando Tortsov afirma que esse cultivo exige um trabalho longo e sistemático, está se referindo à disciplina e ao treinamento necessário para o desenvolvimento dos elementos do Sistema no próprio aparato psicofísico do ator.

Na obra de Stanislávski, era frequente a comparação entre o desenvolvimento que o aparato físico do ator deveria alcançar e os instrumentos musicais de excelência e a sua afinação. Por exemplo, ao abordar o trabalho realizado sobre a peça *A Desgraça de Ter Inteligência*, na seção intitulada "Período da *voploschénie*"[48], Stanislávski

---

47 C. Stanislávski, *Sobránie Sotchinéni v 9 Tomakh, t. 3: Rabota Aktiora Nad Soboi, Tchást' 2*, p. 14-15.

48 O texto citado se encontra na obra *O Trabalho do Ator Sobre o Papel*, que corresponde ao quarto tomo das obras completas de Stanislávski.

se refere a um violino Stradivarius[49] como o ideal de perfeição que o ator deveria aspirar para ser desenvolvido em seu próprio aparato corporal. Segundo ele, para um violinista comum basta um instrumento simples. Porém, para um artista como Paganini[50],

> é necessário um "stradivarius" para transmitir todo o refinamento e a complexidade de sua alma genial. E quanto maior a riqueza de conteúdo da criação interior do artista, mais bela deve ser a sua voz, mais perfeita deve ser a sua dicção, mais expressiva deve ser a sua mímica, mais plástico o seu movimento, mais ágil e sutil todo o aparato corporal da *voploschénie*. A *voploschénie* cênica, como toda a forma artística, só é boa quando não é apenas justa, mas revela artisticamente a essência interior da obra. Tal como é a essência, tal qual é a sua forma[51].

Do mesmo modo que Antonio Stradivari criou um instrumento tão perfeito que possibilitou a Paganini expressar toda a profundidade criativa de sua alma de artista, o ator deveria ser, simultaneamente, o artesão que aperfeiçoa o instrumento-si mesmo, o próprio Stradivarius, em sua capacidade artística plena de responder aos estímulos da composição musical, e o artista que dá vida ao instrumento elaborado em si mesmo[52]. Somente com a afinação de um aparato corporal aperfeiçoado, tal qual a afinação de um instrumento musical de excelência, é possível transmitir a música – vida suscitada pelo processo de criação do ator, do ator guiado pelos princípios stanislavskianos.

De acordo com Stanislávski, esse preparo e essa afinação são necessários para que haja uma ligação espontânea, sem cortes ou interrupções, entre os desejos, os impulsos da vontade, a "vida do

---

49 Instrumentos de corda de alta qualidade fabricados por Antonio Stradivari (1644-1737).
50 Stanislávski se refere à Niccolò Paganini (1782-1840), grande compositor e violinista italiano.
51 *Sobránie Sotchinéni v 9 Tomakh*, t. *4*, p. 169.
52 Apontamos para essa mesma relação no artigo "Переживание [*Perejivánie*] e o Trabalho do Ator Sobre Si Mesmo em K. Stanislávski", *Anais do VII Congresso da Abrace*.

O Processo de Criação da Voploschénie

espírito humano" do papel e a sua manifestação no aparato corporal da *voploschénie*. Stanislávski busca possibilitar a existência de uma via depurada, instantânea, entre corpo, mente e espírito – por isso, fala em tornar possível que o espectador perceba o que se passa na alma do artista. Com um instrumento comum, ou desafinado, não se pode alcançar essa amplitude de significados e percepções.

Tornar o aparato corporal do ator um instrumento de excelência e afinar esse aparato são duas práticas complementares do trabalho do ator sobre si mesmo. A afinação está ligada ao que Stanislávski chamou de "toalete do artista". Em busca de esclarecer essa definição, destacamos dois momentos encontrados na obra *Minha Vida na Arte*: as impressões de Stanislávski sobre a atuação de Tommaso Salvini no papel de Otelo e as suas inquietações a respeito do estado geral criador.

Stanislávski relata que ficou encantado ao ver Salvini em cena e, desde então, passou a sonhar com a sua própria atuação no papel de Otelo[53.] Para Stanislávski, havia algo em comum entre a genial atuação de Salvini e a atuação de outros grandes artistas que havia visto em cena. Essa constatação despertou o seu desejo de afinal entender o que era isso. E tentou descobrir tudo o que podia sobre os passos de Salvini no decorrer do dia que haveria espetáculo. Queria saber qual a sua preparação para alcançar tal nível de atuação. Stanislávski nos descreve, então, toda a dedicação de Salvini ao seu próprio trabalho de ator.

Em vista da apresentação que aconteceria à noite, depois do almoço o ator já não recebia ninguém, procurava ficar só. Chegava ao teatro com cerca de três horas de antecedência em relação ao horário do espetáculo e procurava permanecer em silêncio na maior parte do tempo. Poderia, de repente, falar sem parar se alguém se aproximasse dele, para logo depois retornar ao silêncio. E quando começava a se maquiar e a colocar os elementos que compunham sua caracterização,

---

53 Em 1896, dois anos antes da fundação do TAM, Stanislávski realiza a montagem de *Otelo*, como diretor e como ator.

parecia que ele não apenas maquiava o rosto e vestia o corpo, mas preparava, de modo correspondente, a sua própria alma, instalando gradualmente um estado geral. Ele entrava na pele e no corpo de Otelo com o auxílio de uma importante toalete preparatória de sua alma artística.[54]

Também chamou a atenção de Stanislávski que todo esse verdadeiro ritual de preparação era mantido por Salvini mesmo depois de centenas de apresentações. Assim, Stanislávski foi tocado em sua percepção artística, não apenas pelo trabalho de Salvini em cena, mas também pelo respeito e pelo zelo com que o ator italiano cuidava de sua arte. A importância da "toalete preparatória" ressurge nos escritos de Stanislávski sobre os seus questionamentos artísticos que, como vimos, tomam grande proporção em 1906:

> Como proteger o papel da degeneração, do amortecimento espiritual, do poder absoluto dos hábitos de ator e do costume exterior? É preciso certa preparação espiritual antes do início da criação, a cada vez, em cada repetição. É indispensável, antes de cada espetáculo, uma toalete não apenas corporal, mas sobretudo espiritual. É preciso, antes de criar, saber entrar na atmosfera espiritual, pois somente nela se faz possível o mistério criador.[55]

Nessa oportunidade, Stanislávski exaltou a necessidade de uma toalete espiritual, a fim de alcançar um estado criador em cena. Sobre isso, nos remetemos ao capítulo XI – "Ética e Disciplina", que integra a segunda parte de *O Trabalho do Ator Sobre Si Mesmo*. Ao abordar a necessidade de constituir em si mesmo um estado criador e auxiliar o coletivo no preparo de uma "atmosfera criadora", o mestre Tortsov afirma que "no teatro não se pode entrar com os pés sujos. Sacudam

---

54 *Sobránie Sotchinéni v 9 Tomakh, t. 1: Moiá Jizn' v Iskússtve*, p. 225.
55 Ibidem, p. 373.

O Processo de Criação da Voploschénie

a sujeira e o pó do lado de fora[56], deixem as galochas na entrada junto com todas as pequenas preocupações, desavenças e aborrecimentos que arruínam a vida e desviam a atenção da arte."[57] Para Stanislávski, o espaço teatral, como espaço coletivo, deve ser tratado com respeito, como um verdadeiro templo da arte, isto é, como espaço de transformação não apenas artística, mas também pessoal/espiritual.

Para tentar dar conta da importância conferida por Stanislávski ao trabalho de preparação e de afinação física, e especialmente espiritual, do ator, além de ressaltarmos as reflexões do mestre russo sobre Salvini, que remontam ao final do século XIX, e os questionamentos surgidos em 1906, iremos para 1937, dando um grande salto no tempo. As citações que seguem são falas de Stanislávski nos ensaios/ aulas realizados, respectivamente, em 25 de maio e em 3 de junho de 1937 no Estúdio de Ópera e Arte Dramática, onde aconteceram as suas últimas experiências cênicas:

> Este é um dos momentos da sua toalete diária – sob a música, libertar os músculos. Toda a atenção deve estar voltada para os músculos. Na toalete devem entrar todos os exercícios que vocês executaram no primeiro ano de ensino. Nunca se mova na arte pela linha da menor resistência. Tome as grandes tarefas, são elas que irão fermentar mais e obrigar a sua fantasia a trabalhar melhor.
>
> [...]
>
> No próximo ano, voltando ao estúdio, vocês deverão fazer a "toalete do ator" como fazem a sua própria toalete pessoal, isto é, se lavar, beber chá etc. A cada dia vocês se ocuparão dos exercícios com todos os elementos por cinco ou seis minutos e somente depois disso darão início ao trabalho criativo do

---

56 Lembrando que, como consta em nosso primeiro capítulo, ao se referir à necessidade dos espectadores "limparem a alma" antes de assistirem à apresentação teatral do Estúdio ("ordem espiritual"), Stanislávski utiliza uma expressão semelhante: "sacudir de si a poeira da capital".

57 *Sobránie Sotchinéni v 9 Tomakh, t. 3: Rabota Aktiora Nad Soboi, Tchást' 2*, p. 277-278.

dia. Em primeiro lugar, no ritmo e com música, vão relaxar os músculos, combinando essa atenuação com a realização de pequenas tarefas físicas. Com a música, já irão concentrar a própria atenção. Alguns vão precisar de mais tempo para isso, outros de menos, mas é necessário que tudo esteja no ritmo. Também é necessário se relacionar uns com os outros ao som da música. Um compasso – vocês encontram o objeto para si; vários compassos – vocês atraem a sua atenção; um compasso – vocês lançam os tentáculos nos olhos do objeto; dois compassos – vocês querem entender o que há com ele; um compasso – vocês devolvem a ele as suas sensações, pensamentos, e depois dirigem os olhos para outro *partner*. O tempo, isto é, um compasso ou dois compassos, pode ser aumentado dependendo da vontade da pessoa. Ação com objetos imaginários ao som da música. É possível fazer tudo com música, como vocês viram agora: ação, objeto, relação, atenção, fantasia, verdade, sentimento (ele veio ou não veio, mas deveria vir), ingenuidade. A ingenuidade pela ingenuidade não é necessária, mas se houver verdade, há ingenuidade. A relação deve ser desenvolvida. Travem uma conversa pela rua. Encontrem um *partner* distante e tentem transmitir-lhe alguma coisa. Aqui vocês não têm apenas uma relação, mas também uma adaptação.[58]

Se, no início do século XX, os meios para o trabalho preparatório desejado por Stanislávski para a criação e a formação do ator ainda pareciam um mistério a ser desvendado, nas experimentações do Estúdio de Ópera e Arte Dramática, a "toalete do ator", que torna concreto esse trabalho, já se encontrava em um estágio de desenvolvimento bastante claro e consistente. Os exercícios agregam todos os elementos do Sistema e o principal fator agregador é a realização das ações físicas. A libertação muscular que, como vimos anteriormente, foi um dos primeiros elementos percebidos por Stanislávski como

---

58 C. Stanislávski apud I. Vinográdskaia, *Stanislávski Repetíruet*, p. 474-477.

O Processo de Criação da Voploschénie

primordial para se chegar a um estado criativo, segue relevante nesses anos finais. O importante é entender que nenhum elemento deve ser trabalhado sem justificativa. Stanislávski evidencia, por exemplo, que até mesmo o relaxamento muscular deve estar combinado com a realização de tarefas físicas. A música se torna cada vez mais presente em suas experimentações pela influência na capacidade de concentração e de percepção rítmica, bem como no despertar do imaginário e das sensações.

A busca por um trabalho preparatório eficaz para que o ator alcançasse um estado de prontidão e de abertura psicofísica para criações em cena acompanhou Stanislávski durante a maior parte de sua vida. Em inúmeros momentos de sua obra ele reafirma a necessidade diária da "toalete do ator" – os exercícios devem ser executados continuamente sob pena de retroceder ou de travar os avanços conquistados.

Podemos nos perguntar: mas como fazer isso? O trabalho do ator sobre a ação física é fundamental nesse processo de apropriação dos elementos do Sistema. Para isso, Stanislávski salienta, por exemplo, a prática de ações com objetos imaginários. De acordo com ele, a importância da prática da ação com objetos imaginários reside, essencialmente, na exigência dessa técnica de se "tomar consciência do que na vida se faz mecanicamente"[59]. Assim, a prática da ação sem objetos, ao acionar a totalidade psicofísica do ator aos detalhes do que está sendo executado, possibilita a mobilização de todos os elementos do Sistema e, consequentemente, a elaboração conjunta de precisão e organicidade nas ações realizadas. Conforme Nair D'Agostini:

> A ação sem objetos obriga o ator a penetrar de forma atenta e profunda na natureza das ações físicas, estudá-las e dominá--las a tal ponto, que se tornam próprias, orgânicas. [...]. Após um período prolongado de repetição das ações sem objeto,

---

59 *Sobránie Sotchinéni v 9 Tomakh, t. 2: Rabota Aktiora Nad Soboi, Tchást' 1*, p. 477.

quando o ator se torna capaz de identificar e realizar todos os seus diversos momentos, a natureza corporal do ator passará a agir por si mesma, como respondendo a uma necessidade natural e orgânica, constituindo-se numa segunda natureza.[60]

Na obra *O Trabalho do Ator Sobre O Papel*, em escritos que datam de 1936-1937, onde se encontra o capítulo "O Inspetor Geral, de N.V. Gógol: A Sensação Real da Vida da Peça e do Papel", Tortsov-Stanislávski exemplifica aos estudantes-atores a metodologia de abordagem do papel por meio das ações físicas. O trabalho se inicia com a orientação de Tortsov ao estudante Nazvánov sobre a sequência de ações da personagem Khlestakov norteada pelos seguintes questionamentos:

> Pergunte a si mesmo o que significa entrar em seu quarto de hotel depois de circular sem resultados pela cidade. Depois faça a si mesmo a pergunta: o que você faria no lugar de Khlestakov aqui, hoje, agora, depois de voltar para casa? Como você agiria com Osip, sabendo que ele estava "mais uma vez atirado na cama?" Como você rogaria a ele para que fosse até o dono do hotel pedir o almoço? Como esperaria pelo resultado e o que faria nesse espaço de tempo? Como receberia a vinda da comida? E assim por diante.[61]

A partir dessas referências que se reportam à obra, o estudante deveria realizar as ações com lógica e coerência. Posteriormente, com o intuito de esclarecer ainda mais a importância do trabalho sobre as ações físicas e a sua relação com os demais elementos do Sistema, o próprio mestre decide improvisar a sequência de ações da personagem Khlestakov. E, após realizar o exercício, provoca os aprendizes com a seguinte reflexão: "Julguem por si mesmos a força que possui a minha via de acesso ao papel a partir de simples ações

---

60 D'Agostini, *Stanislávski e o Método de Análise Ativa*, p. 97.
61 *Sobránie Sotchinéni v 9 Tomakh*, t. 4, p. 232-233.

O Processo de Criação da Voploschénie

físicas. Não é por acaso que eu insisto tanto para que vocês elaborem em si mesmos a técnica das ações com objetos imaginários e a levem até o virtuosismo."[62]

O objetivo de Stanislávski, nesse momento que faz parte de suas últimas pesquisas, era apresentar aos alunos o seu "novo método". Para isso, ele defendia que o início do processo de montagem de um espetáculo deveria acontecer pelo trabalho prático em cena, por meio de ações físicas, sem a interferência demasiada e, por vezes, aprisionadora do pensamento racional, a fim de que a sensação da vida da obra fosse experimentada ativamente pelo ator por meio de seu aparato psicofísico.

Dessa forma, defendia também que a "toalete do ator" – a afinação do instrumento-si mesmo – deveria ser realizada para o aperfeiçoamento do ator sobre os elementos do Sistema. Esse aperfeiçoamento se daria devido à técnica das ações com objetos imaginários, como podemos depreender da fala de Tortsov:

> Por exemplo, eu já atuo há muito tempo, contudo, diariamente, sem excluir o dia de hoje, durante dez, vinte minutos, executo esses exercícios sob as mais variadas circunstâncias propostas e sempre a partir de minha própria pessoa, por minha própria responsabilidade e consciência. Se não fosse assim, quanto tempo eu teria que perder hoje para compreender a natureza e as partes integrantes de cada uma das ações físicas da cena de Khlestakov!
>
> Se o ator constantemente exercita a si mesmo neste trabalho, ele irá conhecer quase todas as ações humanas, sob o aspecto das suas partes integrantes, a sua lógica e coerência.
>
> Este trabalho deve ser diário, constante, como a vocalização do cantor, como os exercícios dos bailarinos.

---

62 Ibidem, p. 342. Diante deste estudo sobre a obra de Stanislávski, não se pode compreender o uso do termo "virtuosismo" como ligado a um domínio técnico formal. É preciso entendê-lo no âmbito da assimilação da "técnica das ações com objetos imaginários" como uma *segunda natureza* do ator.

Graças aos meus exercícios sistemáticos com as ações físicas, eu posso, por meio dessa linha, atuar em qualquer papel sem ensaio prévio. [...] Quando vocês elaboram essa mesma técnica, uma atenção firme em todas as áreas, a lógica e a coerência, o sentido da verdade e a fé, que foram criados em mim a partir de um longo trabalho, então, vocês também poderão fazer o mesmo que eu. Além disso, se manifestará em vocês, por si mesmo, além da consciência, a vida criativa interior, e em suas almas e em seus corpos começará a trabalhar o subconsciente, a intuição, a experiência da vida, o hábito de revelar no palco as qualidades humanas, as quais principiaram a se criar em vocês.

Então, a sua atuação cênica será sempre fresca, revigorada, com o mínimo de clichês, com o máximo de sinceridade, de verdade, de fé, de emoções humanas, de desejos e de pensamentos vivos.[63]

O ator se configura assim, para Stanislávski, como objeto da investigação de si mesmo que consequentemente alcança autonomia e liberdade artística. Ao aprimorar a atenção e a percepção de si, o ator se torna consciente de sua arte, descobre novas qualidades e possibilidades no agir e percebe os entraves psicofísicos que podem impedir ou oferecer bloqueios para a realização da ação. É preciso afinar a si mesmo para abrir vias de trabalho para o outro, configurado pelo papel:

Antes de começar a me concentrar em um determinado papel, antes de criar o círculo de atenção, antes de começar a incluir nele, ou em outros, novas "circunstâncias propostas" dadas a mim pelo papel, eu devo libertar a mim mesmo de todas as camadas e estratos da vida corrente, da energia cotidiana que ficou grudada em mim durante o dia de hoje, até o momento quando eu inicio a minha criação.[64]

63 Ibidem, p. 342-343.
64 C. Antárova, op. cit., p. 41.

O Processo de Criação da Voploschénie

Quando se fala em "libertar a mim mesmo de todas as camadas e estratos da vida corrente", é apontada uma diferença entre o eu-próprio e o eu-cotidiano, ou seja, o eu-cotidiano seria aquele eu da vida corrente que sobrecarrega de "camadas", e de entraves, o eu-próprio. É preciso estar vigilante, para não se deixar aprisionar pelos hábitos cotidianos. O que, de fato, constitui o meu eu-próprio e o que obstaculiza a minha criação? Estou repetindo algum tipo de padrão, seja em meus movimentos, seja em meus pensamentos? Como quebrar esse ciclo? É preciso se libertar das "camadas" que insistem em retornar. Esse despertar da consciência sobre si mesmo é essencial para a própria realização do trabalho sobre si mesmo buscado por Stanislávski.

Assim, a "toalete do ator", para Stanislávski, é como a afinação do instrumento-si mesmo. Para tocar um instrumento é preciso afiná-lo; para exercer o mais plenamente possível a sua arte é preciso que o ator se perceba, se exercite e limpe constantemente de si as convenções e os vícios adquiridos pela repetição cênica bem como pela repetição das suas tarefas do dia a dia. Trata-se de um processo interminável de verdadeira escuta de si mesmo.

No capítulo "Estado Geral Cênico", da segunda parte de *O Trabalho do Ator Sobre Si Mesmo*, encontra-se uma afirmação de Stanislávski de que a complexidade do aparato que o ator dispõe para a criação artística é expressa pela imagem de uma orquestra: "Os cantores cantam, os musicistas afinam os instrumentos, e os artistas da cena que se exercitem. Nosso instrumento de criação é mais complicado que um violino. Temos as mãos, os pés, o corpo, a mímica, a voz, os desejos, os sentidos, a imaginação, a relação, a adaptação. Não é brincadeira: toda uma orquestra. Uma orquestra, eu digo! Há o que afinar!"[65]

Nessa fala, o mestre russo coloca lado a lado elementos que, em um primeiro momento, poderiam parecer distantes ou divididos em "externos" e "internos", tais como mãos e desejos, pés e sentidos, corpo e imaginação, e isso diz muito sobre os propósitos

---

65 *Sobránie Sotchinéni v 9 Tomakh, t. 3: Rabota Aktiora Nad Soboi, Tchást' 2*, p. 346.

stanislavskianos. Ao apresentar tais elementos como uma orquestra, um verdadeiro coletivo que para obter êxito precisa funcionar em perfeito conjunto, Stanislávski quebra qualquer resquício de dúvida que possa ainda haver sobre a totalidade física e psíquica que buscava concretizar com o trabalho do ator sobre si mesmo. A afinação da "toalete do ator" envolve todos os elementos do Sistema na integridade do aparato do ator. É um trabalho que confere autonomia criativa ao ator permitindo que ele se torne um autêntico criador, pois lhe é dada a liberdade de trabalhar e criar a partir de suas próprias particularidades. Sendo assim, ele tem a possibilidade de passar a conhecer profundamente a si mesmo, toda a sua potencialidade artística. Para Tortsov, "o escultor molda o sonho a partir do bronze, enquanto o artista o cria a partir do seu próprio corpo"[66]. Assim, Stanislávski via o ator como escultor de si mesmo, como artesão, instrumento e artista de si – como Stradivari, Stradivarius e Paganini.

Quando o Ator Encontra o Germe, É Possível Que Ele Seja a Medida Justa da Sua Ação

A partir deste momento, abordaremos a prática da criação de *études* de animais, prática que observei durante o estágio doutoral ao acompanhar a turma do primeiro ano da Escola-estúdio do TAM, sob a orientação de Serguei Zemtsov, na cátedra de Maestria do Ator. Sendo assim, este estudo será permeado com minhas observações e anotações pessoais.

Ao direcionarmos a abordagem do processo da *voploschénie* para a criação de *études* de animais, podemos ser levados a pensar

66 Ibidem, p. 264.

O Processo de Criação da Voploschénie

sobre a libertação muscular. Nesse capítulo da obra *O Trabalho do Ator Sobre Si Mesmo*, Stanislávski evoca a imagem de um gato para exemplificar o alto grau de tensão que a maioria das pessoas carrega em seu sistema muscular. Os gatos, que são capazes de acionar com precisão os músculos necessários para a realização de determinado movimento, conseguem se colocar com frequência em um estado de prontidão, que lhes permite reagir com rapidez aos estímulos que surgem, e invariavelmente agem com absoluta fluidez e plasticidade em seus movimentos. Esse conjunto de habilidades aponta, segundo Stanislávski, para uma condição a ser buscada pelo ator em cena.

Segundo Tcherkásski, o exemplo do gato foi desenvolvido por Stanislávski a partir da sua leitura do livro *Hatha Yoga: Ou Filosofia Yogi do Bem-Estar Físico*, de Ramacharaka. Nessa obra, no capítulo traduzido para o português como "Ciência da Relaxação"[67], Ramacharaka afirma que "os gurus da Hatha Yoga quando ensinam a lição da relaxação, frequentemente dirigem a atenção do estudante para o gato ou algum outro felino, sendo a pantera e o leopardo uma ilustração favorita nas terras onde existem estes animais"[68]. Partindo desse ponto de vista, na obra de Stanislávski, Ivan Platónovitch[69], pedagogo assistente do mestre Tortsov, esclarece ao estudante Nazvánov que, ao deitar sobre a areia, os gatos deixam a marca de toda a parte do seu corpo que esteve em contato com o chão. Já a pessoa comum deixa apenas a marca da parte superior das costas e da região do sacro. Devido ao acúmulo de tensões, as demais partes do corpo provavelmente não conseguem chegar a tocar o chão a ponto de afundar na areia.

Contudo, no presente estudo, iremos além da relação entre a observação dos animais e o desenvolvimento da libertação muscular.

---

67 Esse mesmo capítulo está traduzido para a língua russa como Ciência Sobre A Libertação das Tensões Musculares.

68 Ramacharaka, *Hatha Yoga*, p. 168.

69 De acordo com Serguei Tcherkásski, essa personagem, criada por Stanislávski em sua obra literária para auxiliar na transmissão do Sistema, representaria o *alter ego* de Sulerjítski.

O *étude* de animais será abordado sob as seguintes possibilidades criativas: como meio inicial de aprendizagem das ações físicas; como exercício de criação da *perejivánie* e da *voploschénie* e como experiência do "salto qualitativo" do ator – a *perevoploschénie*. Na prática proposta por Zemtsov, que tem sua base metodológica no Sistema, os ensinamentos investigados por Stanislávski se manifestam em sua complexidade e riqueza criativa. A prática de criação de *études* de animais exige do estudante-ator profunda atenção, imaginação, tempo-ritmo e precisão, bem como capacidade de adaptação e de relação.

Sabe-se que Stanislávski propunha a realização de *études* coletivos a partir de temas como circo e zoológico, nos quais os estudantes-atores deviam exercitar a "toalete do ator". As melhores experimentações tinham a possibilidade de ser transformadas em espetáculos públicos. Segundo Maria Knebel, o exercício de representar um animal era um dos favoritos de Stanislávski. Ela mesma costumava propor esse exercício aos seus alunos, tanto no decorrer do Curso de Direção quanto nos exames de admissão, o que exigia deles imaginação, coragem, espontaneidade e capacidade de observação[70]. Ressaltamos também as referências ao mundo animal relacionadas ao papel de Hamlet, como descreve Stanislávski em *Minha Vida na Arte*, e em um ensaio de *Balladyna*, de Juliusz Slowacki (1809-1849), realizado pelo Primeiro Estúdio, como consta em *O Trabalho do Ator Sobre o Papel*.

No capítulo "Duncan e Craig", Stanislávski faz um relato do quadro criado por Gordon Craig (1872-1966), em *Hamlet*[71], para o espetáculo teatral apresentado no palácio. Ao perceber que o rei torna visível a sua própria culpa, Hamlet é comparado a um tigre que se lança em direção a ele e o persegue como se fosse uma fera atrás da caça[72].

---

70 M. Knebel, *Poéziia Pedagóguiki*, p. 26-27.
71 Como se sabe, o diretor e cenógrafo inglês Gordon Craig foi convidado por Stanislávski, no final de 1908, para encenar *Hamlet*, no Teatro de Arte de Moscou. O espetáculo estreou em 23 de dezembro de 1911.
72 Ver *Sobránie Sotchinéni v 9 Tomakh*, t. 1: *Moiá Jizn' v Iskússtve*, p. 422-423.

O Processo de Criação da Voploschénie

No ensaio de *Balladyna*[73], realizado na casa de Stanislávski em 15 de novembro de 1919, a atriz Serafima Birman (1890-1960) foi orientada sobre o papel de Goplana, uma sereia. Na fala de Stanislávski está evidenciado o seu esforço em retirar a atriz da linearidade, da ênfase dada às palavras e do sentimentalismo no qual ela se encontrava. Segue um trecho das anotações sobre a cena do encontro amoroso de Goplana com Grabets:

> Birman está em um único tom, sentimental; ela volteja igualmente, destaca de forma racional e dita todas as palavras. [...] Ensinei a falar os pensamentos. Percuti o esquema rítmico de seu papel (ou seja, da cena). O assobio de Grabets. Goplana adivinha a proximidade de uma pessoa, dele! Rajada de vento. Esconde Khokhlik. Prepara-se para o encontro. Voluptuosidade do peixe – animal escorregadio. Coquetismo e voluptuosidade – ela se move lentamente, abraça, quer beijar – apaixonada até a indecência. Ordena, ameaça, e assim gradualmente chega até o furacão[74].

Em ambos os exemplos, de *Hamlet* e de *Balladyna*, o comportamento e as características dos animais trazem imagens e referências concretas como estímulo para a criação do ator em cena. O animal sugere intensidade de vida e plasticidade, reforçando a proximidade existente entre o comportamento animal e seus instintos, e as camadas do caráter humano do papel. É interessante observar que, por meio da evocação da imagem da voluptuosidade do peixe, do seu modo característico de deslizar ao se movimentar, o ritmo da

---

73 Para facilitar a compreensão do leitor sobre as orientações de Stanislávski à Serafima Birman, faz-se necessário esclarecer alguns pontos sobre a tragédia *Balladyna*, obra do romantismo polonês escrita em 1834. A obra trata da ascensão e queda da personagem Balladyna, uma rainha eslava. A sereia Goplana, rainha do lago Goplo, papel de Birman, está apaixonada por Grabets, que, por sua vez, é o amor de Balladyna. Khokhlik, que é citado nas anotações do ensaio, é um servo de Goplana.

74 *Sobránie Sotchinéni v 9 Tomakh, t. 4*, p. 46.

própria personagem se torna mais perceptível, as possibilidades de ação e de adaptação são ampliadas, ganham expressividade cênica.

Nos exercícios que observei na Escola-estúdio do TAM, cada *étude* sobre animais era proposto individualmente pelos estudantes, e somente alguns experimentos foram realizados por mais de um estudante. O animal era de livre escolha, e os estudantes foram incentivados a observar os animais na rua, no zoológico ou em vídeos. A exigência básica era que o estudante deveria se apoiar em elementos concretos para o desenvolvimento do *étude*, tais como: que animal é esse, quantos anos ele tem, onde ele se encontra, que circunstâncias interagem com ele? Algo precisa acontecer e modificá-lo.

Tornava-se necessário, então, criar um acontecimento que tentasse ser o mais específico possível, lembrando que Stanislávski exigia que os estudantes-atores não atuassem "em geral". A criação de uma rede de detalhes permite a ampliação da fantasia e da imaginação do ator, o que traz novas nuanças e cores à história. É necessário também estar atento para o olhar do animal, para a plasticidade da sua movimentação e, o mais importante, não se deve mostrar, ou demonstrar o animal, e sim ser o animal. Ser o animal, isto é, o "eu existo" de Stanislávski – aqui está a possibilidade da experiência da *perevoploschénie*, o salto que gera a metamorfose do ator. O surgimento de uma "nova criação" existente que é outra, não é nem o ator e nem o papel.

No ensaio de 5 de setembro de 1919, do espetáculo *Caim*, de Byron, Stanislávski estava trabalhando com o ator que atuava no papel de Lúcifer e demonstrava dificuldade em desenvolver a sua criação, pois Lúcifer não poderia ser considerado humano. Conforme a orientação dada por Stanislávski, a abordagem do papel, independente de se tratar de uma pessoa ou não, deveria se iniciar pelo caráter humano da criatura e, somente depois disso, haveria a possibilidade de se chegar ao que ele chamou de "sobre-humano". Para explicitar a sua ideia, ele comparou a abordagem desse papel ao trabalho de preparação do terreno que deveria obrigatoriamente ser realizado para se chegar ao superconsciente, pois "quando você mete o dedo *diretamente* na esfera da superconsciência obtém o cliché, o artesanato, a afetação, a imitação"[75].

Quando Stanislávski disse que "se o corpo não passa a viver, a alma não acredita"[76], fazendo a ponte entre essa afirmação e a experiência do real ligada à natureza humana – ele enfatizou a criação psicofísica e orgânica da investigação, apontando para o que almejava alcançar: o superconsciente. Assim, Stanislávski buscou desenvolver no ator a capacidade de conferir caráter humano à sua criação, seja uma criatura sobre-humana como Lúcifer, seja um objeto, ou um animal[77]. É essa capacidade de revelar o caráter humano e de *perejivát'* do papel que permitirá o salto inconsciente da *perevoploschénie*, a ativação da potência criativa do superconsciente e a transformação do ator em uma imagem cênica viva.

Para exemplificar, ressaltamos algumas orientações de Zemtsov aos estudantes-atores observadas durante a aula de Maestria do Ator, no dia 31 de outubro de 2014. Nessa aula, os estudantes apresentaram seus *études* criados a partir do trabalho sobre animais. Reafirmamos que o animal trabalhado sempre é apresentado dentro de um acontecimento criado pelo estudante-ator – algo deve acontecer e provocar uma transformação no andamento do *étude*. O que se busca aqui é a experienciação do estudante-ator em outros modos de existir, ou seja, transformar-se, permanecendo ele mesmo, como referido por Stromov. Selecionamos alguns dos *études* e algumas das observações do professor:

– Canguru: é preciso desenvolver o caráter. Não consigo entender que canguru é esse, ele é único. Quais são as características que o especificam? O que ele gosta e o que ele não gosta? É necessário fantasiar mais, imaginar.

– Vaca: qual é o caráter, qual é a inteligência desse animal? Ele está com calor ou não? Está confortável ou não?

---

75 *Jizn' i Tvortchestvo K.S. Stanislavskogo, t. 3*, p. 71. (Grifo nosso.)
76 Referência à abordagem realizada no segundo capítulo do presente estudo.
77 Além dos *études* de animais, a criação de *études* de objetos, onde o estudante-ator busca dar vida a um objeto transformando-se no próprio objeto, também é parte do projeto pedagógico desenvolvido nas aulas de Serguei Zemtsov.

– Cachorro: tem um momento bom no qual acredito. É necessário atenção na plástica, no andar do cachorro. O que o cachorro entende? O que o incomoda? Qual é a história? Invente!

– Mosquito: ele é vampiro, quer beber sangue. Ele voa de outra forma, atenção na plástica. A silhueta na janela foi a melhor parte. Depois disso eu só vi a pessoa e não o animal.

– Sapo: ele está com frio ou não? Se alguma pessoa chegar, o que ele faz? Não tem vida interna. É de manhã, de tarde, de noite?

– Rato: é preciso inventar uma história, um acontecimento. Preparar a história seriamente, em detalhes. Ele quer comer? Tem que encontrar qual é o interesse dele. É preciso arriscar, inventar. Qual é o risco desse *étude*?

– Gato: boa plástica. Se esse é o território dele, existem muitos outros gatos querendo esse lugar. É um gato doméstico ou de rua? Os olhos – é preciso encontrar o olhar do gato. Faça o *étude* com um *partner*, dois gatos – o outro gato quer invadir o território. Observe na rua com o que eles se ocupam e como se movimentam.

– Vaca: como ela dorme? Como come? Você conhece uma vaca? Quais as características? Observe os olhos, como ela respira. O que você fez é representação.

– Morcego: qual é a história, o acontecimento? A plástica não está funcionando, mas a vida interna está correta. Ele está voando mal, é preciso buscar outra forma. Há caráter. É necessário trabalhar a plástica, fantasiar, pensar.

As orientações do pedagogo Zemtsov aos estudantes apontam para pistas importantes sobre o que se busca com esse trabalho. Acima de tudo, o que mais chamou a atenção na observação da prática de *études* de animais foi a orientação do pedagogo no sentido da revelação do caráter do animal criado pelos estudantes. Como cada animal, que é único – sujeito às particularidades do ator-estudante – se relaciona com as circunstâncias que vão surgindo e às invenções da sua imaginação? Como ele reage aos fatos? Assim, os atores-estudantes são levados a experienciar os processos de criação da *perejivánie* e da *voploschénie*. Nesse sentido, salientamos a observação de Zemtsov sobre o morcego

O Processo de Criação da Voploschénie

ao dizer que "a plástica não está funcionando, mas a vida interna está correta" e que "há caráter". A criação do estudante estava viva e era possível vislumbrar traços do caráter do animal, contudo o seu aparato corporal não estava suficientemente trabalhado para dar vazão a essa vida. Afinal, é preciso não apenas *perejivát*, mas também manifestar essa *perejivánie* no corpo do ator, torná-lo "corpo-vida".

Maria Knebel, na obra *A Poesia da Pedagogia*, antes de abordar em seu texto a criação de *études* de animais, escreve que busca entender o caráter humano com a ajuda dos seus grandes mestres. Para isso, ela recorre ao conceito de germe (*zerno*)[78]. Segundo Knebel, o germe "é a própria essência do ser humano, que se revela na maneira de perceber o mundo, na maneira de pensar, de se comportar e de olhar"[79]. De acordo com ela, ao observar os animais e a partir disso realizar a criação de *études*, o estudante está trabalhando sobre o germe, o caráter, a essência. A respeito da importância do conceito de germe, Knebel cita os escritos de um de seus mestres, Nemiróvitch-Dântchenko: "O germe da personagem – isso é o mais importante. Porém, é extremamente difícil defini-lo. Para isso, é necessário se aprofundar longamente na leitura da peça e em seu papel. A primeira definição frequentemente se mostra incorreta. [...] Mas, quando o ator encontra o germe, em cada momento ele pode ser a medida da justeza da sua ação."[80]

No capítulo "Superobjetivo, Ação Transversal", Stanislávski faz alguns esclarecimentos a respeito do entendimento sobre o germe. Para ele, a obra do autor surge das suas ideias e do seu sentimento como se fosse uma planta que nasce do germe. Stanislávski diz, por exemplo, que Dostoiévski durante toda a vida buscou encontrar Deus e o diabo no ser humano; que Tolstói aspirava ao aperfeiçoamento moral de si mesmo; que Tchékhov lutava contra a trivialidade e a burguesia e sonhava com uma vida melhor. Para Stanislávski, essas

---

78 Ver abordagem anterior no capítulo 2, supra.
79 M. Knebel, *Poéziia Pedagóguiki*, p. 186.
80 V.I. Nemiróvitch-Dântchenko, Conversa Com Diretores e Atores da Província, *Teatral'noe Nasledie: t.* 2, p. 248.

buscas, aspirações e sonhos os impulsionaram a escrever suas obras, ou seja, constituíram o motivo, o germe da sua obra. Desse modo, de acordo com Stanislávski:

> A transmissão em cena dos sentimentos e pensamentos do escritor, de seus sonhos, sofrimentos e alegrias, é a principal tarefa do espetáculo.
>
> De agora em diante vamos chamar esse objetivo essencial, primordial, universal, que atrai para si todas as tarefas sem exceção, que provoca a aspiração criadora do motor da vida psíquica e os elementos do estado geral do artista-papel. SUPEROBJETIVO DA OBRA DO AUTOR.[81]

O pedagogo Boris Golubovski, em seu artigo "O Ser Humano Através do Animal", afirma que "a essência de qualquer personagem é o seu 'germe', o que requer a *perevoploschénie* do intérprete"[82].

No momento que o estudante-ator se coloca em cena como determinado animal, necessariamente vai ocorrer uma mudança em seu pensamento, em seus desejos, em sua relação com o ambiente e com os *partners*, e essa mudança deve se manifestar em sua composição corporal. Aqui, faz-se necessário esclarecer um ponto importante para o entendimento desse exercício. Como não se trata de uma simples imitação da forma e das características nela presentes, e sim da busca por uma compreensão mais ampla do animal, ou seja, da sua essência e da manifestação dessa essência por meio da plástica corporal, torna-se dispensável a utilização de máscaras, figurinos ou de algum elemento ilustrativo que represente de maneira figurativa esse animal. A transformação deve acontecer no próprio estudante, psicofisicamente, por isso esse processo pode ser relacionado ao processo da *perevoploschénie*.

Knebel descreve que no processo de criação desse tipo de *étude*, em primeiro lugar, o estudante vai ao zoológico e escolhe o animal

---

81 *Sobránie Sotchinéni v 9 Tomakh, t. 2: Rabota Aktiora Nad Soboi, Tchást' 1*, p. 411-412.
82 B. Golubovski, em N. Zvéreva (org.), *Masterstvo Rejissiora I-V Kúrsy*, p. 113.

O Processo de Criação da Voploschénie

que gostaria de atuar, depois disso, se empenha em assimilar a sua expressão plástica, a expressão do seu olhar. Para ela, quanto mais o germe do animal é captado, mais intensamente se revela a própria personalidade do estudante. Ela cita o exemplo de um estudante que atuava uma girafa: "A girafa olhava para todos majestosamente e com indiferença. [...] Sua arrogância não tinha limites. Em quaisquer circunstâncias ela mantinha uma graça grandiosa"[83].

Golubovski também aponta para a possibilidade de encontrar no animal um caráter semelhante ao humano:

> a covardia da lebre, a astúcia da raposa, a força do búfalo, a insinuação do perigo da pantera, a grandeza e a autoconfiança do leão. Coruja – sábia; rato – ágil; chacal – infame; e assim por diante. [...] a própria menção de um animal em particular determina a concentração de traços típicos do seu "caráter", a orientação das aspirações, o temperamento.[84]

Para Knebel, seria mais simples estudar e representar os animais do que fazer o mesmo com o ser humano. O caráter do animal deve transparecer imediatamente na plástica corporal do ator por meio de suas reações e do seu comportamento, por isso, o frescor e a espontaneidade do jogo surgem com mais facilidade. Assim, nas palavras de Knebel: "Seguimos firmemente com o objetivo de entrar na pele do animal escolhido para conduzir de dentro a virada da sua cabeça ou o movimento das suas patas. No entanto, aqui há um elemento de jogo. Esse jogo é tal como observamos nas crianças, que acreditam firmemente que são lebres ou ursos. Essa fé, ingênua e infantil, deve nos acompanhar por toda a vida."[85]

Quando Zemtsov diz "só vi a pessoa e não o animal", entendemos que é como dizer "só vejo o ator e não a criação", ou seja, o estudante-ator não se apropriou das características do animal que escolheu,

83 M. Knebel, *Poéziia Pedagóguiki*, p. 189.
84 B. Golubovski, em N. Zvéreva (org.), *Masterstvo Rejissiora I-V Kúrsy*, p. 112.
85 M. Knebel, *Poéziia Pedagóguiki*, p. 187.

de suas nuanças, do que ele faz e de como faz, bem como da sua energia e do seu caráter. Quando não há crença nessa outra realidade, não há jogo. É a capacidade da fé nas circunstâncias propostas do animal e a realização de ações dentro dessas circunstâncias, junto com a capacidade física para a transformação plástica que conduzirão o ator à revelação do caráter.

Observamos também que na fala de Zemtsov sobre o *étude* do cachorro aparece a referência ao "eu acredito", de Stanislávski. Stanislávski costumava dizer "eu acredito" (*vériu*) ou "eu não acredito" (*ne vériu*) para os atores e estudantes a fim de avaliar se a atuação estava coerente e viva. Por exemplo, no anexo da segunda parte de *O Trabalho do Ator Sobre Si Mesmo*, denominado "Treinamento e Disciplina", Tortsov propôs aos estudantes que realizassem o *étude* da preparação de uma mesa para cinco pessoas. Na primeira vez, eles puderam utilizar todos os objetos necessários a essa tarefa, mas não havia um motivo para a situação proposta. No segundo momento, Tortsov propôs uma justificativa para a ação: a estudante Malolétkova estava recebendo pessoas em seu apartamento e precisava de ajuda para colocar a mesa. Novamente, os estudantes utilizaram os objetos condizentes com a situação. A entrada da justificativa fez com que se tornasse necessário esclarecer detalhes do *étude*, tais como quem é cada um dos participantes, qual a sua relação com Malolétkova, como são as relações entre cada um deles, por que estavam reunidos, entre outros detalhes. Em um terceiro momento realizaram o *étude* em um ambiente que se abria a espectadores desconhecidos. De acordo com o estudante Nazvánov, a tarefa se tornou mais difícil, e Tortsov exigia cada vez mais "a justificativa de cada momento das nossas ações em cena. A cada instante, ele teve que interromper para não nos deixar cair na afetação e na falsidade que, contra a vontade, se insinuavam em nossas ações"[86]. E então Nazvánov relata o que Tortsov diz a um dos estudantes: "Não acredito". Pois a pressa com que ele distribuía os talheres não estava justificada, e ele parecia

---

86 *Sobránie Sotchinéni v 9 Tomakh, t. 3: Rabota Aktiora Nad Soboi, Tchást' 2*, p. 393.

O Processo de Criação da Voploschénie

estar mais preocupado com os espectadores do que com os *partners* da cena. Em seguida, foi proposta a realização do *étude* com objetos imaginários, o que exigiu ainda mais da capacidade da fé dos estudantes no que realizavam em cena para que a sua crença e a vida despertada pela justificativa das ações ressoassem nos espectadores.

Nesse sentido, pode ser esclarecedor retornarmos ao seguinte momento da conversa de Stanislávski com os estudantes do Curso de Direção do Gitis, em 1938: "Onde vocês irão procurar a justificativa para as suas ações? Certamente em suas memórias, nos sentimentos, nas circunstâncias da vida, análogas à vida do papel. Vocês começam, sob a ação do papel, a se acercar das suas memórias pessoais, retiradas da vida. Então, essas ações se tornarão vivas."[87]

Na quarta conversa de Stanislávski com os atores-cantores do Estúdio de Ópera do Teatro Bolshói, ao tratar dos fundamentos da arte viva sobre o "eu existo", Stanislávski concluiu o seu pensamento:

> Desejo a todos vocês que se livrem o mais depressa possível de qualquer afetação e que estejam sempre vivos em seus papéis. Estar sempre vestidos de capas feitas de sentimentos e pensamentos verdadeiros reverberados. Com isso, vocês não apenas colocam os espectadores em atenção a tudo o que se faz em cena, mas também, fazem com que todas as suas canções sejam pensamento-palavra-som e, então, eu direi a vocês, junto com os espectadores: "Eu acredito".[88]

Nessa fala de Stanislávski, explicita-se ainda mais o que significa dizer "eu acredito" aos atores, trata-se da própria percepção da vida em cena. A ideia de reverberar "os sentimentos e os pensamentos verdadeiros" encontra amparo na fala de Stanislávski citada anteriormente sobre a função primordial da *voploschénie* na arte do ator: "tornar visível a vida criativa invisível do artista". Stanislávski reafirma, assim,

---

87 C. Stanislávski, em I. Vinográdskaia, *Stanislávski Repetíruet*, p. 496-497.
88 C. Antárova, op. cit., p. 35.

a sua busca incansável por um ator que seja capaz de integrar sensivelmente a vida e a forma de expressão utilizada em cena.

De volta às observações realizadas nas aulas de Zemtsov, também foi percebido que o fracasso de um *étude* não era encarado de modo negativo pelo pedagogo, e sim como parte esperada do processo, como uma nova chance do estudante se lançar mais intensamente na fantasia e arriscar-se sem receio de errar, colocando em prática a orientação do pedagogo para que mantivesse a atenção nos pontos fracos pelos quais o *étude* anterior falhou. O estímulo da fantasia e da imaginação dos estudantes em suas criações é recorrente, pode-se dizer que é uma exigência permanente, uma condição essencial para o bom andamento do *étude* e para o próprio desenvolvimento do estudante como ator-criador.

Nesse sentido, observamos mais um fruto valioso da herança stanislavskiana: a busca pela autonomia criativa do ator. A prática do *étude* permite ao estudante-ator se tornar responsável pela sua própria criação, o que o torna criativamente independente do diretor ou do pedagogo – o estudante-ator (criador) não fica à espera de que alguém lhe diga o que ou como fazer. O seu dever é experimentar e apresentar propostas, inventar, pensar, se arriscar e aprender com as falhas e acertos.

Como observadora da prática dos estudantes-atores de Zemtsov, percebi que, quando o pedagogo apontava para alguma vida nos *études*, significava que impressões, imagens e associações estavam sendo geradas. Em suma, que o *étude* despertava a imaginação por meio das sutilezas da sua execução. Percebi que eu via e acreditava na existência daquela criação, o ator-animal. Em cada *étude* que fracassava, na avaliação do pedagogo, também havia características em comum: a ilustração dominando os movimentos, a representação atoral, a falta de mudança no olhar – permanecia sendo o olhar do estudante, sem a presença do caráter do animal – e ainda a realização de gestos e movimentos sem nenhuma necessidade. Nesse caso, eu via e não acreditava, isto é, não era tocada ou envolvida por nenhuma impressão que fosse além do fato de estar observando o procedimento da execução de um exercício por um estudante em sala de aula.

É preciso ressaltar que todos os elementos do Sistema estão naturalmente presentes na prática da criação dos *études* de animais. Ao se colocar em ação, dentro de um acontecimento, reagindo às circunstâncias propostas, o estudante-ator é levado a acessar a imaginação, o "se" mágico, a libertação muscular, o tempo-ritmo, a relação, a atenção cênica, a fé e o sentido da verdade, a memória emocional, a plasticidade e assim por diante.

Dito isso, voltemos a Ramacharaka e a sua descrição do gato como:

> um formoso quadro de intensa vitalidade em repouso, mas disposto para a ação instantânea. [...] Não há desperdício de movimento ou tensão; tudo está em calma e quando chega o momento da ação, o prana precipita-se nos músculos frescos e nos nervos descansados e a ação segue ao pensamento como a chispa produzida pela máquina elétrica[89].

Destacamos nessa citação os seguintes trechos: a "intensa vitalidade" do gato e a observação de que nele "não há desperdício de movimento ou tensão", bem como de que a sua "ação segue o pensamento como a chispa produzida pela máquina elétrica". Sem grandes diferenças, podemos relacionar esses princípios com os fundamentos desenvolvidos por Stanislávski para a arte do ator. Tais princípios estão presentes no necessário aperfeiçoamento da plástica, na busca pela precisão e pela vida nas ações e na conexão instantânea entre o que se quer e o que se faz para alcançar o que quer em cena. Todos esses componentes se encontram no caminho a ser trilhado pelo ator para a criação da *voploschénie*.

---

89 Ramacharaka, *Hatha Yoga*, p. 168.

Algumas Considerações...

A atenção com a plasticidade é exigida aos estudantes da Escola-estúdio, não somente na prática criativa dos *études*, mas em cada exercício de treinamento realizado em sala de aula. Diante disso, fizemos uma ponte com ensinamentos de Stanislávski expostos no capítulo IX – "Domínio de Si Mesmo e Toque Final", da segunda parte d' *O Trabalho do Ator Sobre Si Mesmo*. Nesse capítulo, o mestre Tortsov discorre sobre o dano que os gestos supérfluos causam ao trabalho do ator e os compara com as manchas e com a sujeira que interferem na qualidade de um desenho feito em uma folha de papel que não está limpa. Para ele, "os gestos excessivos do ator são como manchas e riscos inúteis. Eles embaralham o desenho do papel. A sua linha se perde no caos de gestos desnecessários e desaparece em meio a eles. Por isso, antes de tudo, extermine completamente os gestos em excesso e permita apenas os movimentos e as ações que são necessários ao papel"[90].

O problema dos gestos sem justificativa também é abordado por Stanislávski no capítulo "Cultura Física", no qual critica as poses convencionais do balé, segundo ele: "há muitos bailarinos que, ao dançar, agitam os braços, mostram aos espectadores as suas poses, gestos, admirando-os de fora. Utilizam o movimento e a plástica pelo próprio movimento e plasticidade. Eles aprendem a sua dança como "passo", sem relação com o conteúdo interno e criam uma forma desprovida de essência"[91].

Com a busca pelo domínio de si mesmo Stanislávski realiza uma discussão que ultrapassa o problema da forma vazia e convencional da virtuose que muitas vezes está presente não apenas no balé, mas também em outras manifestações das artes cênicas, e contra a qual o ator precisa lutar. Trata-se também de eliminar todo e qualquer gesto

---

90 *Sobránie Sotchinéni v 9 Tomakh, t. 3: Rabota Aktiora Nad Soboi, Tchást' 2*, p. 252.
91 Ibidem, p. 28.

O Processo de Criação da Voploschénie

que ofusque a nitidez e a precisão da ação. Assim, todo movimento que dissipe a força da ação realizada pelo ator deve ser percebido e eliminado.

Para Stanislávski, o caos causado pelos gestos em demasia dilui e torna imperceptíveis os movimentos que são de fato necessários ao desenho do papel. Ele buscou explicitar a sua ideia ao evocar a imagem de "uma gota de um vinho inebriante em um copo grande cheio de água até a borda"[92]. Segundo ele, quando se elimina os gestos em excesso, os movimentos necessários são trazidos para o primeiro plano, conferindo-lhes o significado e a força de um vinho intenso que não foi diluído na água. Prosseguindo com o seu pensamento, Stanislávski, ou melhor, Tortsov, chega a afirmar que nenhum gesto é necessário ao ator, ou seja, se o ator necessita realizar algum gesto é porque ele já deixou de ser gesto e se tornou ação.

Para finalizar, propomos uma reflexão que conecte o processo da *voploschénie*, a arte da *perejivánie* e o superconsciente no trabalho do ator sobre si mesmo. Nesse sentido, os questionamentos levantados por Stanislávski no capítulo denominado "O Estúdio da Povarskáia", de *Minha Vida na Arte*, nos parecem apropriados. Como vimos, pouco antes da formação do Estúdio Teatral, de 1905, Stanislávski relatou estar em conflito com seu próprio trabalho de ator. Ele se sentia vazio em cena, dominado por hábitos atorais.

Nessa época, a preocupação dele era sobretudo pelo fato de que a busca pela renovação que estava acontecendo em outras manifestações artísticas ainda não havia alcançado a arte teatral, ou melhor, havia alcançada apenas nos meios externos. Stanislávski se encanta, então, pela obra de Mikhail Vrubel (1856-1910) e percebe nela traços inacessíveis à consciência, tais como gostaria que as artes cênicas suscitassem – um conteúdo que se comunica para além da forma, isto é, por meio de vislumbres da superconsciência. A partir disso, questiona:

---

92 Ibidem, p. 252.

será que nós, artistas da cena, estamos condenados, por causa da materialidade do próprio corpo, a servir e a transmitir eternamente apenas o que é grosseiramente real?"

[...]

E os ginastas que, como pássaros, voam de trapézio em trapézio? Não dá para acreditar que eles possuam carne e corpo. Por que, então, para nós artistas do drama não é possível a dispensa da matéria, não é possível a imaterialidade? É preciso buscar! É preciso elaborá-la em si[93].

O conflito de Stanislávski se manifesta aqui essencialmente pela falta de preparo do aparato psicofísico dos atores da época, considerando que ele ainda estava em busca de meios para reverter essa condição precária que afeta e condiciona a realização cênica. Que tipo de treino e de exercícios necessitaria o ator para desenvolver em si mesmo a disponibilidade física, afetiva e psíquica que o conduziria à plena realização artística em cena? Naquele momento, parecia a Stanislávski que o problema era a própria materialidade do corpo que atrapalhava a manifestação dos valores elevados da alma. Ao mesmo tempo, ele acabou por perceber que o real problema era o despreparo do ator que, acomodado às conformações de sua vida cotidiana, possuía um corpo bruto, tosco, sem aperfeiçoamento. Perguntava-se: como, por meio de um corpo material, habituado à vida cotidiana, sem aprimoramento e sem expressividade, seria possível transmitir "o superconsciente, a elevação, a distinção da vida do espírito humano – tudo aquilo de belo e profundo que existe em Vrubel, Maeterlinck e Ibsen?"[94]

A questão é: como transformar essa "matéria grosseira" do aparato corporal da *voploschénie* em um instrumento apto a suscitar e transmitir a vida criativa invisível, imaterial, intuitiva? Stanislávski visa ao aperfeiçoamento das habilidades que estão ao alcance do domínio

---

93 *Sobránie Sotchinéni v 9 Tomakh, t. 1: Moiá Jizn' v Iskússtve*, p. 356.
94 Ibidem, p. 355.

do ser humano, mas também reconhece que a parte mais importante do trabalho do ator – as manifestações psicofísicas intuitivas e inconscientes que se encontram na esfera superconsciente – quem realiza é a natureza. É necessário que o aparato psicofísico do ator esteja inteiramente preparado e afinado para que ele possa se revelar como um "corpo-vida" que manifesta, com precisão e fluidez, tamanha sutileza inacessível à consciência humana que tem como base as leis da própria natureza.

A Herança Viva
de Stanislávski

A minha tarefa é falar com o ator em sua língua. Não filosofar sobre arte, o que em minha opinião é muito enfadonho, mas revelar de uma forma simples os métodos da psicotécnica que são necessários na prática do ator, principalmente no que se refere às esferas internas da arte da perejivánie *e da* perevoploschénie. [...] *Este é o meu último dever perante a arte e perante os jovens, as jovens e futuras gerações, e eu gostaria de realizá-lo antes de morrer.*

c. STANISLÁVSKI, *Parte 1: Artigos. Discursos. Respostas. Notas. Memórias: 1917-1938.*

A fala de Stanislávski escolhida para abrir este capítulo foi publicada no jornal *Arte Soviética* no dia 27 de dezembro de 1932, como resposta à pergunta do jornal a respeito dos seus próximos livros acerca do Sistema. Até então, como sabemos, apenas *Minha Vida na Arte* havia sido publicado. É perceptível na fala de Stanislávski o seu esforço em constituir uma psicotécnica pela prática que permitisse ao ator abrir caminhos concretos em si mesmo para a realização dos processos criadores da *perejivánie* e da *voploschénie* e, por consequência, dar o possível salto qualitativo para a *perevoploschénie*. Com isso, retornamos à base do Sistema, tantas vezes evocada por Stanislávski: alcançar o superconsciente por meio de meios conscientes.

Neste capítulo, buscaremos traçar alguns dos princípios que constituem a base artística e pedagógica da Escola-estúdio do TAM, tratando tais princípios como parte fundamental do legado deixado por Stanislávski. Para tanto, iniciaremos com a abordagem de concepções e ensinamentos que estão intimamente ligados à ideia de estúdio, os quais, a nosso ver, permanecem até os dias de hoje na base da Escola-estúdio. Em seguida, a fim de ampliar nossa compreensão sobre a importância conferida por Stanislávski à educação do ator, traremos apontamentos escritos pelo mestre russo em 1933 sobre a pedagogia teatral idealizada por ele para a criação de uma academia de formação teatral vinculada ao TAM (a Escola-estúdio foi fundada em 1943). E, por meio de fragmentos selecionados de entrevistas que realizei com pedagogos da Escola-estúdio do TAM, em 2014 e em 2015, durante o período de estágio doutoral, intencionaremos esclarecer a relação fundamental existente entre a Escola-estúdio e o Sistema de Stanislávski.

Em primeiro lugar, para compreendermos as raízes da Escola-estúdio do TAM, que foram sendo desenvolvidas em profunda conexão com o próprio desenvolvimento do Sistema, é preciso considerar que o valor atribuído por Stanislávski à formação/educação do ator foi significativo em sua trajetória desde a juventude.

Logo no início de suas pesquisas, Stanislávski percebeu que o desenvolvimento do Sistema se daria por meio da experimentação realizada com jovens atores, com aprendizes, e que as descobertas do Sistema poderiam servir à formação de uma nova geração de atores com conhecimento profundo e pleno domínio de sua própria arte. Nisso consiste o caráter intrinsecamente pedagógico do Sistema. A pedagogia teatral proposta por Stanislávski por meio do Sistema e o desejo de se fazer entender pelo ator da forma mais simples e direta possível estão explicitados em sua decisão de expor o trabalho do ator sobre si mesmo na forma do diário de um aprendiz.

Em 5 de novembro de 1888, como se sabe, Stanislávski, juntamente com Fiódor P. Komissarjévski (1838-1905)[1] e Aleksandr F. Fedotov (1841-1895)[2], inaugurou a Sociedade Moscovita de Arte e de Literatura. A Sociedade também contava com uma Escola de Drama e Ópera, tendo Komissarjévski e Fedotov como professores. O objetivo da Sociedade e da Escola era difundir e desenvolver o conhecimento em arte e literatura ao promover a reunião de diversos artistas e estudantes. Alguns meses antes da fundação da Sociedade, em uma carta datada de 24 de julho de 1888[3], refletindo sobre a criação dessa futura Escola anexa à Sociedade, Komissarjévski pediu a Stanislávski que estudasse detalhadamente "todos os regulamentos pedagógicos" do Conservatório de Paris, incluindo "o programa de distribuição das disciplinas científicas" e a duração de cada disciplina. De fato, durante os meses de agosto e setembro de 1888[4], Stanislávski esteve na França para estudar o sistema de ensino do Conservatório de Paris e acompanhar as aulas de arte dramática desse instituto.

Dez anos depois, em 1898, foi fundado o TAM, e já no terceiro ano da sua fundação foi criada uma Escola anexa a ele que, tal como na Sociedade Moscovita, funcionava apenas em nível técnico. Nos anos 1930, Stanislávski manifestava abertamente o desejo de criar uma escola de formação acadêmica de atores vinculada ao TAM e passou a organizar, em parceria com Nemiróvitch-Dântchenko, os meios necessários para a sua concretização. Após a morte de Stanislávski, em 1938, Nemiróvitch-Dântchenko se viu sozinho nessa tarefa, a qual buscou realizar até o fim de sua vida[5]. Desse modo, foi Nemiróvitch-Dântchenko quem, por fim, conseguiu levar a cabo a criação dessa escola – a Escola-estúdio – que, em sua homenagem, carrega

---

1   Fiódor P. Komissarjévski foi professor do Conservatório de Moscou e cantor de ópera.
2   Aleksandr F. Fedotov foi ator do Teatro Mali, diretor e dramaturgo.
3   Ver I. Vinográdskaia, *Jizn' i Tvortchestvo K.S. Stanislavskogo, t. 1*, p. 91.
4   Ibidem, p. 93.
5   Vladímir Nemiróvitch-Dântchenko faleceu em 26 de abril de 1943.

A Herança Viva de Stanislávski

o seu nome: Escola-estúdio do Teatro de Arte de Moscou Vladímir Nemiróvitch-Dântchenko. A abertura oficial da Escola-estúdio do TAM, instituição herdeira dos ensinamentos stanislavskianos e que se configura na concretização mais direta da academia teatral buscada por Stanislávski, aconteceu em 20 de outubro de 1943, após a seleção dos estudantes da primeira turma realizada durante o verão do mesmo ano.

Pela perspectiva do Sistema, o trabalho do ator sobre si mesmo deveria permanecer vivo, em contínuo desenvolvimento durante toda a vida artística do ator e, por isso mesmo, Stanislávski defendia que esse trabalho deveria ser posto em prática pelo estudante-ator logo em seus primeiros passos de aprendizado na arte teatral.

"O Estúdio É o Lugar Onde o Ser Humano Deve Aprender a Observar o Seu Próprio Caráter e as Suas Forças Internas"

O estúdio é aquela etapa inicial, onde devem ser reunidas pessoas que tenham inteira consciência e que percebam com clareza que toda a vida do ser humano é a sua própria criação e que ele quer essa criação para si mesmo apenas no teatro e que exatamente no teatro se encontra toda a sua vida. O ser humano-artista deve compreender que não existem causas externas que atuam e influenciam na criação, que existe somente um impulso criador: são as forças criadoras que cada um traz em si mesmo. A criação de estúdios trouxe luz para o caos da ignorância dos teatros do passado, onde as pessoas se reuniam como se fosse para algo criativo, mas, na realidade, estavam em busca da sua própria glorificação, da fama fácil, da vida frívola e desregrada, para o uso da chamada "inspiração".[6]

O fragmento textual citado é parte da terceira conversa de Stanislávski com os artistas-estudantes do Estúdio do Teatro Bolshói[7], ocorrida em outubro de 1918. Nessa fala de Stanislávski, é nítida a necessidade de se constituir um coletivo que seja harmônico em sua visão artística e em sua busca pessoal. Os valores sobre os quais Stanislávski discorreu, nessa ocasião, apontam para uma relação vida/arte que guia a própria existência do indivíduo-ator. O teatro se apresenta, em tal contexto, como uma possibilidade para o desenvolvimento do indivíduo como ser humano-artista, pela percepção das forças criadoras que o habitam e sua manifestação por meio da criação. A busca artística de Stanislávski caminhava, assim, na direção de capacitar o ator como criador. Por isso, criticava a busca pela inspiração ligada a aspirações que não contemplassem o amor pela arte.

Seguimos com nossa reflexão com mais um fragmento da fala de Stanislávski:

> O estúdio deve viver pleno de ações de organização; deve reinar nele o completo respeito de uns com os outros e pelos que os rodeiam; o desenvolvimento da atenção plena deve constituir na base primeira da bagagem espiritual daqueles que querem estudar no estúdio. O estúdio deve ensinar o artista a se concentrar e a encontrar para isso recursos auxiliares agradáveis, a desenvolver a força em si mesmo com leveza, alegria e paixão, sem enxergar as tarefas inevitáveis como algo insuportável.[8]

Esse grau de respeito, de amor e de devoção à arte deveria se refletir nas relações existentes entre todas as pessoas que compartilham do trabalho criativo no estúdio e se estender à vida pessoal

---

6   C. Antárova, op. cit., p. 25.
7   Uma das trinta registradas por Concórdia Antárova em *Conversas de C.S. Stanislávski...*,
8   C. Antárova, op. cit., p. 26-27.

A Herança Viva de Stanislávski

de cada indivíduo que se propunha a estudar e a realizar esse trabalho. A ética, a disciplina e a disponibilidade deveriam ser ponto comum entre os membros do coletivo, sendo aprofundado no dia a dia das atividades do estúdio.

> A primeira coisa que o estúdio deve ensinar ao artista é que todas, todas as suas forças criadoras estão nele mesmo. O olhar introspectivo sobre o trabalho e as coisas, a busca em si mesmo pela força, pelas causas e pelas consequências da sua criação devem se tornar o princípio de todos os começos de aprendizagem.
>
> [...]
>
> O estúdio é o lugar onde o ser humano deve aprender a observar o seu próprio caráter e as suas forças internas, onde é necessário educar o hábito de pensar que não está apenas passando pela vida, mas que ama a arte e que quer por meio da criação e de todas as pessoas, através e a partir de si mesmo, preencher o dia com a alegria e a felicidade da sua arte.
>
> [...]
>
> O estúdio é como o vestíbulo do templo da arte.[9]

Assim, a arte foi alçada por Stanislávski ao campo do sagrado e o estúdio foi colocado como a antessala; o limiar para o teatro/templo da arte. É como se a arte se tornasse uma via que possibilitasse, ao mesmo tempo, a entrega e a descoberta de si mesmo, de suas forças criativas, à realização artística. O estúdio, esse "templo da arte", seria, então, como um potencializador dessas forças que, a cada entrega, em vez de exaurir, evidenciam o artista-ser humano como reservatório inesgotável de riquezas.

No prefácio para a primeira edição da obra publicada por Antárova, Liubov Gurévitch afirma que Stanislávski constantemente voltava o seu pensamento para a ética, a educação e a disciplina artística do ator e procurava tratar dessas questões tanto em sua

9 Ibidem, p. 25-26.

prática cênica quanto na escrita sobre o Sistema. Para reafirmar a importância que o cultivo desses valores representava para Stanislávski, citamos Gurévitch:

> A sua irmã Z.S. Sokolova, que trabalhou por muitos anos lado a lado nos estúdios liderados por ele [Stanislávski], em sua carta para C. Antárova a propósito da publicação de seus registros diz: "Konstantin Serguéievitch estava muito triste já que não conseguiria escrever um livro sobre a ética, especialmente, do ator. Em vossos registros, especialmente nas doze primeiras conversas, ele fala muito sobre a ética, e nas demais conversas não são poucos os pensamentos de caráter ético que se encontram disseminados. Mais de uma vez meu irmão me disse: 'Talvez um livro sobre a ética seja o mais necessário, mas... eu não o conseguirei escrever'".[10]

Para se falar sobre a herança viva de Stanislávski é preciso direcionar a nossa visão para os princípios fundamentais elaborados e transmitidos de mestres para aprendizes no trabalho realizado nos estúdios. E é importante considerar que a ética permeia todos esses princípios e que sem ela o Sistema perde a sustentação e o propósito artístico. Ao reconhecermos tais princípios que foram cultivados ao longo do tempo, será possível perceber que ainda hoje esses ensinamentos permanecem na base pedagógica da Escola-estúdio do TAM, pois as experiências dos estúdios russos têm muito a nos dizer sobre a pedagogia teatral que foi sendo lapidada pela prática criativa do Sistema de Stanislávski.

---

10 L. Gurévitch, Prefácio, em C. Antárova, op. cit., p. 11.

O Caráter Laboratorial Atrelado à Noção de Estúdio

Em primeiro lugar, ressaltamos que a presença da palavra "estúdio" compondo a denominação da Escola-estúdio do TAM não deve ser ignorada, pois ela expõe o caráter que está presente em suas raízes – um caráter laboratorial. Como já citado, em 1905 Stanislávski, envolvido por seus questionamentos artísticos, reconheceu que Meierhold havia encontrado novos caminhos para a arte teatral junto de sua trupe na província e o convidou para dirigir um espaço de trabalho laboratorial em Moscou, apartado das obrigações de um teatro com espetáculos diários. Meierhold nomeou esse espaço de Teatro-Estúdio. O Teatro-Estúdio, nas palavras de Stanislávski, "não é um teatro pronto e não é uma escola para iniciantes, mas um laboratório para experiências de artistas mais ou menos preparados"[11]. O objetivo de Stanislávski com esse espaço era a busca por novos caminhos e meios que permitissem a renovação da arte teatral, o que naquele momento se encontrava especialmente conectado ao seu interesse pelo simbolismo. Para que essa renovação se tornasse possível, ele acreditava que era necessário realizar um trabalho prévio de experimentação com os artistas.

Poucos anos após a experiência com o Teatro-Estúdio, refletindo sobre o "Teatro do Futuro", Meierhold declarava:

> Seivas frescas na terra recém-arada. Não será nos "grandes teatros" que as novas pessoas começarão a nutrir seus brotos criativos. Nas células ("estúdios") nascerão as novas ideias. Daqui sairão as novas pessoas. A experiência mostrou que o "grande teatro" não pode se tornar um teatro de buscas, e as tentativas de colocar sob o mesmo teto um teatro concluído para o público e um teatro-estúdio foram certamente um fiasco.

---

11 *Moiá Jizn' v Iskússtve*, p. 358.

Já chegou o tempo: os estúdios viverão suas vidas por conta própria, independentemente, não começarão seus trabalhos anexados a um teatro, mas constituindo eles mesmos novas escolas, a partir das quais nascerão os novos teatros.[12]

As "novas pessoas" para Meierhold seriam os iniciadores do "Teatro do Futuro". Embora a experiência de 1905 não tenha sido totalmente exitosa, ela confirmou tanto para Stanislávski quanto para Meierhold que o espaço de investigação teatral não poderia funcionar dentro de um teatro comum voltado para a produção de espetáculos. As novas possibilidades teatrais somente poderiam ser germinadas e reveladas em espaços dedicados à investigação laboratorial. E, de fato, os estúdios tiveram uma importância incalculável para o desenvolvimento do teatro russo. Nesse sentido, fazemos aqui uma ligação com um tema tratado anteriormente, o Primeiro Estúdio do TAM. O espaço de laboratório que antecedeu todos os estúdios que fervilharam na vida teatral russa durante essas décadas foi o Primeiro Estúdio do TAM criado, em 1912, por Stanislávski e conduzido por Sulerjítski com o objetivo primordial de experimentar o Sistema.

No trecho da carta-relatório escrita por Sulerjítski a Górki em 1913, é possível ter uma ideia do andamento das experimentações que estavam sendo conduzidas pelo emprego de princípios da improvisação, àquela época, no Primeiro Estúdio:

> Dei temas conforme o que eu desejava obter dos estudantes: concentração, temperamento, capacidade de se comunicar com o *partner*, capacidade de influenciar o objeto vivo de um modo ou de outro e assim por diante...
>
> Às vezes, quando não havia fantasia suficiente no tema, eu escolhia algum conto ou o episódio de um conto, e os estudantes atuavam sobre o tema com as suas próprias palavras, mas, aqui de novo, sobre o tema proposto, e não sobre

---

12   V.S. Meierhold, *Stat'i, Pís'ma, Rétchi, Bessêdy, 2 v., Tchast' 1*, p. 171.

personagens. [...] Em geral, nós não combinávamos premeditadamente quais seriam as cenas, tudo isso acontecia por si mesmo, e só depois começávamos a distribuí-las em uma determinada ordem, para não atrapalhar um ao outro.[13]

A descrição de Sulerjítski evidencia não apenas o caráter laboratorial que envolve a ideia de estúdio, mas também traz algumas indicações sobre a metodologia que foi se desenvolvendo ao longo do tempo e possibilitou, posteriormente, a elaboração do método de análise ativa e do método das ações físicas. Os elementos concentração, comunicação (relação) e irradiação surgem logo no início do relato de Sulerjítski. E, ao dizer que os estudantes atuavam sobre um tema com as suas próprias palavras sem pensar em personagens, Sulerjítski aponta para a experimentação da prática que orientou Stanislávski nos anos 1930, a criação de *études*.

Enfim, é visível o caráter atual – o fato de não se trabalhar a criação necessariamente sobre personagens, e sim sobre algum tema ou episódio de um conto, por exemplo, nos leva a pensar nessa direção – bem como a relevância do trabalho laboratorial empreendido por Stanislávski, em conjunto com Sulerjítski, nesse período histórico. Afinal, os estúdios possibilitaram que o Sistema fosse colocado em prática para que pudesse ser experimentado e posto à prova, o que permitiu seu amadurecimento. Portanto, compreender que a partir do processo de laboratório do Sistema nasce uma pedagogia teatral nos permite obter uma visão mais nítida e abrangente da obra stanislavskiana. No caso específico da presente abordagem, essa compreensão também possibilita perceber as raízes das pesquisas laboratoriais que povoaram a Rússia nas primeiras décadas do século XX e que acabaram por fomentar a permanência da ideia/prática de estúdio até os dias de hoje na Escola-estúdio do TAM.

---

13 L. Sulerjítski apud I.N. Vinográdskaia, *Jizn' i Tvortchestvo K.S. Stanislavskogo*, t. 2, p. 374.

A Ideia de Comunidade/Coletivo Como Princípio de Base do Estúdio

A palavra "estúdio" entrou em uso na vida teatral. O estúdio consiste em uma noção que está indissoluvelmente ligada com a juventude, com atores e diretores de vinte anos, com experimentos, com a busca de novos caminhos na arte, com jovens dramaturgos. O estúdio propõe a reunião de pessoas com os mesmos pontos de vista, aspirações, uma comunidade de pessoas mais íntima e mais sutil do que nos teatros habituais. O primeiro desses estúdios na Rússia foi o Primeiro estúdio do Teatro de Arte de Moscou.[14]

A partir da criação do Primeiro Estúdio, muitos outros foram surgindo em Moscou e a palavra "estúdio" se tornou, de fato, parte do vocabulário e da prática teatral russa e soviética. O sentido apontado por Poliakova para a ideia/prática de estúdio está contemplado nos princípios que foram seguidos pela Escola-estúdio do TAM. A experimentação de jovens aprendizes reunidos em um coletivo harmônico em sua visão sobre a arte, em diversas linguagens cênicas, segue viva até os dias de hoje dentro da Escola-estúdio.

Sobre a ideia de comunidade/coletivo, Boris Suchkevitch, um dos estudantes do Primeiro Estúdio, recorda os ensinamentos recebidos: "O que ensinou Sulerjítski e o que foi deixado para toda a vida do nosso teatro? Ele ensinou o 'coletivo'. [...] O fundamental no teatro é a atenção dada a cada pessoa. O trabalho de cada pessoa é o trabalho de todo o teatro"[15].

Ensinar o coletivo seria como, embora isso possa parecer à primeira vista paradoxal, ensinar o trabalho sobre si mesmo. Não o é, já que o trabalho sobre si mesmo se dá no trabalho para o outro, com o outro, com o coletivo. O aprendizado do ator e a própria realização do seu

---

14 E. Poliakova, Vida e Arte de L.A. Sulerjítski, em L. Sulerjítski, *Povesti i Rasskazy*, p. 78.
15 Apud E. Poliakova, em L. Sulerjítski, op. cit., p. 82.

A Herança Viva de Stanislávski

trabalho artístico excedem os limites do plano individual, acontecem também, e fundamentalmente, na relação com o coletivo – o que pressupõe um compromisso, uma busca pelo aperfeiçoamento artístico e humano. Na realidade, como foi abordado no primeiro capítulo, na prática de Sulerjítski, o ensino ganhou um significado mais amplo. Ele conduziu um experimento que transcendeu o ensino, proporcionou aos estudantes uma vivência concreta do trabalho sobre si mesmo e os fez passar por determinadas experiências também concretas, como no trabalho que desenvolveu com os estudantes no campo.

Quando se trabalha em um espaço laboratorial, as pesquisas e realizações, embora individuais, refletem-se em todo o grupo, influenciando-o nas próximas criações. Sendo assim, ao ultrapassar o indivíduo, a prática do trabalho sobre si mesmo se torna condição para a própria existência do coletivo no que diz respeito à profunda relação entre vida e arte que se busca estabelecer. Sendo assim, cada experiência, mesmo que individual, torna-se importante para todos.

Em maio de 1918, Concórdia Antárova registrava no TAM a primeira conversa de Stanislávski na qual o mestre expressava aos artistas do Teatro de Ópera do Bolshói o seu desejo de trabalhar com eles. Stanislávski finalizou, com estas palavras, a sua fala naquela ocasião:

> se a arte acontece individualmente, no caminho singular de cada pessoa, seria possível criar um estúdio geral onde muitos estudam? Talvez fosse preciso que cada pessoa tivesse um estúdio separado? No trabalho com o estúdio, nós veremos que embora cada ser humano carregue toda a sua criação em si mesmo, que embora um não possa desenvolver a sua chama criativa tal qual outro a desenvolve, há muitos degraus e tarefas comuns a todas as pessoas criadoras, onde cada um buscará o mesmo: as forças da natureza que carregam em si mesmos. Como e por meio de quais recursos encontrá-las e desvendá-las, desenvolvê-las e purificá-las para se converter em um artista que unifica a beleza para si mesmo e para os espectadores – aqui novamente se encontra o trabalho comum

do estudante do estúdio e do professor, o seu caminho comum para a perfeição. Ambos devem encontrar o seu próprio ritmo de criação, mas o mestre deve incluir também os ritmos de todos os seus discípulos em seu círculo de criação[16].

O próprio trabalho sobre o Sistema, que é regido pelas leis da natureza criadora, favorece o trabalho coletivo, pois o que se busca pertence a todos nós, embora se encontre em cada um de modo singular. Afinal, como disse Stanislávski, todas as forças criadoras do artista estão nele próprio. E, assim, a interação com o outro também alimenta a descoberta e o aperfeiçoamento singular de cada um. E esse trabalho deve envolver o aprendizado de todos, de cada estudante e do próprio pedagogo.

A ideia de comunidade/coletivo permanece na Escola-estúdio do TAM que segue cultivando o valor de um coletivo como se se tratasse de uma verdadeira família. Como exemplo, podemos citar o livro feito em homenagem aos setenta anos da Escola-estúdio, que abarca todo o percurso de sua história, lançado em 2013, e que foi denominado *Álbum de Família*.

Além disso, destacamos o fato de que a figura escolhida pela Escola-estúdio para representar a história da transmissão da herança artística e pedagógica de Stanislávski, como também de Nemiróvitch-Dântchenko, é a de uma árvore que lembra a estrutura de uma árvore genealógica, como é possível visualizar na figura a seguir. Nas raízes dessa árvore, encontram-se, em presença destacada, as imagens de Nemiróvitch-Dântchenko e de Stanislávski. No tronco e em seus galhos se espalham teatros, cidades russas, o cinema e inúmeros pedagogos desde os tempos passados até os atuais – as ramificações e os frutos do desenvolvimento teatral alcançado a partir das raízes fundamentais. Os pedagogos constituem a seiva vital responsável por manter em contínua evolução e transformação todo o organismo gerador de conhecimento que se desenvolveu a partir dessas raízes.

---

16 C. Antárova, op. cit., p. 19-20.

A Herança Viva de Stanislávski

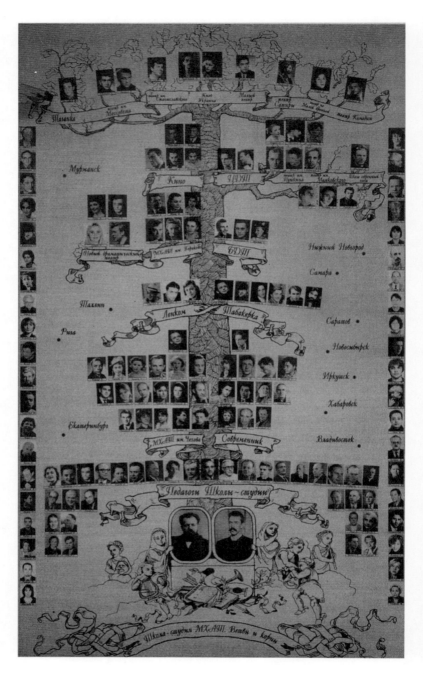

Essa imagem se encontra exposta nas dependências
da Escola-estúdio do Teatro de Arte de Moscou (foto da autora).

A Educação do Ator e a Noção de Estúdio

Ao abordar as tarefas do estúdio na educação do ator, Stanislávski finalizou, assim, a segunda conversa com os estudantes do Estúdio do Teatro Bolshói, registrada em junho de 1918:

> É necessário introduzir o coração vivo do ser humano-artista na corrente de ações internas e externas, que na vida sempre seguem de forma paralela; é necessário ajudá-lo por meio de toda uma série de recursos a libertar o seu corpo e o seu mundo interior de todos os bloqueios [*zajim*], para que ele possa refletir a vida da peça que está atuando; é necessário conduzi-lo a tal intensidade de atenção que o convencional e o externo não o impeçam de alcançar a natureza orgânica das paixões humanas.
>
> Eis as tarefas do estúdio, esse é o caminho pelo qual cada um pode e deve desenvolver o germe [*zerno*] que se encontra em si mesmo e transformá-lo em uma força que age como beleza. Cada um pode alcançar esse desenvolvimento, se ama a arte.[17]

Nesse mesmo ano, em 22 de outubro, Vakhtángov escreveu em um de seus cadernos de anotações as seguintes palavras que reforçam o pensamento exposto acima por Stanislávski:

> A educação do ator deve consistir no enriquecimento de suas diversas aptidões inconscientes: a capacidade de ser livre, de ser concentrado, de ser sério, cênico, artístico, eficaz, expressivo, observador, ágil na adaptação, e assim por diante. Não há fim para a quantidade dessas habilidades. [...] A principal

17 Ibidem, p. 23-24.

falha das escolas é que elas se encarregam de ensinar, enquanto é necessário educar.[18]

A questão que se coloca, então, é: alguma escola é capaz de "ensinar" a capacidade criativa ao estudante-ator? Vakhtángov nos sugere que ao responder afirmativamente a essa pergunta cometemos um equívoco, pois segundo ele o que se faz necessário em uma escola é a ideia contida no verbo "educar". E qual seria a diferença entre ensinar e educar? A partir dos princípios do Sistema e da própria fala de Vakhtángov, acreditamos que o educar proporciona ao estudante-ator o desenvolvimento da sua liberdade criativa. Para orientar a educação do ator sob a perspectiva do trabalho do ator sobre si mesmo, são oferecidos meios técnicos concretos que possibilitam o conhecimento do seu aparato psicofísico, isto é, o desenvolvimento das qualidades que fazem parte da sua própria singularidade humana.

Nesse sentido, portanto, não se trata de ensinar, de oferecer uma série de habilidades e técnicas exteriores, e sim de aprimorar e potencializar o que já existe de modo latente no estudante-ator e lhe proporcionar condições para que ele próprio descubra a criação em si mesmo e por si mesmo. No primeiro capítulo, vimos que Stanislávski, em um escrito de 1938, sugeria que o talento – junto da inspiração, do super- e do subconsciente – era uma das denominações possíveis para a natureza orgânica e criativa do artista. Ainda nesse mesmo capítulo, constam anotações de Sulerjítski, de 1913, que ao tratar da relação entre o Sistema e o talento, afirmava que Stanislávski dizia que o Sistema era para os talentosos. É importante rememorar a questão do talento ou da natureza orgânica e criativa do artista, pois é disso que se trata quando falamos em potencializar o que já existe. Esse modo de pensar/praticar envolve buscar a liberdade da experimentação cênica, e para tal é necessário que o ator esteja disponível e possua meios, disciplina, e em especial a capacidade de improvisação – princípio básico da arte da *perejivánie*.

---

18 E. Vakhtángov, *Sbornik*, p. 276.

Vakhtángov ressaltou em seus escritos que "a consciência nunca cria nada... é o inconsciente que cria"[19]. Afinal, é pelo trabalho consciente do estudante-ator que se obtém a preparação do seu aparato psicofísico para a livre manifestação da vida e da criação. Lembrando também que é pelo trabalho consciente e continuado sobre os elementos do Sistema que se torna possível a sua assimilação como uma segunda natureza, possibilitando ao estudante-ator ultrapassar essa esfera da consciência na qual reside a técnica para alcançar o inconsciente, ou superconsciente, no qual se encontra a natureza orgânica e criativa do artista.

Stanislávski conferiu imensa importância ao conhecimento que estava vinculado à prática pedagógica proposta pelo Sistema, ao defender que era esse conhecimento, a psicotécnica do ator, que prepararia o solo fértil para o alcance do intangível na arte do ator. Como vemos em Boris Zinguerman:

> Os ensaios de Stanislávski oferecem-nos provas autênticas de seu método criativo, de seu conhecimento e de sua percepção fantástica da vida prática e da arte teatral. Quanto à psicologia humana, nesta área, assim como para Lev Tolstói e para Anton Tchékhov, para ele não havia nenhum segredo. Sua arte e sua teoria derivavam do conhecimento. É desnecessário dizer que essa percepção fenomenal de Stanislávski não diminuía sua intuição criativa. Ao contrário, o conhecimento despertava e inflamava a sua imaginação. Por outro lado, sua intuição artística genial ajudou-o a encontrar um caminho para verdades inacessíveis a qualquer experiência de vida e qualquer conhecimento racional. Para Stanislávski, assim como não havia contradição entre a teatralidade e a verdade, também não havia contradição entre o conhecimento e a intuição.
>
> Não é simplesmente a formação, mas o conhecimento que proporciona liberdade de espírito e liberdade de movimento.

---

19 Ibidem, p. 274.

Dono de uma intuição genial, era capaz de adivinhar, mas ao mesmo tempo queria, apaixonadamente, saber.[20]

Com frequência, Stanislávski teve de enfrentar a resistência de artistas que acreditavam que o conhecimento poderia bloquear a capacidade criativa do ator ,uma vez que se contrapunha à intuição. O conhecimento de si mesmo, alcançado pelo aperfeiçoamento e pelo desvelamento da força da natureza criativa de cada pessoa, foi a essência que Stanislávski buscou ao educar o ator por intermédio do Sistema, que tem no trabalho sobre si mesmo a sua sustentação. Stanislávski buscou edificar uma pedagogia teatral que permitisse ao ator o domínio e a maestria sobre a sua arte a despeito de toda a resistência contra a sua luta pelo saber. Acreditava que não só não "havia contradição entre o conhecimento e a intuição" como o próprio conhecimento poderia ativar a manifestação da intuição criativa. Para a experimentação e o desenvolvimento de tal grau de excelência no trabalho do ator, como já foi referido, Stanislávski elaborou uma psicotécnica. Ele sonhou com a criação de uma academia de arte teatral que pudesse formar/educar atores com base nos princípios do Sistema justamente para que esse trabalho pudesse ser desenvolvido e realizado com a atenção, a profundidade e a dedicação necessárias.

O Planejamento Pedagógico Apontado Por Stanislávski nos Anos 1930

Com o intuito de esclarecer pontos considerados importantes por Stanislávski no planejamento pedagógico para a educação

---

20 B. Zinguerman, As Inestimáveis Lições de Stanislávski, em A. Cavaliere; E. Vássina (org.), *Teatro Russo*, p. 21.

do ator com base no Sistema, guiaremos a nossa reflexão pelo conteúdo do texto "Sobre a Questão da Criação da Academia de Arte Teatral", que se encontra dentre os anexos publicados na segunda parte d'*O Trabalho do Ator Sobre Si Mesmo*.

O texto data de 13 de maio de 1933. Logo no início Stanislávski sintetiza algumas reflexões que tratamos ao longo da presente obra como, por exemplo, a ideia de que os diretores e mestres do Sistema trabalham para o desenvolvimento da *perejivánie* sincera do ator em cena, em contraposição à representação. Ele também trata da necessidade de treinamento e de desenvolvimento do aparato físico do ator: "É indispensável que ele [o corpo] tenha um grau altíssimo de sensibilidade, que responda a cada *perejivánie* subconsciente e que transmita todas as suas sutilezas, a fim de tornar visível e audível o que o artista *perejivaet*."[21]

Assim, mais uma vez se evidencia que a educação do aparato corporal do ator não está relacionada à busca por adquirir habilidades, e sim pela sensibilização desse aparato. Desse modo, a primeira condição apontada por Stanislávski para que a transmissão da *perejivánie* do artista se manifeste de modo espontâneo e "instintivo" é a de que "não deve haver tensão involuntária nem no corpo e nem na voz"[22].

Para Stanislávski, o preparo e a afinação alcançada pelo aparato psicofísico deveria ser tal que o corpo se tornaria altamente sensível para responder de imediato à sua própria força criativa como se fosse um instrumento musical de excelência. Nessa afinação, a percepção, a escuta e a sensação do que está acontecendo consigo mesmo deveriam ser fortemente desenvolvidas em busca de tornar o corpo um canal, ou terreno propício, para a manifestação do superconsciente; para o salto da *perevoploschénie*. Além do que, é pela capacidade de perceber a si mesmo que se torna possível eliminar as tensões desnecessárias.

Os exercícios defendidos por Stanislávski estão relacionados com as necessidades particulares de cada pessoa. Ele falava, por exemplo, em atenuar ou corrigir "falhas" individuais, enquanto promove o

---

21 *Sobránie Sotchinéni v 9 Tomakh, t. 3: Rabota Aktiora Nad Soboi, Tchást' 2*, p. 423.
22 Ibidem.

desenvolvimento corporal em busca de agilidade e de flexibilidade. Stanislávski acreditava na importância de o ator encontrar o seu próprio centro de gravidade, enquanto aprende a ativar somente a tensão que é necessária para cada ação. Sobre isso, ele exemplifica dizendo que o estudante-ator pode aprender a perceber os seus músculos, pontos de apoios e a sensação do movimento ao pegar um pacote de dez quilos, ou trinta, levantá-lo, balançá-lo ou passá-lo ao *partner*. A necessidade de justificatificar os movimentos também é salientada por Stanislávski no texto em questão. A esse respeito, relembramos que, para Stanislávski, caso haja justificativa para a sua realização, os movimentos podem deixar de ser simples movimentos e se tornar ações físicas. Mas, no texto, há um fragmento ainda mais interessante, pois revela a relação existente entre a percepção das sensações, a ativação do prana e a expressão dos movimentos. Assim, nas palavras de Stanislávski: "Os artistas devem sentir os seus movimentos, a vontade, as emoções e os pensamentos, para que a vontade obrigue a realizar tais ou quais movimentos (prana), para que não haja movimentos sem sentido."[23]

Vale ressaltar que nessa citação, na edição submetida à censura soviética, há uma nota explicativa para a palavra "prana" que dizia ser esse um termo iogue utilizado por Stanislávski no início de suas pesquisas sobre o sistema e que, para ele, prana significava energia muscular e não tinha qualquer atribuição filosófica ou mística. Já na edição russa mais recente, a nota existente para a palavra prana, no mesmo texto, diz o seguinte: "Prana (sânscr.) – vento, respiração, vida. [...] Stanislávski empregou a noção de 'prana' para indicar a energia vital da criação do ator."[24]

Outro ponto que se destaca nesse texto de Stanislávski é novamente a ideia de coletivo ligada à ética e à disciplina. Segundo ele, a academia deve formar não apenas um estudante isolado, mas toda uma companhia teatral. Nesse sentido, o estudo deve estar voltado para o desenvolvimento da capacidade do estudante-ator em trabalhar coletivamente e em conhecer todas as funções necessárias ao fazer teatral.

23 Ibidem, p. 423-424.
24 Ibidem, p. 503.

Não Esqueçam Que Vocês São Pessoas

A fim de aprofundar a compreensão sobre a estreita ligação da Escola-estúdio do TAM com o Sistema de Stanislávski, citaremos algumas partes de entrevistas que realizei em Moscou, no período de outubro de 2014 a janeiro de 2015, com pedagogos da Escola-estúdio. Escolhemos a fala da pedagoga e diretora teatral Marina Brusnikina[25] para dar início a nossa discussão:

> No que se refere à Escola-estúdio do TAM, é claro, ela é baseada no estudo do método de Stanislávski. Simplesmente, cada um lê com seus próprios olhos – por assim dizer. Isto significa que cada um pode ler de maneiras diferentes o que está escrito. Neste sentido, existem muitas percepções diferentes sobre o que é o Sistema de Stanislávski. Especialmente em nosso tempo atual na Rússia, cada um o trata da sua própria maneira ou cada um, talvez, retira algo e o segue. Mas, na época que nós estudávamos, o nosso professor Oleg Nikolaievitch[26] era diretamente e fortemente embasado nesse Sistema, nós líamos Stanislávski e nós estudávamos Stanislávski. No que se refere à análise ativa, ela foi muito importante para o nosso professor, para Efremov, e ele nos ensinou a fazer isso, é claro. Noções como o superobjetivo, isto é, para que eu estou atuando, para

---

25　Marina Brusnikina é atriz, diretora e pedagoga. Formou-se atriz na Escola-estúdio do TAM em 1982, sob a orientação principal do pedagogo Oleg Efremov. Em 1988, tornou-se pedagoga do Departamento de Fala Cênica e Vocal da Escola-estúdio do TAM. De 1985 a 2003 pertenceu a trupe de atores do TAM. Em 2002, passou a trabalhar como diretora-pedagoga do TAM. Desde 2009, é assistente da direção artística do TAM.

26　Oleg Efremov (1927-2000) foi um reconhecido ator, diretor e pedagogo russo-soviético. Graduou-se na Escola-estúdio do TAM em 1949 e em seguida se tornou pedagogo dessa instituição. Atuou como pedagogo do Departamento de Maestria do Ator da Escola-estúdio durante meio século. Em 1956, junto de jovens atores, dentre eles alguns recém-formados na Escola-estúdio, fundou o estúdio de jovens atores, que originou o Teatro Sovreménnik (Contemporâneo). Em 1970, Efremov deixou o Teatro Sovremennik para assumir a direção do TAM.

A Herança Viva de Stanislávski

que eu entro em cena – isso era fundamental para ele. E para mim, afinal de contas, também. Isto é, se você não sabe o que você quer dizer, então, não saia, fique em casa. Isso é o mais importante – para que eu estou fazendo isso, o que eu quero dizer. E disso também depende a análise, a análise de toda a obra ou a análise da cena ou a análise das relações – isto é, o que eu quero dizer aos espectadores, à sala, o que eu tenho que fazer para isso, com o meu *partner*, de modo a influenciá--lo ou o que... ali já acontece um tipo de decomposição em cena: em que consiste o acontecimento? De onde começou? Onde finalizou? O que se transformou? Ou seja, sempre deve haver uma mudança em cena – esperava uma coisa, mas recebeu outra. Nós fomos ensinados a trabalhar com essa análise concreta do que está acontecendo, e continuamos a exercê-la.

Quando você começa a trabalhar concretamente sobre o papel e sobre si mesmo, você sempre pensa sobre as circunstâncias, em primeiro lugar. E sobre o caráter desse ser humano, porque isso é importante e, bem, estamos trabalhando com análise. [...] Mesmo que a forma seja intensa, grotesca, isso não importa, eu tenho que acreditar que essas são pessoas reais. E isso a Escola me ensinou. O nosso pedagogo Oleg Nikoláievitch Efremov, sobre quem eu estou lhe falando o tempo inteiro, sempre nos dizia uma frase engraçada. Eu não sei se ela pode ser compreendida fora da língua russa. Quando alguém começava a representar exageradamente e a atuar algo com afetação, ele sempre falava: "Não esqueçam que vocês são pessoas". Isto é, na verdade é um papel de tornassol[27] [um detector]. Ou seja, não esqueçam que vocês são pessoas – essa é uma palavra de ordem muito direta.

Da fala de Brusnikina, destacamos três pontos igualmente importantes abordados por ela em resposta ao nosso questionamento

---

27 Papel de tornassol é um meio de determinar se uma solução é ácida ou básica, pois, ao entrar em contato com a solução, ele muda de cor.

sobre a relação existente entre a base artística e a pedagógica da Escola-estúdio e o Sistema de Stanislávski. Em primeiro lugar, ela chama a atenção para as muitas percepções existentes sobre o que é o Sistema de Stanislávski, e ao fato de que cada um vai assimilar o Sistema de acordo com as suas próprias particularidades. Ao reforçar que estudou a obra de Stanislávski orientada por seu mestre, Oleg Efremov, aluno de discípulos diretos de Stanislávski, Brusnikina sinaliza a importância da transmissão do conhecimento dessa herança stanislavskiana, de mestre para aprendiz. Necessariamente, cada pessoa que estuda e recebe os ensinamentos desenvolvidos por Stanislávski irá assimilá-los de acordo com as suas próprias particularidades artísticas e humanas. No entanto, por considerar o Sistema um conhecimento que acontece somente no campo da realização prática, a profundidade dessa assimilação está diretamente relacionada com a sua fonte de transmissão.

O outro ponto que salientamos da fala de Brusnikina é o valor atribuído ao conhecimento do método de análise ativa que foi transmitido a ela por seu mestre, e que permanece até hoje em seus trabalhos, como artista e pedagoga. Sobre esse conhecimento é necessário ressaltar que Oleg Efremov, logo após se graduar ator na Escola-estúdio, em 1949, foi admitido no Teatro Central Infantil (TSDT)[28], onde trabalhou junto a Maria Knebel. Como se sabe, Maria Knebel foi discípula de Stanislávski, Nemiróvitch-Dântchenko, Vakhtángov e Michael Chekhov, e se tornou conhecida por sua profunda dedicação ao estudo e à disseminação do conhecimento sobre o método de análise ativa como diretora teatral e como pedagoga. Inclusive, a própria denominação de método de análise ativa ao novo método de ensaios explorado por Stanislávski em suas últimas pesquisas foi dada por Knebel, que seguiu desenvolvendo com afinco as descobertas de Stanislávski.

Por último, destacamos o apontamento de Brusnikina acerca da importância do caráter humano no trabalho do ator, o qual já foi

---

28 O período que Efremov permaneceu no TSDT não foi longo, mas o suficiente para atuar em 22 papéis, com grande sucesso. Maria Knebel trabalhou no TSDT por dez anos, sendo que em 1955 assumiu a direção principal do teatro.

A Herança Viva de Stanislávski

abordado neste estudo. Mesmo assim, nos parece relevante ressaltar que o ator em cena não deve se comportar como um "ator", mas continuar a ser uma pessoa, olhar com atenção e de modo sensível para suas características humanas, e isso, como disse Brusnikina, independe da forma artística. Para sinalizar o quanto esse entendimento é fundamental em todo e qualquer trabalho que se realize sobre o Sistema, estando estreitamente conectado à própria arte da *perejivánie* e à *voploschénie*, apresentamos este diálogo de Stanislávski-Tortsov com os seus alunos, que consta no capítulo IX – "Memória Emocional", da primeira parte d' *O Trabalho do Ator Sobre Si Mesmo*:

> – Como uma mesma pessoa pode ser Arkachka[29] e Hamlet? – perguntamos perplexos.
>
> – Antes de tudo, o ator não é nem um nem outro. Ele próprio, por si mesmo, é uma pessoa com brilho ou insípida na expressão interna e externa da sua individualidade. Na natureza das características próprias do ator pode não estar presente o espírito trapaceiro de Arkachka Stchastlívtsev ou a nobreza de Hamlet, mas o germe [*zerno*], as inclinações de quase todas as qualidades humanas e vícios estão atreladas a ele.
>
> A arte e a técnica espiritual do ator devem estar orientadas para a capacidade de saber encontrar naturalmente em si mesmo as sementes das qualidades e dos vícios da natureza humana, para cultivá-las e desenvolvê-las para a interpretação de um ou de outro papel. Assim, a alma da personagem retratada em cena se combina e se constitui dos elementos humanos e vivos da própria alma do artista, de suas próprias lembranças emocionais e de todas as demais coisas.[30]

Quando Brusnikina se lembra da frase significativa de seu professor aos estudantes que caem na representação e nos clichês, "não

---

29 Arkachka Stchastlívtsev é personagem da obra *A Floresta*, do reconhecido dramaturgo russo Aleksandr Ostrovski.
30 *Sobránie Sotchinéni v 9 Tomakh, t. 2: Rabota Aktiora Nad Soboi, Tchást' 1*, p. 294-295.

esqueçam que vocês são pessoas", e se refere a esse alerta como um meio de detectar a presença do caráter humano em sua criação, também trata da medida do envolvimento do próprio ator no processo criativo. Como vimos, Stanislávski falava que ao abordar o papel, o ator deveria "partir de si mesmo", isso significa que o ator deveria ser capaz de encontrar em si mesmo as qualidades que, na sua própria natureza orgânica, pudessem ser cultivadas durante – e perante – o trabalho sobre o papel. Esse trabalho seria então como um chamado para acessar certas experiências e esferas intangíveis, como uma forma de alargar a sensibilidade do artista-criador sobre a sua própria percepção acerca do humano.

Com o intuito de enriquecer o nosso estudo, citamos o artigo "O Método de Análise Ativa e a Individualidade do Ator", de Natalia Zvereva[31], que aponta para a ligação existente entre a singularidade artística do ator, o caráter humano no processo criativo e o método de análise ativa, que se concretiza cenicamente pela criação de *études*. Segundo Zvereva:

> O *étude* ajuda cada ator a encontrar os seus próprios meios de percepção e de avaliação dos acontecimentos, as suas reações individuais a eles e, como resultado, o seu próprio caminho para a criação da personagem. As principais etapas desse caminho sempre serão as ações, mas não existe nenhuma ação que não dependa da noção de caráter e, ao analisar as ações, simultaneamente, o ator investiga o caráter humano que ele vai atuar. O caráter da personagem se revela não somente em seus objetivos, aspirações, atos, mas também na especificidade de sua percepção dos acontecimentos, no modo do seu comportamento.[32]

Um dos grandes objetivos de Stanislávski, como já foi referido, era possibilitar ao ator o desenvolvimento de sua liberdade artística.

---

31 Natalia Zvereva é pedagoga do Departamento de Direção Dramática do GITIS.
32 N. Zvereva (org.), O Método de Análise Ativa e a Individualidade do Ator, *Masterstvo Rejissiora I-V Kúrsy*, p. 409.

A Herança Viva de Stanislávski

Ao considerarmos essa busca pela liberdade artística empreendida por Stanislávski, se torna mais claro entender o quanto o método de análise ativa se fundamenta como um caminho valioso para alcançar esse objetivo, pela exigência de que o ator se coloque inteiramente de corpo, mente, espírito e afetos na criação. Assim, a individualidade (ou pessoalidade, para continuarmos usando o conceito de "pessoa") de cada ator passa a ser uma fonte infinita de riqueza a ser explorada, principalmente por ele próprio, a partir das especificidades trazidas pelo papel e pela obra.

Seguindo a nossa abordagem sobre o Sistema como base artística e pedagógica da Escola-estúdio do TAM, selecionamos um fragmento da entrevista que realizei com o professor Vidmantas Silyunas[33]:

> Cada pedagogo, mesmo aquele que está absolutamente convencido de que segue fielmente o Sistema de Stanislávski, ele o segue à sua própria maneira. Cada um, naturalmente, compreende esse sistema a seu próprio modo, e o ensina à sua maneira, visto que, esta realmente é uma escola criativa. O Sistema de Stanislávski não é um sistema de regras, que é possível aprender como a tabuada de multiplicação. Esse Sistema também se concebe no processo da criação viva. Ele parte do próprio contexto de vida, dessa atmosfera de vida, que se transforma a cada minuto como o clima do lado de fora da janela ou como o estado de ânimo entre as pessoas que se comunicam, que também é móvel. Essa é a dinâmica da vida.
>
> O teatro é uma arte ativa. E seja qual for o texto, ainda que o espectador não escute o texto, de qualquer modo, ao olhar para a cena, ele sente que algo está acontecendo ou não está acontecendo. Se o espectador sente que não está acontecendo nada em cena, ele deixa de ouvir o texto, porque já não

---

33 Doutor em Artes, Vidmantas Silyunas é historiador teatral, teatrólogo e crítico teatral e literário. Formou-se no GITIS em 1958 e atua como pedagogo do Departamento de Teoria da Arte (*iskusstvovedeniia*) na Escola-estúdio do TAM desde 1966, sendo que, desde 2008, chefia o referido departamento.

será um espetáculo, mas palavras mortas. Por isso, naturalmente, o método de análise ativa... o pedagogo pode chamá-lo assim ou pode chamá-lo de forma diferente, mas de qualquer maneira, ele deve seguir esse método, porque se não houver ação nas aulas com os estudantes, se as ações não ocorrerem entre eles e se a ação não surgir em cena, será um espetáculo morto, no qual os espectadores "votarão com os pés"[34], eles abandonarão o espetáculo.

Durante minhas pesquisas na Escola-estúdio do TAM e no próprio TAM, pois tive também a oportunidade de acompanhar um curto período de ensaios de dois processos de montagem de espetáculos, pude observar na prática o que disse Silyunas sobre o Sistema como uma "escola criativa", ou seja, trata-se de um conhecimento que não só permite, mas também requer que cada artista expresse a sua singularidade, o seu modo de ver e de perceber o mundo. Sendo assim, em meio às particularidades que diferenciam entre si o trabalho de cada pedagogo, de cada diretor teatral, existe uma base que é comum a todos e que os une em um mesmo entendimento artístico e educacional para o ator. Essa base, constituída pela natureza orgânica e criativa, não apresenta normas ou regras a serem seguidas. Nesse sentido, não importa se estamos nos referindo à pedagoga de Fala Cênica, ao pedagogo de Esgrima, ou ao pedagogo de Maestria do Ator – e, como salientou Brusnikina, também não importa que a forma artística seja o grotesco – o Sistema não é uma tabuada matemática, como bem disse Silyunas. Voltando no tempo, é possível encontrar uma afirmação semelhante em notas da aula ministrada por Vakhtángov no Primeiro Estúdio do TAM em 28 de outubro de 1916:

> O "sistema" não é um sistema, [porque] não é matemático. Existem apenas disposições gerais. Cada um dos professores

---

34 "Votar com os pés" é uma expressão que manifesta um grande descontentamento, resultando no abandono de determinado lugar ou situação.

A Herança Viva de Stanislávski

deveria transformar esse material em si mesmo para se aproximar do aluno. Uma vez que existe tal liberdade de abordagem com o aluno, por conseguinte, não há matemática no "sistema". [...] Não há nenhum plano de como fazer isso. Depende da individualidade.[35]

O Sistema é criação viva, regida pelas leis da natureza, que se transforma sem cessar. Cada um deve buscar essa vida em si mesmo; experimentar o Sistema em si mesmo. Vemos que Silyunas, assim como Brusnikina, aponta para o método de análise ativa, quando afirma a importância das ações físicas para o trabalho do ator e valida o quanto essa metodologia de trabalho continua a se desenvolver até os dias de hoje no trabalho de cada artista/pedagogo.

O pedagogo e ator Igor Zolotovitski[36] será o próximo entrevistado que contribuirá com a nossa discussão. Como veremos, ao iniciar a sua fala, ele desenvolve a ideia afirmada por Silyunas – e também por Vakhtángov – a respeito da oposição existente entre o Sistema e uma exatidão matemática. De acordo com ele:

> Na matemática, existe uma fórmula, nós aprendemos esta fórmula e nos tornamos bons matemáticos. Ou quanto mais aprendemos fórmulas, tanto mais nós sabemos da profissão. Aqui não existe tal coisa. Tudo se transmite de mão em mão. O meu pedagogo me convidou para ensinar, o pedagogo dele o convidou, e assim por diante... Não há Instituto que possa preparar pedagogos para ensinar a maestria do ator. Não existe tal Instituto pedagógico. Portanto, esta é uma profissão muito movediça. O Sistema de Stanislávski não é uma tabuada de multiplicação: "duas vezes dois é igual a quatro" – não.

35 Lektsii E.B. Vakhtangova v Pervoi Studii, *Dokumenty i Svidetel'stva, t. 1*, p. 426.
36 Igor Zolotovitski se formou na Escola-estúdio em 1983, sob a orientação do pedagogo Viktor Moniukov. Nesse mesmo ano foi convidado para integrar a trupe de atores do TAM e, desde então, vem atuando em diversos papéis, não só no TAM como também em outros teatros. Em 1989, tornou-se pedagogo do Departamento de Maestria do Ator da Escola-estúdio do TAM. Desde 2013, é reitor da Escola-estúdio.

Ele [Stanislávski] simplesmente sistematizou... E onde está a sua genialidade? No fato de que ele sistematizou certas condições que os atores devem levar em conta. E ele fez esse alfabeto do ator. Deve ser um treino, deve ser educada a atenção, a concentração, o sentimento do *partner*, certo? Mas no que consistiu o seu mérito nesses anos? Ele encontrou uma nova entonação no teatro, uma nova entonação. Naquele tempo, falavam de forma diferente em cena, falavam com outras vozes. E ele fez o teatro da vida viva. Este foi o espírito inovador de Stanislávski. O mais importante é estarmos em conformidade com o tempo de hoje. Se nós assistíssemos agora aos atores de Stanislávski, nós diríamos, "Que horror como eles atuam, monstruoso, eles são artificiais". O tempo todo, com o passar do tempo, as entonações do teatro se transformam. E aqui está a principal tarefa da escola: corresponder à entonação de hoje, para andar lado a lado com o desenvolvimento do teatro. [...] Hoje a entonação é diferente do que era há dez anos. E o que é bom na Escola? Que todos os pedagogos de Maestria do Ator estão atuando, ou como atores ou como diretores. Isto é, eles estão no processo vivo, eles se encontram em um processo vivo. [...] Eu quero dizer, fundamentalmente, que os pedagogos, que nós, temos de ser gente que atua no processo teatral.

A fala de Zolotovitski traz algo que foi sugerido nas palavras de Brusnikina a respeito de seu mestre Efremov, isto é, que o Sistema de Stanislávski é um conhecimento a ser transmitido de mão em mão. E, mais do que isso, ela também afirma a ideia de que os pedagogos que trabalham com a Maestria do Ator devem ser, eles mesmos, artistas, ao atuarem na cena teatral. É assim que a herança deixada por Stanislávski se mantém viva, em transformação, ao longo do tempo. Outro ponto destacado por Zolotovitski é que Stanislávski "fez do teatro vida viva". Silyunas também se referiu a essa questão dizendo que o Sistema "se concebe no processo da criação viva". Sem dúvida, esse é um dos pontos em comum que os une em uma única direção artística: a busca pela vida em cena – que está relacionada intrinsecamente com a arte da *perejivánie*.

Para finalizar a nossa discussão sobre o Sistema como base artística e pedagógica da Escola-estúdio do TAM, trazemos os apontamentos do pedagogo Serguei Zemtsov que me foram concedidos em entrevista. Zemtsov inicia a sua fala abordando justamente a questão da vida que está implicada no trabalho teatral que tem o Sistema como fundamento:

> naturalmente, a base [da Escola-estúdio] é o Sistema de Stanislávski. O que é a base? O teatro vivo. O que é o Sistema? É o que é percebido, assimilado, respondido. Ele acontece aqui e agora, não é ensaiado em algum outro momento. Aqui e agora você deve reagir de modo muito vivo às propostas do *partner*. [...] Veja como é a base. Tudo está dividido em etapas. O primeiro ano é o treinamento, a atenção, o trabalho sobre os *études*, a fé nas circunstâncias propostas. O segundo ano geralmente se dá sobre fragmentos de peças clássicas. O terceiro ano consiste em atos e nos espetáculos de diplomação. E no quarto ano eles atuam apenas em espetáculos de diplomação... Mas, apesar de todos nós trabalharmos em uma mesma direção, ainda existe a individualidade de cada pedagogo. Nós temos pedagogos jovens, que não trabalham inteiramente como nós. Eles têm adicionado a técnica de Michael Chekhov – o trabalho com algumas coisas muito sutis.
>
> Os ritmos da vida se transformam, as velocidades se transformam, mudam... Tudo se transforma, mas, como na máquina de costura Singer... Singer patenteou uma coisa – ele patenteou a agulha. A máquina era mecânica, depois se tornou elétrica, mas a agulha não se transforma. Como os americanos que também patentearam uma coisa – as rodas do carro colocadas sob a carroceria. Anteriormente, as rodas ficavam ao lado. Os americanos as colocaram sob o automóvel e patentearam. E hoje os carros se transformam como queiram, mas a patente, das rodas colocadas na parte inferior, sob o carro, e não ao lado, é sempre o mais importante. Como as agulhas do Singer – isso é

o importante. Portanto, tudo está se transformando, a vida se transforma, o material dramatúrgico se transforma, eles próprios [os estudantes] se transformam – as gerações mudam, mas o Sistema de Stanislávski não vai para parte alguma, ele é o fundamental. Este fundamento é a percepção viva. Isto é tudo.

O Sistema é vivo porque acontece no aqui e agora da cena, do ensaio, do treinamento do ator. Não é repetível, passível de reprodução mecânica. Como a própria vida na natureza, não possui regras fixas a serem seguidas. Por isso, na visão singular de cada pedagogo/artista, ele segue em desenvolvimento e renascimento a cada prática. Zemtsov reafirma que a questão das particularidades do artista, do pedagogo e do estudante caminham junto ao trabalho realizado sobre uma mesma base que leva a uma mesma direção. Por fim, Zemtsov afirma por meio de exemplos simples, como a agulha Singer e a posição das rodas dos carros, que o Sistema possui princípios que atravessam o tempo.

Finalizamos o presente capítulo com uma citação de E. Vakhtángov que, de certa forma, dialoga com a fala de Zemtsov. Sob o título de "Método de Trabalho", Vakhtángov escreveu, no outono de 1919, as seguintes palavras: "O 'sistema' de C.S. Stanislávski é universal porque é aplicável a todas as correntes teatrais, pois esse sistema consiste principalmente em ajudar tanto o ator quanto todo o coletivo a se revelarem a si mesmos."[37] A universalidade apontada por Vakhtángov se refere, então, à possiblidade de alcançar uma revelação de si mesmo, o que envolve a manifestação da pessoalidade/singularidade artística do ator. Para isso, é preciso um trabalho que se realize com ampla liberdade criativa, que permita ao ator descobrir para descobrir-se. O Sistema oferece caminhos que possibilitam ao ator o aperfeiçoamento de si mesmo nessa direção, caminhos estes que consistem no próprio trabalho sobre si mesmo.

---

37 K Narodnomu Teatru, *Dokumenty i Svidetel'stva, t. 2*, p. 314.

Algumas Considerações...

Prosseguindo com a discussão iniciada acima, finalizamos este capítulo com um apontamento de Stanislávski, incluso no prefácio da primeira parte d'*O Trabalho do Ator Sobre Si Mesmo*: "o que escrevo em meu livro não se refere a uma época determinada e a sua gente, mas à natureza orgânica de todas as pessoas do campo artístico, de todas as nacionalidades e todas as épocas." Para melhor compreender o que essa declaração de Stanislávski queria dizer, utilizaremos de escritos de Boris Zakhava (1896-1976)[38], Gueorgui Tovstonógov, Lev Dodin[39] e Viktor Rijakov[40]. Passamos, assim, à citação de Boris Zakhava, retirada do artigo "Sobre os Princípios da Escola de Vakhtángov":

> Vakhtángov, com toda a coragem e a diversidade de suas buscas de criação na esfera da forma teatral, sempre se manteve fiel à verdade autêntica da vida, que encontra o seu reflexo na verdade da arte –, não na mesquinha "verdade dos fatos", mas na grande verdade das ideias e das personagens, da criação (subjetivamente) que reflete a verdade objetiva. [...]
>
> "Na arte eu amo somente a Verdade, sobre a qual você diz algo e sobre a qual você aprende" – escreveu Vakhtángov a C.S. Stanislávski.

---

38 Boris Zakhava era doutor em artes e pedagogo. Em 1913, ingressou no Estúdio Dramático de Estudantes conduzido por Vakhtángov. A partir de 1917 passou a trabalhar com atividades pedagógicas. Foi chefe do Departamento de Direção do GITIS de 1944 a 1949. É autor de livros e de artigos sobre pedagogia teatral e sobre a arte do diretor e do ator.

39 Lev Dodin é diretor teatral e pedagogo. Foi professor assistente nos cursos de Arkádi Katsman e de Gueorgui Tovstonógov no LGTMiK, em São Petersburgo. Atualmente é chefe do Departamento de Direção do RGISI (anteriormente LGTMiK). Em 1983 se tornou diretor artístico do Teatro MDT (Teatro Dramático Malyi), e em 2002 passou a ser o seu diretor principal. Em setembro de 1988, o Teatro de Dodin recebeu o *status* de Teatro da Europa; é o terceiro, depois do Teatro Odeon em Paris e do Piccolo Teatro em Milão.

40 Diretor teatral e pedagogo, Viktor Rijakov trabalha como diretor artístico no Centro Meierhold (Tsentr Meierkholda) e, desde 2001, é pedagogo no Departamento de Maestria do Ator da Escola-estúdio do TAM.

Esta Verdade nunca foi alterada por Vakhtángov. Ele buscou constantemente o novo na arte, mas dizia que o "novo" que estava procurando se encontrava na base do "eterno". A base do "eterno" ele encontrou nos ensinamentos de Stanislávski, em seu célebre sistema.

Para ele, o imenso valor do sistema de Stanislávski está evidenciado precisamente no fato de que ele tem caráter universal, atemporal, geral.

O ator atua bem somente nos casos no qual o seu jogo está sujeito às leis orgânicas e naturais da criação, que estão enraizadas na própria natureza humana. A atuação dos maiores e mais talentosos atores sempre obedeceu espontaneamente, e continua obedecendo, a essas leis.[41]

Sabe-se quão inovadora foi a busca artística de Vakhtángov, tanto no que diz respeito à plasticidade dos atores e à relação ator-espectador, como à forma artística criada em seus espetáculos. Nesse sentido, o exemplo mais conhecido é o da sua montagem de *A Princesa Turandot*. Contudo, independente da revolução estética alcançada em seus experimentos cênicos, ele jamais abriu mão da verdade da vida, da qual falava Stanislávski. O que Zakhava nos mostra em seu artigo é que a busca pelo novo na prática artística de Vakhtángov não se contrapunha ao Sistema, pelo contrário, ela o requeria como base de sustentação. Nisso, reside "a base do eterno" a qual se referiu Zakhava.

Então, conforme Zakhava, se o ator atua bem, o que significa que ele consegue se comunicar e agir sinceramente, está atuando pelo Sistema de Stanislávski, mesmo que não tenha consciência disso. Lev Dodin, em uma entrevista que data de 6 de maio de 1997, aponta para um pensamento muito semelhante a esse. Segundo Dodin, "pode-se não gostar dos pontos de vista de Stanislávski, mas eles são como as leis de Einstein, agem objetivamente. E quando o artista

---

41 B. Zakhava, Sobre os Princípios da Escola de Vakhtángov, Evguêni Vakhtángov, *Sbornik*, p. 481-482.

atua corretamente, ele atua por meio [dos ensinamentos] de Stanislávski, mesmo que isso não o agrade"[42].

Na palestra "Stanislávski vivo", realizada por Gueorgui Tovstonógov no Simpósio Internacional "Stanislávski no mundo em transformação", em 1989, também está contemplado esse pensamento:

> No final do século passado Stanislávski descobriu uma nova orientação estética, que se expressou na criação do grande teatro.
>
> Mas a principal obra de sua vida é imortal – a descoberta das leis orgânicas do comportamento humano em cena sem as quais seria impossível qualquer orientação na arte.
>
> Agora para muitos parece que a metodologia de Stanislávski envelheceu, que é necessário dar passagem a outros reformadores. Mas o método das ações psicofísicas não pode envelhecer, como não envelheceram as leis da perspectiva descobertas por Leonardo Da Vinci. Stanislávski ajuda a encontrar tal verdade, a partir da qual se pode ir a qualquer orientação. A compreensão das reformas de Stanislávski é necessária a cada diretor e ator que quer expressar a sua visão em cena, que quer descobrir o novo na estética. É preciso aprender a utilizar suas descobertas e salvar Stanislávski do dogmático e do escolástico. Para muitos parece que foram além de Stanislávski. No plano estético é de fato assim, mas não se deve confundir estética com metodologia. É importante voltar a Stanislávski e entender que todos nós utilizamos suas descobertas consciente ou inconscientemente. Ele nos conduz em profundidade e não impõe quaisquer meios expressivos.[43]

É interessante perceber a proximidade entre as palavras de Zakhava, de Dodin e de Tovstonógov ao tratar do Sistema stanislavskiano. Enquanto Zakhava se referiu à "base do eterno", Tovstonógov falou

---

42 L. Dodin apud V. Galendeev, Lev Dodin: Método e Escola, *Isskustvo*, n. 9. Disponível em: <http://www.mdt-dodin.ru/articles/9.html>.

43 G. Tovstonógov, Stanislávski Vivo, *Stanislávski v Meniáiuschemsia Mire*, p. 136.

de uma obra que se configura "imortal" e comparou a metodologia de Stanislávski com as leis da perspectiva de Da Vinci, da mesma forma com que Dodin evoca as leis descobertas por Albert Einstein. O que se torna evidente na fala de Tovstonógov é o fato de que as leis orgânicas do comportamento humano em cena descobertas por Stanislávski não direcionam a criação para determinada estética ou para algum tipo de dogmatismo. As descobertas de Stanislávski são necessárias justamente para possibilitar a liberdade de criação.

Em seu artigo, Zakhava também destacou a compreensão de Vakhtángov a respeito de que a criação de um espetáculo sobre as bases do Sistema não predetermina o seu gênero ou estilo. Esse entendimento se torna ainda mais perceptível no seguinte exemplo dado por ele: "Como na arquitetura, o alicerce não predetermina o estilo do edifício erguido sobre ele, o Sistema de Stanislávski não predetermina o estilo dos espetáculos criados com a sua base."[44]

Assim, retornamos à ideia central deste capítulo: a herança viva de Stanislávski. E essa herança só pode ser considerada viva porque a metodologia descoberta por Stanislávski não foi finalizada e solidificada, como nos disse Tovstonógov. Se o Sistema for fixado, ele perderá o seu caráter vivo e será reduzido a um simples conjunto de regras. É por isso que os ensinamentos de Stanislávski devem permanecer em movimento, abertos a novas descobertas e possibilidades de experimentação por meio das particularidades e da liberdade artística de cada artista e pedagogo.

Para concluir, trazemos a fala retirada de uma entrevista concedida por Viktor Rijakov, pedagogo da cátedra de Maestria do ator da Escola-estúdio do TAM, em 28 de janeiro de 2013, à revista russa *Ekspert* que parece sintetizar várias das ideias explicitadas acima:

> "Escola" é uma noção muito sutil, é somente o que se transmite de mão em mão. E nós somos apenas os herdeiros desta experiência colossal. A questão é: como vamos dispor deste

---

44 Sobre os Princípios da Escola de Vakhtángov, op. cit., p. 482.

A Herança Viva de Stanislávski

tesouro. Não se pode transmitir o método para alguém sem ser capaz de realizá-lo na prática. Mas é possível criar e amadurecer o método. E esse trabalho vai exigir revisão e compreensão a cada dia. Tal como o teatro, é uma categoria que existe no tempo: somente aqui e agora.

Hoje, o chamado sistema de Stanislávski é um grande mito. E como qualquer mito, não se pode compreendê-lo como um conjunto imutável de regras e de instruções. O tempo inteiro Stanislávski reescreveu a sua própria obra, mudava ou completava algo. Nestes sutis "labirintos" é possível se perder, mas também se pode descobrir algo muito importante. "O caminho se faz caminhando" – esta é a única chave aplicável a grande herança do mestre.[45]

---

45 O Sistema de Stanislávski: Esse Grande Mito, *Ekspert*, n. 4. Disponível em: <https://expert. ru/>.

A Escola-estúdio do TAM: Um Olhar Sobre a Prática

O sistema de Stanislávski é livre de normas de criação. Ele exige a união entre a forma e o conteúdo, mas não preconiza nenhum cânone na esfera da forma artística. Diferentemente de muitos outros sistemas teatrais, os ensinamentos de Stanislávski não se apoiam em cânones estéticos, e sim no conhecimento das leis objetivas da criação orgânica da natureza do artista-ser humano. [...] O sistema não substitui a própria criação, mas cria para ela as condições mais favoráveis. Ele vive na capacidade e no talento do ator. [...] O significado imperecível do sistema de Stanislávski fundamenta-se nas leis objetivas físicas e espirituais da natureza criativa do ator.[1]

Iniciamos nosso último capítulo com uma citação de Vladímir Prokófiev retirada do prefácio da obra de Grigori Kristi, *A Formação do Ator na Escola de Stanislávski*. O Sistema de Stanislávski aponta para princípios que tem a sua base nas leis orgânicas da natureza humana e, a partir daí, permite a cada artista realizar a sua própria criação, inventar e experimentar exercícios novos e antigos, perceber o que melhor funciona para si mesmo ou para o coletivo com o

---

1   V. Prokófiev, Prefácio, em G. Kristi, *Vospitânie Aktiora Chkóly Stanislavskogo*, p. 5-6.

qual está trabalhando. E, por isso, como afirmou Prokófiev, o Sistema é livre, não segue nenhum tipo de regra ou norma para a criação. Não é como uma tabuada matemática, como também disseram os pedagogos da Escola-estúdio. A união entre a forma e o conteúdo a que se referiu Prokófiev nos leva a pensar sobre o aparato psicofísico do ator, que deve ser tratado em sua totalidade, bem como sugere a interdependência e a inseparabilidade existente entre os processos criadores da *perejivánie* e da *voploschénie*. A fala de Prokófiev também apontou para o caráter imperecível do conhecimento do Sistema, pois enquanto houver busca por uma criação viva em cena, no aqui e no agora, haverá Sistema.

No capítulo anterior, ao partir da convicção de que os ensinamentos deixados por Stanislávski constituem um legado vivo, realizamos um estudo sobre os princípios fundamentais que foram elaborados em seu Sistema e que, como pudemos verificar *in loco*, permanecem vivos ainda hoje em uma das instituições que herdou de forma mais direta esse conhecimento, a Escola-estúdio do TAM. Agora, no presente capítulo, buscaremos aprofundar o estudo acerca do trabalho do ator sobre si mesmo enfocando a prática pedagógica fundamental realizada na Escola-estúdio para a formação/educação do estudante-ator. Para tanto, estabelecemos uma relação entre três pontos principais: apontamentos de Grigori Kristi na obra *A Formação do Ator na Escola de Stanislávski* a partir da prática realizada na cátedra de Maestria do Ator, da Escola-estúdio do TAM; reflexões sobre a minha própria experiência na Escola-estúdio entre os anos de 2014 e 2015; e princípios do trabalho do ator sobre si mesmo segundo o Sistema de Stanislávski. Como estímulo central para a nossa reflexão, optamos por trabalhar sobre a abordagem de Kristi acerca dos elementos orgânicos da ação. O estudo desse material possibilitou um aprofundamento de minhas próprias observações sobre a pedagogia teatral que segue sendo desenvolvida atualmente na Escola-estúdio.

A Escola Desenvolve e Burila as Aptidões Inatas do Estudante

A arte autêntica, como se sabe, nasce da fusão do talento com a maestria, e a maestria é formada pela escola, que acumula em si as melhores tradições e a experiência de muitas gerações. A escola desenvolve e burila as aptidões inatas do estudante, dá a ele o conhecimento e a prática necessários, organiza o talento, torna-o flexível e sensível para toda a espécie de tarefa artística.[2]

Podemos ligar essa reflexão de Prokófiev ao entendimento de Stanislávski sobre a relação entre o conhecimento e a intuição. Afinal, o alcance da maestria prepara o ator para a livre manifestação do seu talento, da mesma forma que o conhecimento pode ativar a intuição criativa. Seguindo esse pensamento, segundo Kristi: "não se pode sentir a liberdade criativa e, então, manter a organicidade do processo, se você se encontrar no momento da criação no limite de suas possibilidades técnicas. O cantor, por exemplo, sabe bem disso: para facilmente soar um dó alto na ária, é necessário fazer exercícios em um ou dois tons acima"[3].

Por meio do trabalho do ator sobre si mesmo, Stanislávski buscou amparar tecnicamente o ator para o alcance de sua própria liberdade artística. A psicotécnica proposta por Stanislávski é, assim, o lugar de libertação da intuição. Havia uma exigência de treinamento e disciplina contínuos para que a psicotécnica fosse levada pelo ator até a perfeição, justamente por ela consistir no caminho que o conduziria ao superconsciente, aos processos da *perejivánie*, da *voploschénie* e da *perevoploschénie*.

---

2   Ibidem, p. 4.
3   G. Kristi, *Vospitânie Aktiora Chkóly Stanislavskogo*, p. 32.

Podemos ainda ressaltar nessa última citação, o exemplo sobre os exercícios necessários ao cantor. O trabalho com os cantores foi para Stanislávski, principalmente a partir dos anos 1920, uma inspiração para o desenvolvimento do trabalho do ator[4]. Então, seria absolutamente possível imaginarmos em sua fala essa mesma comparação feita por Kristi sobre o cantor que executa a sua técnica para alcançar o máximo domínio a fim de que ao chegar ao tom que necessita o faça com a maior desenvoltura possível. Como na proposição de Volkonski, citada inúmeras vezes por Stanislávski: "o difícil se torna habitual, o habitual – fácil, e o fácil – belo"[5]. A beleza acontece quando alcançamos a liberdade criativa que tem por base a maestria.

Como foi referido, o estudo que desenvolveremos neste capítulo terá como guia *A Formação do Ator na Escola de Stanislávski*. Essa obra foi publicada pela primeira vez em 1968 e o seu autor, Grigori Kristi, foi um dos assistentes mais próximos de Stanislávski em suas últimas pesquisas. No Estúdio de Ópera e Arte Dramática, criado em 1935, Kristi ministrou aulas e atuou como diretor sob a orientação de Stanislávski.

A Formação do Ator na Escola de Stanislávski é uma obra bastante reveladora sobre a educação do ator tendo como base o Sistema de Stanislávski. Conforme esclarecimento de Prokófiev, ela foi escrita no decorrer de vários anos em que Kristi teve participação ativa junto à cátedra de Maestria do Ator da Escola-estúdio do TAM. A base artística e pedagógica da Escola-estúdio desde a sua fundação, em 1943 até os dias de hoje, é o Sistema de Stanislávski. Conforme a divisão pedagógica proposta por Kristi, o conteúdo do livro é destacado ano a ano, em separado, totalizando quatro anos de estudos. A seção do livro referente ao primeiro ano do curso, sobre a qual nos debruçaremos neste capítulo, foi publicada pela primeira vez

---

4   Salientamos que não desconsideramos a importância que a formação musical representou para Stanislávski desde a sua infância. Tendo, ele mesmo, atuado e dirigido inúmeras operetas ao longo do que denominou como a sua juventude artística. Nesse momento, nos referimos especialmente ao Estúdio com os cantores do Teatro Bolshói, devido a sua inegável contribuição para o desenvolvimento das pesquisas acerca do sistema, bem como ao Estúdio de Ópera e Arte Dramática, o último estúdio de experimentação conduzido por Stanislávski.

5   Ver supra capítulo 1.

em 1962. Também é importante ressaltar que nessa obra não estão descritas todas as disciplinas da Faculdade de Atuação, somente os princípios que se referem à cátedra de Maestria do Ator.

No prefácio do livro, Prokófiev elucida que a obra não é um resumo do Sistema e reforça inclusive que o conteúdo e a metodologia de educação/aprendizagem do ator por meio do Sistema não permaneceram no mesmo lugar através do tempo. Ao considerarmos o que os pedagogos da Escola-estúdio nos falaram nas entrevistas realizadas, confirmamos que esse constitui um ponto de vista justo sobre o Sistema. A pedagogia teatral fundamentada pelo Sistema de Stanislávski se dá no aqui e no agora e depende diretamente da singularidade artística de cada pedagogo ou pedagoga que conduz o processo criativo de aprendizagem e de cada estudante que recebe o que lhe está sendo transmitido naquele momento. Ainda de acordo com Prokófiev, com esse livro Kristi conseguiu unir as duas partes do Sistema: o trabalho do ator sobre si mesmo e o trabalho do ator sobre o papel e a peça. Nesse sentido, essa obra é particularmente importante para o presente estudo, já que contempla uma abordagem da prática pedagógica de princípios fundamentais que constituem o trabalho do ator sobre si mesmo, levando em consideração a nova metodologia de trabalho experimentada por Stanislávski no fim de sua vida.

Como foi mencionado, optamos aqui por direcionar a nossa abordagem para a seção do livro referente ao primeiro ano da Faculdade de Atuação e, dentro dessa seção, enfocamos, especialmente, os Elementos Orgânicos da Ação – parte essencial do processo pedagógico realizado durante o período inicial do curso. Para uma melhor contextualização, expomos a seguir o conteúdo trabalhado com o estudante-ator na cátedra de Maestria do Ator da Escola-estúdio em seu primeiro ano, de acordo com a obra de Kristi:

> "Conteúdo de Trabalho"
> Conversas sobre a arte teatral – Sobre a vocação do artista, sobre as bases direcionais na arte do ator. Ação: base das artes cênicas;

Elementos orgânicos da ação – Afinação para a ação, superação dos bloqueios musculares, percepção e espírito de observação, memória das sensações, ação em condições fictícias, desenvolvimento da coragem artística e da espontaneidade, ações com objetos imaginários, interação com o *partner;*

O trabalho sobre os *études;*

Exigências para os exames.

Iniciamos a nossa reflexão salientando alguns pontos tratados por Kristi no seu *Conteúdo de Trabalho* do primeiro ano que dialogam diretamente com o presente texto sobre o trabalho do ator sobre si mesmo. Assim, como vimos na fala de Vakhtángov acerca da revelação de si mesmo, Kristi também afirma que a revelação da individualidade criativa do estudante-ator consiste em uma das tarefas pedagógicas mais importantes da escola teatral. Nas palavras dele, "para resolver essa questão com êxito é necessário antes de tudo ajudar o estudante a se libertar das técnicas ingênuas e diletantes de atuação e fortalecê-lo no caminho da criação orgânica"[6]. Segundo Kristi:

> Se você se orientar pelo programa de Stanislávski, então, é preciso aceitar o trabalho do ator sobre si mesmo, ou seja, a assimilação das bases da técnica artística, como a principal tarefa do primeiro ano. O trabalho sobre o *étude* e sobre o fragmento deve estar subordinado a esta tarefa. O *étude* e o fragmento não devem acontecer por si mesmos, mas como uma etapa precisa do domínio da maestria, como um elo intermediário entre o trabalho do ator sobre si mesmo e sobre o papel. [...]
>
> Na base do trabalho do ator sobre si mesmo se encontra o princípio: partir do domínio consciente da técnica artística para o seu uso subconsciente.

6 Op. cit., p. 26.

O sistema – disse Stanislávski aos estudantes – não deve estar na cabeça, mas na memória de seus músculos.[7]

Destacamos na fala de Kristi, a importância concedida ao desenvolvimento do trabalho do ator sobre si mesmo como a principal tarefa do momento inicial da formação do estudante-ator na Escola-estúdio. Pois o trabalho do ator sobre si mesmo está intrinsecamente ligado à própria "assimilação das bases da técnica artística". O trabalho sobre os *études* foi aprofundado nas últimas pesquisas de Stanislávski e possui estreita conexão com o Método de Análise Ativa. Esse trabalho exerce papel fundamental tanto na assimilação da psicotécnica pelo estudante-ator como no próprio processo criativo. Ao possibilitar o acionamento dos elementos do Sistema para a realização da ação física, ao envolver o aparato psicofísico do ator em sua integridade, o trabalho sobre os *études* se configura como meio principal de aperfeiçoamento do trabalho do ator sobre si mesmo. Esse trabalho permite ao estudante-ator exercitar e desenvolver a si mesmo pelo princípio base do Sistema, já tantas vezes salientado aqui: alcançar o superconsciente por meio do consciente. E esse desenvolvimento, a assimilação do Sistema, deve acontecer no aparato psicofísico do ator a ponto de se tornar sua segunda natureza; é a isso que se refere a significativa fala de Stanislávski citada por Kristi: o Sistema deve estar na memória dos músculos dos atores. Não se pode assimilar o Sistema apenas no âmbito mental, pelo entendimento racional, antes de tudo é preciso saber realizar esse conhecimento na prática.

A partir desse princípio, citamos a fala do pedagogo Serguei Zemtsov, selecionada da entrevista concedida a mim em Moscou, em outubro de 2014, em resposta à questão: qual o papel da criação de *études* no processo de aprendizagem para o ator criativo?

> É o principal. Porque é como se todos os outros componentes conduzissem ao *étude*. Ele é, por assim dizer, a forma ideal,

7 Ibidem, p. 27-28.

onde eles [os estudantes] mostram o seu conhecimento. Ele tem a forma ideal para que eles mostrem o quanto assimilaram a atenção, a interação, o tempo e o ritmo e assim por diante. E, evidentemente, a fantasia também. O *étude* é muito importante. Ele é o mecanismo através do qual nós entendemos se eles assimilaram ou não assimilaram, se eles entenderam ou não compreenderam.

Tal saber é alcançado pelo fazer, portanto o trabalho com o *étude* permite justamente que o Sistema não repouse no âmbito teórico, no plano racional, e seja trabalhado de modo prático e consciente pelo estudante-ator na totalidade de corpo, mente e afetos. Sobre a união física e psíquica contida em cada ação, segundo Nair D'Agostini: "O sistema, em seus princípios e fundamentos, ensina o ator a fundir a ação física com a psíquica, criando uma completa harmonia do físico e do psíquico. Ele revela as riquezas ocultas que o ator abriga em seu interior para que possa compreender a natureza do sentimento da criação, mediante ação física e psicológica precisa e correta."[8]

O Sistema deve ser testado na prática cênica diariamente, como vimos em relação à toalete do ator, para que esse conhecimento possa atravessar o corpo e a alma do estudante-ator, permanecer nele como sensação e memória física e ser acionado pelo agir.

Antes de iniciarmos a abordagem sobre os "Elementos Orgânicos da Ação", também nos parece relevante apontarmos alguns dos temas tratados por Kristi no item Conversas Sobre a Arte Teatral, no qual são considerados os primeiros momentos do estudante-ator na sua formação na escola. Inicialmente, Kristi fala da importância do primeiro encontro dos pedagogos com os estudantes e ressalta o poder que o teatro tem de impactar profundamente o desenvolvimento espiritual das pessoas. Também está presente nas reflexões de Kristi o conhecido preceito de Stanislávski: ame a arte em si mesmo

---

8 *Stanislávski e o Método de Análise Ativa*, p. 76.

e não a si mesmo na arte. Pois, segundo ele, quem ama a arte em si mesmo é capaz de valorizar o processo criativo, já quem ama a si mesmo na arte está interessado somente nos resultados.

Sob essa óptica relembramos que o processo criativo é permanente e essencial para o ator da arte da *perejivánie*, não apenas durante os ensaios, mas também durante as apresentações diante do público, pois nessa arte o ator deve permanecer criador; já na arte da representação, a busca por resultados pode ser encaixada perfeitamente, uma vez que o ator trabalha exatamente para encontrar uma forma, ou um resultado, a ser incessantemente reproduzido.

Kristi aponta também para outro conceito caro a Stanislávski, o super-superobjetivo do ator, ou seja, o compromisso ético do ator com a sua arte. Na primeira parte d'*O Trabalho do Ator Sobre Si Mesmo*, Tortsov apresenta o significado do super-superobjetivo do ator ao citar como exemplo uma situação, que, ao que se sabe, acontecia de fato na época de Stanislávski: muitas pessoas chegavam de fora de Moscou para assistir aos espetáculos do TAM e, devido à grande procura por ingressos, não raro acampavam em frente ao teatro, na neve, para tentar conseguir um bilhete. O exemplo dado por Tortsov se refere ao mesmo tipo de situação que, segundo ele, ocorreu durante uma apresentação em São Petersburgo. De acordo com o relato de Tortsov-Stanislávski, ao ver aquelas pessoas que arriscavam a própria vida para assistir ao espetáculo teatral, ele reagiu com o seguinte pensamento:

> Que grandioso é o significado do teatro para as pessoas! Com que profundidade nós devemos compreendê-lo! Que honra e que felicidade levar uma alegria elevada para milhares de espectadores, dispostos a arriscar a vida para isso! Deu-me vontade de criar para mim mesmo um objetivo tão elevado que o chamei de super-superobjetivo e para a sua realização uma super-ação transversal.[9]

---

9 C. Stanislávski, *Sobránie Sotchinéni v 9 Tomakh, t. 2: Rabota Aktiora Nad Soboi, Tchást' 1*, p. 421.

Para Stanislávski, o artista deveria ter o seu próprio superobjetivo de vida, que seria, então, um super-superobjetivo. Essa última expressão trata de valorizar o objetivo de cada artista ao realizar a sua arte, considerando a importância que a arte pode (ou deveria) ter na vida das pessoas. Outro ponto abordado por Kristi é o respeito ao coletivo, já bastante discutido neste livro. No primeiro contato com os estudantes-atores, Kristi também aborda o que significa trabalhar sobre a arte da *perejivánie*: "A arte da *perejivánie* requer do ator não a criação de uma personagem[10] teatral convencional, de máscaras cênicas, e sim da imagem[11] de uma pessoa viva em todo o seu vital caráter concreto e autêntico, requer a capacidade de naturalmente e organicamente metamorfosear-se[12] em imagem e de viver a vida da personagem como se fosse a sua própria"[13].

Encontramos aqui novamente referências de oposição à arte da representação, quando Kristi fala das "máscaras cênicas", e também de recusa a uma prática que pode ser aplicada ao dito ofício da cena (artifício): "a criação de uma personagem teatral e convencional" – no sentido de apresentar ênfase exagerada, ausência de caráter humano e/ou clichês na sua atuação em cena. Tudo isso se afasta da busca artística configurada pelo processo de criação da *perejivánie* e da possibilidade de realização da *perevoploschénie*.

A partir do entendimento de que "a arte do ator é a arte da ação cênica"[14], Kristi organiza alguns passos possíveis para o momento inicial de assimilação do processo orgânico da ação pelo estudante-ator. De acordo com ele, no primeiro passo, o pedagogo pode propor que o estudante realize uma ação simples da vida, diante do pedagogo e de seus colegas de aula. No segundo passo, o estudante

---

10 Nesse momento, Kristi utiliza a palavra *personaj*. Trata-se de uma palavra estrangeira adotada pela língua russa.
11 Kristi opta pelo termo *óbraz*, que, como vimos, significa "imagem" e geralmente é utilizado como sinônimo de personagem na língua russa.
12 Kristi utiliza a palavra *perevoplotitsia* – *perevoploschénie* em forma verbal reflexiva. Optamos por traduzi-la como "metamorfosear-se".
13 *Vospitânie Aktiora Chkóly Stanislavskogo*, p. 44.
14 Ibidem, p. 46.

pode experimentar a realização de uma ação dentro de condições fictícias, reagindo às circunstâncias, sejam as que lhe foram propostas, ou as que ele mesmo criou, buscando justificar, assim, as ações realizadas. Conforme Kristi esclarece, nessa etapa ainda se trabalha totalmente sobre a improvisação, a fim de desenvolver no estudante a capacidade de se colocar no hoje, aqui e agora da cena. No terceiro passo, o estudante é solicitado a repetir as ações criadas. Para isso, a lógica e a coerência das ações realizadas devem ser memorizadas pelo estudante que deve repetir a sequência de ações, sem, no entanto, a repetir de fato – isso significa que o estado improvisacional, educado em si mesmo pelo trabalho sobre a psicotécnica, deve estar sempre presente no estudante-ator, mesmo ao trabalhar com a repetição de uma sequência de ações. Para Kristi, "a reprodução dessa lógica deve preservar os elementos primários e de improvisação. Os estudantes aprendem a repetir sem repetir, isto é, sem perder a organicidade do processo". Ele ressalta que esses três passos se referem à educação realizada no decorrer do primeiro ano de curso, já que no segundo e no terceiro ano são acrescentados novos desafios ligados ao "domínio da lógica das ações nas circunstâncias do papel" e a "ação na imagem (*perevoploschénie*)"[15].

Por meio desse trabalho, o pedagogo tem a tarefa de conduzir o estudante-ator para que se revele nele próprio, pela experimentação prática, a compreensão sobre a diferença existente entre agir organicamente e representar – ou demonstrar – uma ação. Kristi nos dá os seguintes exemplos que podem ser utilizados para essa tarefa. Pode ser solicitado aos estudantes que realizem uma ação simples, cotidiana, como abrir uma janela ou entrar na sala. E, em seguida, pedir que a mesma ação seja repetida. Na repetição, os elementos orgânicos como a percepção e a avaliação tendem a desaparecer, a ação pode se tornar demasiado rápida ou lenta, e no lugar da organicidade surge a mecanicidade, o convencionalismo e a afetação. Outra

---

15 Ibidem, p. 48. (A noção de *perevoploschénie* colocada entre parênteses é uma opção do autor.)

possibilidade de exercício observada por ele, para tornar ainda mais perceptível essa diferença, é o pedagogo esconder na sala algum objeto do próprio estudante e solicitar que ele o procure até que consiga encontrá-lo. Em seguida, a mesma ação de procurar o mesmo objeto deve ser repetida pelo estudante, com a diferença de que agora ele já sabe onde está o objeto.

Esses exemplos de Kristi são uma variação sobre o clássico exercício de Stanislávski exposto na primeira parte d'*O Trabalho do Ator Sobre Si Mesmo*, no capítulo III – "Ação, 'Se', Circunstâncias Propostas". Nesse exercício, Tortsov propõe à estudante Malolétkova as seguintes circunstâncias: a mãe dela perdeu o emprego e não há mais como pagar a escola de teatro, portanto ela não poderá seguir com o curso. Diante disso, uma amiga decide ajudar e lhe oferece um broche valioso. Como ela se recusa a aceitar o objeto, a amiga prende o broche na cortina da sala e sai, ela vai atrás da amiga e ao final de muita insistência decide aceitar o broche. Tortsov afirma que vai prender o objeto na cortina, mas na realidade não o faz. Em um primeiro momento, Malolétkova realiza o exercício simulando a procura pelo broche, demonstra desespero por não o encontrar e se serve de todo tipo de clichês diante da situação. Finalizando a cena, satisfeita com a sua própria interpretação se esquece totalmente que a sua ação era procurar o broche e que o seu objetivo era encontrá-lo. Quando Tortsov a questiona sobre onde está o broche e a lembra que se ela não encontrá-lo será expulsa da escola, Malolétkova retorna à cena e passa a procurá-lo minuciosamente em todos os cantos da cortina, em um ritmo diferente do anterior, e o fato de não o encontrar atravessa-a psicofisicamente, produz uma reação visível em sua voz, em seu corpo, em seu olhar que manifestam a preocupação da busca frustrada. O que significa que ela conseguiu se colocar nas circunstâncias, acreditar nelas e estava verdadeiramente agindo em cena. Tortsov analisa que, na primeira vez, Malolétkova estava preocupada apenas em sofrer, pelo próprio sofrimento, e fingia procurar o broche. Já na segunda vez, ela o procurou autenticamente e todos acreditaram em sua busca. Malolétkova pode, assim, perceber a diferença sobre o que ocorreu em si mesma enquanto estava simulando a ação, mais preocupada em demonstrar o seu sofrimento aos espectadores do que em agir, e enquanto estava agindo organicamente movida por um objetivo. Comparando o exercício proposto por Tortsov com o exemplo dado por Kristi, é como se depois de experimentar a ação orgânica, Malolétkova tivesse que voltar à cena mais uma vez e repetir a ação de procurar, agora sabendo que não encontraria o objeto. Desse modo, a estudante trabalharia sobre uma ação já realizada, conhecida em todos os seus passos, e o desafio seria realizá-la momento a momento, como se fosse a primeira vez, sem antecipar o próximo passo. Essa poderia ser uma síntese do próprio trabalho do ator. Aqui se evidencia a ideia de repetir sem, no entanto, repetir. Nesse caso, podemos fazer uma ligação com o trabalho sobre o papel, que, mais tarde, com a evolução de seu processo formativo, o estudante terá de realizar. No trabalho sobre o papel, sobre a sua partitura de ações, o ator conhece toda a vida do papel, conhece todos os acontecimentos que compõem o espetáculo, mas precisa agir como se não os conhecesse, como se não soubesse o que vem depois, e como tal, deve se manter em estado criador – improvisacional.

Conforme acontece a percepção do estudante-ator sobre a organicidade da ação, lembrando que o aprendizado se dá tanto para quem age quanto para quem observa a ação, é preciso também que se desenvolva conjuntamente a compreensão dos objetivos (o que eu quero), da justificativa das ações (por que e para que eu quero), dos obstáculos ou circunstâncias (o que me impede de conseguir o que eu quero) e da adaptação (como eu faço para conseguir o que eu quero). Sendo que, para Stanislávski, "o que eu faço" (a ação realizada) é consciente e o "como" é inconsciente, pois está ligado ao fluxo criativo, à vida proporcionada pelo estado criador da improvisação.

A Escola-estúdio do TAM: Um Olhar Sobre a Prática

Os Elementos Orgânicos da Ação

A Afinação Para a Ação

A partir dessas considerações iniciais, passaremos a abordar os Elementos Orgânicos da Ação apontados por Kristi em sua obra. A Afinação Para a Ação é o primeiro elemento tratado por ele, que declara: "É preciso começar as aulas práticas com os estudantes pela educação de hábitos elementares, necessários para o trabalho coletivo de criação. São esses: concentração[16] interna, organização, sentimento colaborativo e apoio mútuo do *partner*, prontidão ligada ativamente ao processo de ação cênica."[17]

Os exemplos dados por Kristi para a educação inicial desses hábitos nos estudantes-atores, tais como a recepção do pedagogo em sala de aula de modo organizado, harmonioso e sem barulho, a ação de se sentarem todos ao mesmo tempo organizados em círculo com atenção à precisão e à velocidade, se relacionam com a prática que presenciei ao observar as aulas de Serguei Zemtsov, pedagogo da cátedra de Maestria do Ator, com a turma do primeiro ano na Escola-estúdio do TAM, no segundo semestre de 2014. Parece-nos uma possibilidade fecunda de conhecimento conectar as observações que Kristi realizou na Escola-estúdio por volta da década de 1960 com a experiência recente que vivenciei nessa mesma instituição. Lembrando que a perspectiva de Kristi sobre os ensinamentos da Escola-estúdio foi nutrida, essencialmente, pelas experimentações cênicas e pedagógicas que acompanhou e conduziu sob a orientação de Stanislávski no Estúdio de Ópera e Arte Dramática, na década de 1930.

---

16 Aqui encontramos a palavra *sóbrannost'*, que além de "concentração" pode ser lida como "presença de espírito". Para a palavra *sóbrannyi* encontramos os seguintes sinônimos: "concentrado, pronto para agir" (ver N. Voinova et al., *Dicionário Russo-Português*, p. 589). A ideia de prontidão para a ação nos parece bastante adequada ao que se busca alcançar no momento apontado por Kristi, tanto é que o último "hábito elementar" apontado por ele se refere exatamente a essa questão.

17 *Vospitânie Aktiora Chkóly Stanislavskogo*, p. 52.

Como regra, todas as aulas de Zemtsov têm início com os estudantes já em sala à espera do pedagogo. Quando o pedagogo entra na sala, todos se encontram em silêncio, em pé diante de cadeiras organizadas em semicírculo, com intervalos iguais entre elas. Somente após o pedagogo se sentar, os estudantes se sentam, todos ao mesmo tempo. Aqui já inicia a primeira tarefa, a criação do hábito da percepção do coletivo, da prontidão e da concentração, que deve se tornar segunda natureza no ator. Caso algum estudante realize a ação de se sentar de modo dissonante do grupo, a ação é realizada novamente até que todos a executem em conexão com o coletivo. Para que o caráter pedagógico desse momento inicial da aula fique bem compreendido, salientamos que o que foi relatado não possui de forma alguma um objetivo autoritário, pelo contrário, a atmosfera das aulas de Zemtsov é constituída pela leveza e pela alegria dos jovens estudantes. Essa tarefa se propõe, principalmente, ao esforço e ao cumprimento do desafio colocado: a conexão coletiva, a escuta do outro, de si mesmo e de todo o grupo. Da mesma forma que também é visível o respeito tanto pelo conhecimento do pedagogo, quanto pela arte e pelo próprio coletivo.

Esse procedimento ajuda a transmitir ao estudante-ator a necessidade de contribuir para o estabelecimento de uma atmosfera criativa de concentração, de harmonia e de amplitude perceptiva. No momento inicial da sua formação, essa atmosfera criativa é estabelecida em busca do melhor aproveitamento em aula dos ensinamentos aprendidos, pelo estudante e pelo coletivo. Mais tarde, nos anos finais da formação e no âmbito profissional, espera-se que o estudante-ator já tenha educado em si mesmo essa necessidade. Esse é também um procedimento educativo que visa a preparar o estudante-ator para o seu futuro artístico, no qual seja capaz de ajudar a estabelecer a atmosfera criativa durante o processo de ensaios, bem como em cada apresentação cênica.

Certamente, existem infinitas variantes de exercícios para desenvolver os hábitos citados. Kristi cita mais algumas tarefas possíveis de serem realizadas: em silêncio, simplesmente trocar de lugar com

A Escola-estúdio do TAM: Um Olhar Sobre a Prática

um *partner* ou trocar de lugar levando a cadeira junto, depois fazer o mesmo de olhos fechados; o pedagogo pode propor uma sequência de ações, tais como: todos, simultaneamente, devem pegar as suas cadeiras, organizá-las em um círculo com intervalos precisos para depois se sentar ao mesmo tempo. Segundo Kristi, essas tarefas podem ser realizadas em diferentes velocidades e com música. O objetivo é que os estudantes adquiram a capacidade de realizar as ações com atenção, "precisão, organização, leveza, silêncio e rapidez" também nos demais exercícios realizados em sala de aula ou na troca de objetos de cena. São citadas ainda tarefas que envolvem ritmo, atenção a detalhes e agilidade mental. Desse modo, os exercícios referidos desenvolvem tanto os elementos necessários para a realização da criação cênica propriamente dita, quanto o senso de coletividade, a ética e a disciplina, que são valores indispensáveis ao ator no trabalho sobre o Sistema.

Existe grande semelhança entre os exercícios e os princípios relatados por Kristi e a prática que observei nas aulas de Zemtsov. Por exemplo, a troca de lugares entre os *partners* também era um dos exercícios propostos por Zemtsov, em associação com a variação da velocidade da ação: sentados nas cadeiras dispostas em semicírculo cada estudante deveria escolher apenas com o olhar, em silêncio e sem fazer qualquer tipo de sinal, o seu parceiro para o exercício. Escolhido o parceiro, a troca de lugares deveria acontecer entre todas as duplas ao mesmo tempo, de acordo com o número de palmas definidas pelo pedagogo, isto é, primeiramente era determinado o número de palmas, e em seguida, enquanto o pedagogo batia as palmas, os estudantes deveriam realizar a travessia para a troca de lugar. Desse modo, se o número definido era de cinco palmas, cada estudante deveria fazer a sua travessia de tal maneira que se levantaria na primeira palma e se sentaria na quinta precisamente, mantendo o ritmo constante no andar. Deveria se buscar a mesma precisão caso o número definido fosse de uma palma, na qual a velocidade da travessia deveria ser a mais rápida possível usando a máxima atenção, pois todos os estudantes estariam atravessando, ao mesmo tempo, o espaço da sala.

Os exercícios que envolviam tempo-ritmo, precisão, profunda atenção e agilidade mental eram variados e frequentes nas aulas de Zemtsov. Cito aqui mais um deles: o exercício se inicia com os estudantes sentados nas cadeiras organizadas em semicírculo, então, todos os estudantes devem se levantar, pegar as cadeiras ao mesmo tempo e, em seguida, começar a andar pela sala segurando sua cadeira. Algum estudante, escolhido pelo pedagogo, deve chamar um colega pelo nome e fazer a ele uma pergunta qualquer, como, por exemplo: qual o seu filme favorito? Ou o que você comeu hoje no café da manhã? O colega questionado deve responder imediatamente, sem parar de andar, e, após dar a sua resposta, chamar outro colega e fazer uma nova pergunta e assim por diante, até que todos os estudantes tenham participado. É preciso estar atento para saber quem ainda falta participar, pois quem já foi chamado não pode participar duas vezes. O movimento dos estudantes andando com precisão pela sala, segurando suas cadeiras, não deve cessar até o fim do exercício, quando todos voltam a organizar as cadeiras em semicírculo e se sentam simultaneamente.

Quando todos já estão sentados, o pedagogo pergunta para cada estudante o que ele se lembra do exercício: quem perguntou o que para quem e o que foi respondido. O objetivo é lembrar o maior número de perguntas e de respostas, na sequência em que elas aconteceram, bem como quem foi o autor de cada uma delas. O exercício exige plena atenção ao que está acontecendo no momento, ao *partner*, a si mesmo, ao espaço cênico e às tarefas a serem realizadas.

Foi possível perceber que à medida que os estudantes realizavam tais exercícios – os quais exigiam deles diferentes tipos de atenção necessárias à sua capacidade de realizar uma ação orgânica em cena – em cada um deles estava acontecendo uma evolução. Em alguns estudantes a evolução era bastante nítida, em outros era menor, mas também perceptível. De fato, a cada aula, as tarefas passavam a ser realizadas com maior domínio, precisão e facilidade. Ao longo dessa evolução, as exigências do pedagogo aumentavam, e os exercícios

A Escola-estúdio do TAM: Um Olhar Sobre a Prática

se tornavam mais e mais complexos[18], requisitando um envolvimento mais profundo de cada estudante. Nesse sentido, ressaltamos novamente a atmosfera ativa, alegre e desafiadora que se estabelecia durante a aula, caracterizada não somente pela juventude dos estudantes como também pelo estímulo do pedagogo. Afinal, o estabelecimento de uma atmosfera propícia à criação é o que se busca para o próprio trabalho do ator em cena.

A Superação dos Bloqueios Musculares

No elemento Superação dos Bloqueios Musculares, Kristi inicia a sua reflexão ao evocar o exemplo do atleta que em condições normais de treino é capaz de bater um recorde, mas que no momento da competição, muitas vezes, apresenta resultados inferiores à sua real capacidade. Para Kristi, em uma situação de competição, a consciência do atleta sobre a sua responsabilidade em alcançar determinados resultados e a agitação do momento podem produzir efeitos negativos que alteram o ritmo cardíaco, a pressão arterial e a respiração, produzindo tensão muscular e gerando bloqueios na capacidade de raciocínio. Isso tudo leva a um desperdício de energia que extenua o atleta e, evidentemente, afeta o envolvimento da integridade de seu aparato psicofísico na realização do trabalho.

Dessa forma, Kristi compara as condições nas quais o atleta se encontra durante a competição com as condições enfrentadas pelo ator em cena, diante dos espectadores. Vimos em um momento anterior, sobretudo em nossa abordagem sobre a segunda natureza, o quanto o elemento libertação muscular foi fundamental para Stanislávski. O excesso de tensões musculares como obstáculo para a

18 Por exemplo, para complexificar o exercício citado, o pedagogo podia propor também que durante a realização do exercício, os estudantes percebessem e contassem quantas vezes ele batia palmas e o pé no chão (a quantidade de cada modalidade de batida era definida pelo próprio pedagogo, sem dizer aos estudantes). No final do exercício, cada estudante precisava responder a quantidade de palmas e de batidas de pé que haviam sido realizadas pelo pedagogo.

criação orgânica do ator em cena foi uma das primeiras percepções de Stanislávski em seu próprio trabalho de ator e em outros atores. A partir dessa percepção, a libertação muscular se tornou um dos elementos fundamentais do Sistema. Portanto, o trabalho sobre si mesmo referente à tomada de consciência sobre as tensões desnecessárias, bem como a capacidade de superá-las deve se tornar parte do hábito consciente do artista desde o início da sua formação até que ele se transforme em sua segunda natureza.

Segundo Kristi, um dos meios de verificar se o estudante adquiriu a capacidade de libertar os músculos conscientemente é propor que ele se deite de costas para o chão e verifique a situação das suas mãos e braços. Comece por esticar todos os dedos e a própria mão e, em seguida, relaxe-os. O pedagogo, ou um colega, podem também ajudar pegando a mão do estudante pelos dedos e começando a movimentá-la. A mão e o braço devem se tornar pesados, submetendo-se sem resistência aos movimentos realizados, sem tentar comandá-los de nenhuma forma. Ao serem soltos, se os músculos do estudante estiverem de fato livres, o braço deve cair com a articulação do cotovelo levemente dobrada. Além disso, para adquirir domínio consciente sobre o aparato corporal, Kristi afirma que é importante que o estudante aprenda a "libertar somente determinado grupo muscular, mantendo a tensão em outro grupo. Por exemplo, libertar os músculos do braço direito e da perna esquerda, tensionando o braço esquerdo e a perna direita"[19]. Esse tipo de exercício, além de trabalhar a consciência do estudante sobre o seu aparato psicofísico para a libertação muscular, também permite o descondicionamento mental e corporal. Ao se propor uma ativação alternada dos músculos, trabalha-se com uma dissociação que é incomum no dia a dia, por isso novas percepções são aguçadas. Para Kristi, essas práticas tornam mais perceptível se as tensões persistem e, ao mesmo tempo, ajudam o estudante a superá-las de modo consciente. Sobre a importância da sensibilidade do pedagogo nesse trabalho, Kristi nos diz:

19 *Vospitânie Aktiora Chkóly Stanislavskogo*, p. 58.

A Escola-estúdio do TAM: Um Olhar Sobre a Prática

É muito importante que o pedagogo saiba perceber os menores bloqueios[20] musculares que surgirem no decorrer de qualquer exercício e indicar precisamente quem possui tensão na face, no andar, quem apertou os dedos das mãos, levantou os ombros, respira tensamente e assim por diante. Juntamente com a eliminação das falhas individuais são conduzidos exercícios necessários para todos sobre a libertação das tensões musculares involuntárias.[21]

Desse modo, o trabalho do pedagogo se dá, paralelamente, no plano individual e no plano coletivo, considerando que a maior parte dos exercícios é proveitosa para o aprimoramento de todos. Contudo, cada estudante pode apresentar um tipo diferente de bloqueio, e o pedagogo deve ser capaz de percebê-lo para que seja possível torná-lo consciente ao estudante, de modo que ele mesmo consiga ativar meios de atenuá-lo ou superá-los.

Kristi nos apresenta o seguinte exercício, observado com estudantes da Escola-estúdio, como exemplo para a libertação muscular: o exercício se inicia em pé, os estudantes devem elevar os braços e se colocar na ponta dos pés, de maneira a esticar todo o corpo, tensionando os seus músculos o máximo que for possível, como se estivessem colocando algo pesado em uma prateleira alta. Em seguida, de uma só vez, devem relaxar todo o corpo e se deixar cair em uma cadeira. Seguindo com o exercício, os estudantes devem se recompor e se sentar sem apoiar as costas na cadeira, em prontidão. Ao comando de um sinal, imediatamente devem se levantar e começar a executar novamente toda a sequência de movimentos da ação anterior.

Reafirmando a nossa abordagem sobre as pesquisas de Stanislávski acerca da plasticidade dos movimentos do ator, Kristi afirma que: "o embaraço muscular é inimigo da plasticidade". Em seguida,

---

20 Aqui se encontra a palavra *zajim*, sobre a qual já nos referimos.
21 *Vospitânie Aktiora Chkóly Stanislavskogo*, p. 56.

ao relacionar a possibilidade de produção de sentidos e de imagens cênicas ao trabalho com a libertação muscular e a plasticidade, ele se refere à Stanislávski: "Pode-se levantar e estender o braço, como uma cancela, disse Stanislávski, e pode-se desenrolá-lo, como se desenrola o pescoço de um cisne."[22] Sobre a relação existente entre a conquista da liberdade muscular e a execução plástica dos movimentos pelo estudante-ator, Kristi esclarece que:

> Ao procurar alcançar a liberdade e a plasticidade do gesto, é preciso aprender, inicialmente devagar e depois rapidamente, a desenrolar e a enrolar o movimento, como se estivesse deixando passar gradualmente a energia muscular[23] pelo braço, do ombro até a ponta dos dedos e de volta. Nesse caso, os gestos que significam, por exemplo: "Olhe para lá!", ou "Fora daqui!", ou "Vem cá!", e assim por diante, vão se tornar eficazes e expressivos.
>
> Qualquer exercício técnico deve ser tanto quanto possível justificado com ações. Assim, fazendo movimentos amplos por todo o braço para frente e para trás, para cima e para baixo, é possível atrair ou afastar algo de si, e executando movimentos de rotação a partir dos cotovelos, traçar com os dedos um círculo em uma parede imaginária.[24]

Para tornar ainda mais concreta a ideia exposta por Kristi de que "qualquer exercício técnico deve ser tanto quanto possível justificado com ações", partindo do princípio que isso permite ao estudante, desde os movimentos mais simples, exercitar sua capacidade de agir, vamos exemplificar por meio do exercício mais comum e inicial que

22 Ibidem, p. 58.
23 Kristi utiliza aqui a expressão *"energia muscular"*. No entanto, é importante considerar que essa obra foi escrita durante o regime soviético, na década de 1960. Então, do mesmo modo que, por conta da censura, o prana foi substituído por *energia muscular* na obra escrita de Stanislávski, também podemos pensar que, ao utilizar nesse texto o mesmo termo, Kristi também está se referindo ao prana, apenas não pode fazer uso da palavra.
24 *Vospitânie Aktiora Chkóly Stanislavskogo*, p. 58.

A Escola-estúdio do TAM: Um Olhar Sobre a Prática

observei na aula de Vladímir Sajin, pedagogo da cátedra de Educação Plástica do Ator, na disciplina de Movimento Cênico, o trabalho sobre as articulações do pescoço. Comumente, esse é o exercício inicial de qualquer aula de teatro. O que chama a atenção é que Sajin propõe que mesmo o exercício mais simples seja justificado. Desse modo, ao mover a cabeça para frente, para a direita ou para a esquerda, é como se os estudantes estivessem tentando entender algo e perguntando: o que foi? Quando eles a deslocam para trás, é como se estivessem dizendo: Não é possível!

As aulas de Movimento Cênico que observei, e que em determinadas aulas também tive a oportunidade de realizar na prática, na Escola-estúdio, sob a condução de Sajin, consistiam em um treinamento intenso que incluía exercícios de força, flexibilidade, equilíbrio e acrobacias. As aulas aconteciam quatro vezes por semana, de forma conectada com as aulas de Fala Cênica. Essa conexão reforça a ideia de que são disciplinas complementares, pois ambas trabalham pela superação de bloqueios e pelo aperfeiçoamento do aparato psicofísico do estudante-ator. Para a realização dessas disciplinas, a turma de trinta estudantes era dividida em dois grupos. Então, simultaneamente, enquanto um grupo fazia aula de Movimento Cênico, o outro grupo estava fazendo a aula de Fala Cênica. Ao término do tempo de uma aula, os grupos eram trocados.

Para finalizar a discussão sobre superação dos bloqueios musculares, mesmo nos desviando um pouco do contexto que estamos trabalhando nesse momento e que diz respeito ao primeiro ano de curso, pensamos que poderia ser interessante trazer um pouco de minha experiência com a prática de Esgrima Cênica na Escola-estúdio. A Esgrima Cênica é conduzida por Andrei Uraev e por Grigori Levakov, pedagogos da cátedra de Educação Plástica do Ator, sendo ofertada aos estudantes da Escola-estúdio durante o terceiro ano de curso.

Em primeiro lugar devo dizer que relaciono essa prática com a noção de segunda natureza: absorver a técnica dos movimentos até torná-la um hábito, um reflexo espontâneo. Todas as aulas eram iniciadas com o aquecimento das articulações conduzido por um dos estudantes. Em seguida, todo o coletivo, simultaneamente, realizava os movimentos básicos que constituem a técnica: um passo para frente[25], um passo para trás, dois passos para frente, dois passos para trás, salto para frente, salto para trás, o inimigo está atrás de você, mudança de direção, entre outros. Nesse exercício se trabalha a atenção, o tempo-ritmo, a plasticidade, a precisão, bem como a agilidade e a flexibilidade, física e mental. Todo esse trabalho sempre era realizado individual e coletivamente.

Em um segundo momento da aula de Esgrima Cênica, a técnica era trabalhada em duplas, por meio do treinamento de uma sequência de movimentos de ataque e defesa, isto é, uma partitura de movimentos que compõe um pequeno *étude*. Nessa etapa, o pedagogo exigia dos estudantes a justificativa dos movimentos, ou seja, a transformação dos movimentos em ação. Quando a dupla de *partners* se encontra frente a frente, cada um empunhando a sua espada e em posição de prontidão, está criada a iminência de um duelo. Para justificar seus movimentos o estudante-ator deve agir de acordo com as circunstâncias de cada instante, realizando as ações que se fazem necessárias. Por exemplo, quando eu sou atacada com uma espada pelo meu *partner*, para dar sequência à partitura de movimentos, eu necessito me defender e atacar. Ou, então, na iminência do duelo eu posso decidir começar o ataque e, nesse caso, o meu *partner* terá necessidade de se defender e, como resposta, eu serei atacada por ele, e assim por diante. Então, acontece o jogo: a adaptação e a interação entre os *partners* que buscam estabelecer uma verdadeira comunicação. Dessa forma, podemos dizer que os elementos do Sistema vão sendo exercitados junto ao aprimoramento da técnica.

---

25 Por exemplo, para tornar mais claro no que consiste esse movimento, que é o mais básico de toda a técnica, podemos descrevê-lo do seguinte modo: parte-se de uma posição de prontidão para o combate, quando as pernas se encontram afastadas, uma perna mais à frente da outra, e os joelhos um pouco flexionados, constituindo uma base equilibrada. O movimento se inicia com um passo largo para frente, mantendo a base firme das pernas e quadril, ao mesmo tempo que se aponta a espada para frente esticando o braço e o outro braço faz uma abertura para trás.

A Escola-estúdio do TAM: Um Olhar Sobre a Prática

A partir da metade do semestre, passaram a ser realizadas improvisações dos movimentos de luta entre os *partners*. Levando-se em conta que a técnica já estava mais assimilada, cada estudante pôde começar a explorar de fato a sua capacidade de adaptação nessas circunstâncias. As improvisações possibilitavam, então, certa liberdade criativa, que dependia do grau de assimilação da técnica em que se encontrava cada estudante. No final do semestre, o pedagogo transmitiu duas sequências de movimentos mais complexos de ataque e de defesa, que deviam ser dominados pelos estudantes e "repetidos, sem repetir", conforme ressaltou Kristi.

Nesse processo de incorporação da técnica, quando começa a existir algum domínio sobre ela e se torna possível criar um *étude*, que será trabalhado e aprofundado pela repetição, pude perceber que a arte da *perejivánie* e o processo de criação da *voploschénie* também passam a ser exercitados pelo estudante-ator.

A Percepção e o Espírito de Observação

No elemento Percepção e Espírito de Observação, aborda-se a importância da realização de exercícios que aprimorem os sentidos do estudante-ator. Esse aprimoramento está diretamente relacionado com o grau de percepção do estudante-ator em cena, com a sua capacidade de improvisação, de adaptação e, portanto, com a própria realização da arte da *perejivánie*. Conforme Kristi:

> Na arte da *perejivánie* se atribui imensa importância aos momentos de improvisação, enquanto na arte da representação eles são considerados não apenas indesejáveis, mas também prejudiciais, capazes de perturbar a forma cênica fixada de uma vez e para sempre. Do ponto de vista de Stanislávski, o sentimento vivo em mudança no ator acarreta uma mudança correspondente na forma. Caso contrário, a forma vai deixar de expressar com toda a sua precisão o conteúdo do momento presente.

Em cena, muitas vezes, se vê atores com os órgãos dos sentidos atrofiados. Eles apenas fingem que estão olhando e ouvindo, mas na realidade não percebem o que está acontecendo ao redor. Tais atores, naturalmente, são inacessíveis às sutilezas próprias da arte da *perejivánie*.[26]

Já falamos o quanto Stanislávski se dedicou, na prática e na escrita, sobre as diferenças entre a arte da *perejivánie* e a arte da representação. O ator da arte da *perejivánie* deveria compreender essa diferença em si mesmo. Como vimos, a sensibilidade desenvolvida pelo estudante-ator em seu aparato psicofísico deveria ser tão aprimorada que o processo de *perejivánie*, o vivo, deveria se refletir instantaneamente na forma da *voploschénie*, como se fosse as cordas de um instrumento tocado pelo músico. A "reação" do instrumento é imediata e quanto maior for a excelência artística do músico, mais próximo de sua alma criadora será a expressão revelada em seu toque.

Os atores com "sentidos atrofiados", referidos por Kristi, seriam como um instrumento desafinado no qual só se pode manifestar uma sonoridade não desejada pelo músico ou como um instrumento quebrado incapaz de reagir a qualquer toque. No caso da arte da representação, o instrumento pode se encontrar afinado e em perfeitas condições, no entanto age de modo autônomo, programado e, portanto, também não é capaz de reagir ao artista. A partir do momento que o estudante aprimora a sua capacidade de percepção e de observação em cena, ele olha e vê, escuta e ouve, e consegue criar, efetivamente, uma relação com o *partner* e com o que está acontecendo em cena. Como disse Stanislávski-Tortsov ao se referir ao ator, além de reaprender a andar, a movimentar-se, a sentar-se e se deitar em cena, "é indispensável aprender ainda a olhar e ver, a escutar e ouvir em cena"[27]. Assim, para que o estudante seja capaz de perceber detalhes e pequenas ou grandes mudanças que podem surgir

---

26 *Vospitânie Aktiora Chkóly Stanislavskogo*, p. 60-61.
27 *Sobránie Sotchinéni v 9 Tomakh, t. 2: Rabota Aktiora Nad Soboi, Tchást' 1*, p. 152.

no aqui e agora do acontecimento cênico e para que essa percepção se torne alimento para a sua vida cênica, é preciso realizar um treinamento contínuo sobre o seu aparato sensorial. Afinal, como afirmou Kristi: "A percepção dos objetos do mundo externo – por meio da visão, da audição, do olfato, do tato, do paladar – é o primeiro e necessário passo de qualquer processo orgânico vivo. Este processo se encontra na base da arte do ator, que se apoia nas leis da psicofisiologia humana."[28]

Foram selecionados por nós alguns dos exercícios citados por Kristi para o aprimoramento da capacidade sensorial do estudante-ator no decorrer do primeiro ano de formação na Escola-estúdio. Para a capacidade de percepção visual do estudante-ator, por exemplo: nomear o objeto mais distante e o mais próximo de seu campo de visão; nomear todos os objetos da sala; nomear os objetos que se iniciam com determinada letra; reproduzir com precisão a posição ou a sequência de movimentos do *partner*; observar os objetos que estão em uma mesa, sair da sala e ao retornar relatar as alterações que foram realizadas. Kristi atenta para o fato de que ao repetir os exercícios devem ser adicionadas novas perguntas com a finalidade de impulsionar o estudante a perceber todas as minúcias possíveis. Outro exercício relatado por ele: a observação dos olhos dos colegas. Os estudantes devem observar o formato, as cores, a expressão e depois relatar o que perceberam. Após isso, podem retornar à observação dos olhos para verificar a sua primeira impressão e procurar outros detalhes que passaram despercebidos da primeira vez. Para desenvolver a percepção auditiva: escutar os barulhos da rua, por exemplo, o carro que passou foi em qual direção, ou imaginar a partir dos sons o que está acontecendo do lado de fora da sala, nos corredores, nas escadas. Para o desenvolvimento do tato: usar somente o toque para definir o material, a forma, o tamanho de determinado objeto. Em relação ao olfato e ao paladar, Kristi sugere recorrer às sensações evocadas pela memória e pela imaginação.

28 *Vospitânie Aktiora Chkóly Stanislavskogo*, p. 59-60.

Sobre a percepção e o espírito de observação, dentre os exercícios que acompanhei durante as aulas de Zemtsov na Escola-estúdio, escolhi o que se segue: o grupo de estudantes é dividido em duas partes, uma parte se posiciona em pé, lado a lado, no fundo da sala, de costas para os espectadores, a outra parte dos estudantes apenas assiste ao exercício. Uma cadeira é colocada em cena. Ao sinal do pedagogo, um estudante, que se encontra na parede do fundo deve virar-se, ir imediatamente até a cadeira, criar a posição mais complexa que consegue realizar e "congelar" o movimento, como se fosse uma estátua. No próximo sinal do pedagogo, outro estudante deve vir até o primeiro, observar e apreender a posição criada por ele durante o tempo de cinco segundos, depois disso, o estudante que estava na posição da estátua vai se sentar junto dos estudantes-espectadores, então o estudante que o observou deve tentar realizar também a mesma posição, rapidamente e com a maior precisão possível. Assim que ele "congela" na posição, ao comando do pedagogo, o próximo estudante que estava de costas no fundo da sala deve vir até o estudante-estátua e observá-lo pelos mesmos cinco segundos. E assim por diante, até que todos participem. Após a realização da última posição-estátua, o primeiro estudante realiza novamente a posição original, para que seja possível comparar as mudanças que ocorreram durante o percurso até a última posição e perceber o grau de precisão com que cada estudante transmitiu ao outro a primeira forma que foi criada. Nesse exercício, os estudantes que observam como espectadores também exercitam a sua própria capacidade de percepção sobre os detalhes que são esquecidos, não vistos ou percebidos e transformados por seus colegas na hora de executar a tarefa.

Após a realização desses exercícios iniciais, Kristi propõe que os exercícios se tornem mais complexos pela exigência da justificativa interna de cada um, como foi proposto nos exercícios de libertação muscular, aliando, dessa forma, o aprimoramento da capacidade sensorial do estudante-ator com o desenvolvimento da imaginação. Por exemplo, se o estudante direciona a sua atenção para a escuta do barulho dos carros que estão passando pela rua é porque se encontra

A Escola-estúdio do TAM: Um Olhar Sobre a Prática

à espera do socorro que virá para salvar a vida de alguém próximo. Sendo assim, o próprio trabalho de aprimoramento dos sentidos passa a acontecer em conexão com a realização de uma ação física. Acerca desse tema, Stanislávski-Tortsov transmitiu aos estudantes o seguinte entendimento: "A atenção dirigida ao objeto desperta a necessidade natural de fazer algo com ele. A própria ação concentra ainda mais a atenção no objeto. Dessa maneira, a atenção, unindo-se com a ação e ao se entrelaçar reciprocamente com ela, cria um forte vínculo com o objeto."[29]

Stanislávski está tratando aqui do que chamou de atenção criadora, uma atenção ativa, autêntica, isto é, não mecânica. Nesse sentido, Stanislávski-Tortsov salientou que: "Estar atento e parecer atento não são a mesma coisa. Experimentem em vocês mesmos perceber o que é fingimento e o que é um olhar autêntico."[30]

Kristi aponta outra prática considerada por Stanislávski fundamental aos atores em formação: a observação do comportamento das pessoas nas mais diversas circunstâncias. Segundo Kristi, é importante analisar a lógica e a dinâmica dos acontecimentos que se observam na vida. A observação pode se dar na rua, no metrô, no teatro. Os estudantes devem tentar determinar qual o estado de ânimo da pessoa, a profissão, quais as circunstâncias que a afetam naquele momento. Por exemplo: ela está esperando por alguém? Por quem ela espera? Os estudantes também devem observar como se dá a lógica das relações humanas. Por exemplo, quais são as nuances comportamentais presentes no encontro entre velhos amigos ou entre amigos mais recentes, entre pessoas que são hostis umas com as outras. Nesse exercício, Kristi ressalta a importância de

> ensinar ao futuro ator não só a observar, mas também a ser capaz de analisar os processos orgânicos, dividi-los em partes integrantes. Stanislávski recomendava insistentemente aos

---

29 *Sobránie Sotchinéni v 9 Tomakh, t. 2: Rabota Aktiora Nad Soboi, Tchást' 1*, p. 151.
30 Ibidem, p. 153.

atores que anotassem a lógica do comportamento humano em diferentes circunstâncias da vida e situações. Ele considerava que posteriormente esses registros seriam um material precioso para a criação[31].

Como salientou Kristi, para Stanislávski o ator deveria ter a capacidade de observar atentamente não só o que está acontecendo em cena, mas também o que se passa na vida cotidiana e na natureza. Nas palavras de Stanislávski-Tortsov,

> As pessoas não sabem distinguir pelo rosto, pelo olhar, pelo timbre da voz, em que estado se encontra o seu interlocutor, não sabem olhar ativamente e ver a verdade complexa da vida, não sabem escutar com atenção e ouvir verdadeiramente. Se eles soubessem fazê-lo, a criação seria infinitamente mais rica, mais sutil e mais profunda. Mas não se pode colocar em uma pessoa o que não foi dado a ela pela natureza, somente é possível tratar de desenvolver e completar o que já existe nela, mesmo que não seja muito.
>
> Na esfera da atenção, esse trabalho requer uma imensa labuta, tempo, desejo e exercícios sistemáticos.[32]

Sobre a tarefa do pedagogo nesse âmbito, Kristi afirma que

> A tarefa do pedagogo é orientar e verificar as observações da vida realizadas de forma independente pelos estudantes. Propõe-se que eles façam um relato sobre o comportamento das pessoas que foram objeto da sua observação e, tanto quanto possível, reproduzam determinados momentos do seu comportamento em ação. Além disso, os estudantes não devem tentar copiar o lado externo do comportamento humano,

---

31 *Vospitânie Aktiora Chkóly Stanislavskogo*, p. 64.
32 *Sobránie Sotchinéni v 9 Tomakh, t. 2: Rabota Aktiora Nad Soboi, Tchást' 1*, p. 177.

A Escola-estúdio do TAM: Um Olhar Sobre a Prática

nem imitar uma personagem, mas transferir a lógica da ação, combinando a sua história com a apresentação. Na história as observações reais podem ser completadas com a fantasia, que ajuda a transmitir os acontecimentos de modo mais visível, do que o que transcorreu na realidade.[33]

A respeito desse exercício-relato proposto por Kristi aos estudantes sobre um acontecimento observado, com a possibilidade de completá-lo com informações imaginadas, remeto-me ao seguinte exercício que acompanhei nas aulas de Zemtsov: os estudantes também deveriam relatar algum acontecimento que observaram e nele introduzir fatos fictícios. O objetivo de quem está escutando a história é tentar descobrir quais são essas informações inventadas. Sendo assim, a tarefa de quem está relatando deve ser a busca por um envolvimento tão integral com o seu relato, com a sua imaginação, com a fé e o sentido da verdade que crie uma linha lógica e orgânica para a sua história e convença os colegas da sua total veracidade, tornando impossível distinguir o que de fato aconteceu do que foi imaginado a partir disso. Como se vê tal exercício vai além da percepção e do espírito de observação do estudante e envolve também a capacidade de realizar as ações de relatar/contar o acontecido, enquanto deve convencer os espectadores da veracidade do que está sendo contado.

Retornando às aulas de Esgrima Cênica que realizei na Escola-estúdio do TAM, saliento que durante o processo de assimilação da técnica, em particular nos momentos de improvisação na luta com espadas, a percepção e o espírito de observação são imprescindíveis ao estudante-ator, bem como os demais elementos do Sistema, uma vez que o duelo imaginário que se configura pela esgrima, ativa no ator-criador o seu instinto de sobrevivência e o leva a agir e a reagir como se fosse uma questão de vida ou morte. O estado criativo gerado pela necessidade de cada ação que é realizada no aqui e no agora se encontra no próprio fundamento da presença do ator em

---

33 *Vospitânie Aktiora Chkóly Stanislavskogo*, p. 64.

cena. Provavelmente, pela potencialidade que a prática da esgrima tem de ser abrangente e possibilitar o aperfeiçoamento do ator sobre a totalidade dos elementos do Sistema – do alargamento da capacidade sensorial, passando pelo aperfeiçoamento da plástica até a compreensão da ação física – é que essa prática permanece na Escola-estúdio ao longo de tantos anos, desde a sua fundação até a atualidade[34].

"A Memória das Sensações"

Ao prosseguir com o nosso estudo sobre os elementos orgânicos da ação observados por Kristi, salientamos que ao desenvolver o elemento Memória das Sensações, a necessidade de aprimorar a percepção sensorial e a observação da vida é colocada em igual medida com o aperfeiçoamento da capacidade do estudante-ator em armazenar na memória as suas percepções. Para Kristi:

> É difícil de mensurar a importância dessa qualidade criativa, porque ao criar na própria imaginação as imagens da realidade, ao mesmo tempo despertamos em nós mesmos aquelas emoções que foram ligadas com as suas percepções. Em outras palavras, através da memória das sensações nós influenciamos a memória emocional, isto é, a memória dos sentimentos anteriormente experimentados.[35]

Assim sendo, as nossas percepções e observações realizadas em diferentes situações da vida quando lembradas e recriadas pela

---

34 Conforme consta na obra *Minha Vida na Arte*, o contato de Stanislávski com a prática da esgrima começou ainda durante a sua infância. No primeiro volume de *Vida e Obra de K.S. Stanislávski*, de Vinográdskaia, há um registro do outono-inverno de 1888, na qual a esgrima é citada como uma das disciplinas oferecidas aos estudantes da escola dramática anexa à Sociedade Moscovita de Arte e Literatura. E, como vimos, a esgrima também está presente no texto "Notas Sobre o Programa da Escola de Teatro", do início dos anos 1930, quando Stanislávski planejava a criação de uma escola teatral de formação acadêmica junto ao TAM.

35 *Vospitânie Aktiora Chkóly Stanislavskogo*, p. 65.

A Escola-estúdio do TAM: Um Olhar Sobre a Prática

imaginação tornam possível despertar as nossas emoções. As emoções e os sentimentos constituem nossas particularidades humanas, portanto, são partes integrantes de nossa individualidade artística. A memória das sensações, ligada à memória emocional, compõe um material valioso para o artista, pois de acordo com Kristi, esse material alimenta a criação. No entanto, assim como vimos anteriormente na fala de Stanislávski, Kristi também nos alerta:

> As tentativas de apelo direto à memória emocional podem levar apenas a um resultado negativo. Não se pode penetrar impunemente no saco do subconsciente e remexer nele – ensina Stanislávski. As emoções que estão armazenadas no subconsciente surgem involuntariamente em nós quando nos lembramos de imagens e situações que estão gravadas nas sensações visuais, auditivas, musculares e outras. Mas não há possibilidade de despertar as emoções pelo simples esforço da vontade. Tal violência com a natureza conduz o ator à desarticulação interna e ao bloqueio [zajim] mental.[36]

Quando realizamos ações ativamos o surgimento de memórias, que trazem sensações, imagens e demais referências de nossa vida. Afinal, essas referências fazem parte de nós mesmos e não só não podemos como não devemos nos separar de nós mesmos durante o processo criativo, pois é a partir dessas particularidades que nos constituem, que se torna possível uma autêntica criação artística. Nesse sentido, nos voltamos para a seguinte fala de Tortsov-Stanislávski:

> Não importa o que vocês sonham ou vivenciam na realidade ou na imaginação, vocês sempre permanecerão vocês mesmos. Nunca se percam de si mesmos na cena. Sempre ajam a partir de sua própria pessoa, como ser-humano-artista. Você não pode fugir de si mesmo. Se você renega a si mesmo, você perde a sua base de sustentação, e isso é o mais terrível. No mesmo momento

36 Ibidem.

que se perde a si mesmo na cena, imediatamente a *perejivánie* acaba, e tem início a afetação. Por isso, quando vocês estiverem atuando e representando, sempre, sem qualquer exceção, vocês deverão recorrer ao seu próprio sentimento![37]

Ao afirmar que devemos recorrer aos nossos próprios sentimentos, Stanislávski quer nos dizer simplesmente que a criação estará sempre imbuída de nossas próprias referências de vida e que essas referências carregam memórias, emoções, sentidos, sentimentos e sensações.

Kristi relata alguns exercícios possíveis de serem realizados a fim de despertar e ampliar a memória das sensações nos estudantes, tais como:

> Propõe-se aos estudantes recordar o ambiente de um apartamento conhecido, a primeira impressão sobre o mar, o quadro de um artista famoso, um monumento arquitetônico, a aparência de seus colegas do tempo escolar e assim por diante.
>
> Pode-se recomendar uma série de exercícios para a memória das sensações auditivas: recordar o som do vento, da chuva, do estrondo do trovão, do canto da cotovia, de um timbre de voz familiar, a melodia de uma canção popular. Também é possível recordar o perfume das violetas, das rosas, de feno fresco, o sabor da mostarda, do limão, do vinho novo, da sensação da água quente ou fria, da dor de dente, do frio intenso, de um dia quente de verão. São possíveis as combinações de diversas sensações, as quais em seu conjunto criam uma representação completa sobre o objeto. Assim, a recordação sobre o mar inclui em si mesmo a memória sobre muitas sensações: a vista do movimento das ondas quebrando, o barulho da ressaca, o gosto salgado-amargo e o cheiro da água do mar, a sensação da sua temperatura, e assim por diante.[38]

---

37 *Sobránie Sotchinéni v 9 Tomakh, t. 2: Rabota Aktiora Nad Soboi, Tchást' 1*, p. 294.
38 *Vospitânie Aktiora Chkóly Stanislavskogo*, p. 67.

A Escola-estúdio do TAM: Um Olhar Sobre a Prática

Conforme esclarece Kristi, é importante que o estudante-ator realize os exercícios com precisão e de modo concreto. Por exemplo, caso a memória das sensações seja sobre uma escultura, o estudante pode, a partir da sua lembrança, realizar a escultura com o seu próprio corpo, se for sobre um animal ou sobre uma melodia, ele pode reproduzir o som com a sua voz. No próximo passo desses exercícios, além de recordar as sensações experimentadas por meio da memória e da imaginação, o estudante deve traduzi-las em palavras. O objetivo do exercício é contagiar os colegas com as imagens das palavras. Kristi ressalta que, nesse momento, o estudante realiza um primeiro contato com a ação da palavra, e que esta será aprofundada junto ao texto de um autor, a partir do segundo ano da formação na Escola. Durante o primeiro ano, esse experimento se dá apenas no âmbito das próprias palavras do estudante-ator.

Nesse processo de aprendizagem, Kristi ressalta a seguinte tarefa fundamental do pedagogo: "o pedagogo deve, já nos primeiros passos, direcionar a atenção dos estudantes para a eficácia e a expressão imagética das palavras, não permitindo a sua expressão mecânica. É necessário alcançar a capacidade de ver as imagens da realidade que estão por trás das palavras e de contagiar os *partners* com essas imagens"[39].

O pedagogo deve estar bastante atento, desde os primeiros contatos do estudante-ator com o uso da palavra em exercícios cênicos, para orientá-lo a iniciar o cultivo e a percepção em si mesmo de uma expressão viva da palavra, não convencional ou mecânica. É preciso encontrar caminhos, diante das circunstâncias que se apresentam no aqui e agora de cada experiência, levando em consideração as particularidades de cada estudante, para nele começar a despertar a consciência sobre essa matéria sutil que se traduz nas imagens das palavras.

---

[39] Ibidem.

Ação em Condições Fictícias

Nas observações que realizou, Kristi aponta que ao abordar o elemento Ação em Condições Fictícias, mais um dos elementos orgânicos da ação, o estudante-ator também aciona, por consequência, os elementos "se" mágico, circunstâncias propostas e imaginação. Dessa forma, segundo ele:

> Do ponto de vista da arte da *perejivánie*, na base do comportamento do ator em cena estão as leis do comportamento humano na vida. "Quanto mais perto da natureza, mais elevada é a arte", - afirmou Schépkin. Seguir as leis da natureza consiste no requisito mais importante do sistema de Stanislávski. O ator deve ser capaz de agir em cena como agiria na vida, em circunstâncias análogas ao papel. [...]
> Por definição de Stanislávski, a criação do ator inicia com o "se" mágico, isto é, com a mudança do plano da vida real para o plano da vida imaginária. Para isso não é preciso praticar uma auto-hipnose, tentando aceitar a fantasia no lugar da realidade. O ator deve apenas admitir a possibilidade da realização de tal ficção na vida real e encontrar ações que correspondam a ela.[40]

Kristi cita o exemplo dado por Stanislávski na primeira parte de *O Trabalho do Ator Sobre Si Mesmo*, na abordagem do elemento imaginação. Nesse exemplo, Tortsov diz aos estudantes que considerem que estão em aula, ali mesmo naquela sala. Essas ainda são condições da vida real, pois é algo que está de fato acontecendo. Para se transportar ao plano da vida imaginária, Tortsov apenas sugere a mudança do horário em que está acontecendo a aula: por exemplo, se em vez de três da tarde, fosse três da madrugada. Diante dessa mudança de horário é necessário encontrar justificativas, afinal,

---

40 Ibidem, p. 67-68.

A Escola-estúdio do TAM: Um Olhar Sobre a Prática

por que a aula está sendo realizada a essa hora? Tortsov sugere circunstâncias possíveis que influenciem a ação: não existe telefone e nenhuma forma de avisar as famílias que devem estar preocupadas com os estudantes; determinado estudante mora muito longe e não sabe como vai fazer para ir embora, pois nesse horário não há meios de transporte.

De acordo com Kristi, "para o ator é importante educar em si mesmo a capacidade de captar a relação sutil que existe entre o caráter do comportamento humano e as condições externas dentro das quais ele está agindo"[41].

Ele cita, então, possibilidades criativas que provocam a imaginação e, ao mesmo tempo, exercitam a justificativa das ações, dando início à seguinte proposta: o estudante deve começar a andar pela sala e, logo após, justificar o andar. Por exemplo, está colhendo cogumelos na floresta ou está andando por um tronco sob um abismo. A partir disso, é possível tornar o exercício mais complexo: "está colhendo cogumelos debaixo de chuva, ou está andando sob o abismo à noite, com vento forte ou sob fogo inimigo"[42]. Desse modo, conforme Kristi, "quando a técnica da ação for assimilada, é natural surgirem perguntas: onde, quando e por que tal ação está sendo realizada?"[43]

Segundo o autor, com o objetivo de despertar a imaginação "dormente" do estudante, além de indicar as ações que serão realizadas, o pedagogo pode propor determinadas circunstâncias que as justifiquem. E, na próxima experimentação, o pedagogo pode incentivar que o próprio estudante encontre as justificativas da ação, propondo apenas o caráter da ação. Por exemplo: "entreabrir a porta com cuidado". Que circunstâncias o estudante pode criar para justificar essa ação? As possibilidades são inúmeras e Kristi aponta para as seguintes: o estudante quer escutar uma conversa de seu interesse ou precisa entregar um bilhete a um colega sem ser percebido. E, se a proposta for abrir a porta rapidamente? Novamente, as circunstâncias

41 Ibidem, p. 70.
42 Ibidem.
43 Ibidem.

possíveis são muitas: o estudante veio avisar que está acontecendo um incêndio ou aconteceu algum outro fato e ele precisa da atenção imediata de todos.

Também são sugeridos exercícios como passar um livro de mão em mão, e que ao recebê-lo cada estudante justifique para si mesmo o que esse objeto significa: ele pode ter sido entregue ao parceiro como um presente, como uma granada ou como um material ilegal. O mesmo pode ser feito com outros objetos. Kristi exemplifica que um bastão pode ser transformado nos mais variados objetos pelo estudante: em flauta, espada, cetro. Para ele, "nesses exercícios é necessário tentar alcançar uma ação que venha não do pensamento racional, mas da percepção espontânea da invenção"[44].

Outro exercício interessante relatado por Kristi a fim de trabalhar a imaginação e a lógica das ações é o seguinte: combinar com o estudante uma sequência de ações como entrar na sala, ir até a janela, subir na cadeira e sair correndo porta afora. Primeiramente, o estudante deve experimentar a realização dessas ações de modo cotidiano, depois disso, a sua tarefa é unir coerentemente essas ações, que se encontram separadas uma da outra, em uma lógica. Ao criar a partitura de ações, cada estudante deve encontrar a sua própria justificativa para as ações realizadas. O pedagogo pode sugerir as mais variadas ações e combinações ao propor esse exercício.

Desenvolvimento da Coragem Artística e da Espontaneidade

Logo no início do elemento Desenvolvimento da Coragem Artística e da Espontaneidade, Kristi afirma que "o sentido da verdade é a propriedade mais importante do talento artístico"[45]. Em um primeiro momento, sua escolha por iniciar o estudo enfocando a relação

44 Ibidem, p. 74.
45 Ibidem, p. 76.

entre esses elementos causa certo estranhamento, porque ao falar de coragem e de espontaneidade, somos remetidos imediatamente ao elemento adaptação que está ligado à capacidade improvisacional do ator. Mas, à medida que o texto é desenvolvido, vamos compreendendo que o sentido da verdade está estreitamente ligado ao elemento desenvolvimento da coragem artística e da espontaneidade. Assim, conforme Kristi: "No momento da criação o ator está sempre se equilibrando na linha entre a verdade e a mentira. E não se trata de nunca se desviar da verdade, mas de poder, como bem ensinou Stanislávski, usar a mentira para o ajuste do seu próprio comportamento e para a afirmação de si mesmo sobre as posições da verdade."[46]

Com essa exposição, ele nos relembra que Stanislávski considerava a impossibilidade de o ator realizar uma autêntica *perejivánie* do início ao final do papel, sem se desviar do sentido da verdade. Diz que o ator sempre se encontrará em meio a momentos alternados de arte da *perejivánie*, da representação e de ofício/artifício. Diz ainda que para ser capaz de realizar esse "ajuste", o ator deve possuir uma percepção afiada de si mesmo em relação ao sentido da verdade. Ao mesmo tempo, ele nos alerta que, em cena, o ator deve pensar na ação e não na verdade. Nesse sentido, ele se refere aos ensinamentos de Stanislávski que afirma por meio de Tortsov que, na abordagem dos elementos Sentido da Verdade e Fé, não se deve insistir na verdade pela verdade, pois essa atitude resulta no ator como a pior das falsidades. Retomamos, assim, a citação de Stanislávski: "o medo demasiado de mentiras cria um cuidado antinatural, que também é uma das maiores 'mentiras' cênicas"[47].

A partir dessa reflexão, Kristi faz uma ligação com a discussão sobre a coragem artística. Para ele, "o melhor antídoto contra a proliferação do medo da falsidade entre os atores em cena consiste na educação da liberdade criativa interna, da coragem, da decisão, e da espontaneidade na execução das tarefas cênicas"[48].

46 Ibidem, p. 77.
47 *Sobránie Sotchinéni v 9 Tomakh, t. 2: Rabota Aktiora Nad Soboi, Tchást' 1*, p. 232.
48 *Vospitânie Aktiora Chkóly Stanislavskogo*, p. 77.

Sobre o desenvolvimento dessas qualidades no estudante-ator, Kristi faz referência à recomendação de Stanislávski de que os atores em formação deveriam realizar um treinamento com acrobacias. Como vimos anteriormente, a acrobacia consiste em um elemento fundamental, na prática do Sistema, para o aprimoramento psicofísico do trabalho do ator. Ele ressalta que Stanislávski também propunha que os estudantes realizassem o que chamou de "acrobacia interna do ator" que carrega o mesmo objetivo de desenvolvimento do ator que as demais acrobacias. Segundo Kristi, trata-se do seguinte: a partir de um sinal, o estudante deve, imediatamente, "dar um grito de horror, de alegria, cair na gargalhada, desfazer-se em pranto, começar a gritar 'socorro!', cantar como galo, latir". Ele esclarece que o que se deseja do estudante nessa tarefa é ousadia e coragem, a execução deve ser instantânea, sem análise prévia. Segundo ele, em um primeiro momento, dificilmente o resultado não será artificial, mas assim que os estudantes realizarem o exercício vão sentir a necessidade de buscar justificativas para essas ações. Ou seja, é preciso que eles se coloquem dentro de determinadas circunstâncias, com a ajuda do "se" mágico. Então, o próximo passo do exercício é unir a essas ações disparadas pela emissão de som e pela palavra uma possível ação física correspondente. Nesse caso, é possível criar um *étude*.

Kristi relata também um exercício que, segundo ele, tem origem na formação de atores japoneses: ao sinal do pedagogo, o estudante-ator deve realizar as posições mais inesperadas e absurdas, "congelar" nessa posição e depois buscar justificar essa posição, tornando-a ação física. Na segunda parte d'*O Trabalho do Ator Sobre Si Mesmo*, no capítulo "Cultura Física", está descrita uma prática semelhante à relatada por Kristi. Acerca do conhecido exercício sobre a fluidez e a plasticidade do movimento com a gota imaginária de mercúrio[49] combinado ao trabalho sobre o tempo-ritmo, Tortsov formula:

---

49 Nesse exercício, o estudante deve fazer com que uma gota de mercúrio imaginária percorra o seu corpo envolvendo todas as suas articulações, especialmente a coluna vertebral, os braços e as pernas, buscando perceber atentamente a sua passagem em cada parte para

Assim como o fio de algodão ou de lã é elaborado ininterruptamente durante a sua passagem pela máquina de fiar, em nossa arte, a linha contínua do movimento está sujeita ao aperfeiçoamento artístico: em um ponto se pode aligeirar a ação, em outro intensificar, em um terceiro acelerar, diminuir, deter, interromper, acentuar ritmicamente e, finalmente, coordenar o movimento com os pontos da batida do tempo-ritmo.[50]

A partir dessa prática de elaboração artística da linha contínua do movimento, como se fosse o fio de lã sendo tecido pelo tear, nas palavras do estudante Nazvánov, Stanislávski descreve que os estudantes realizavam exercícios com o "movimento da energia" – do prana – sob estímulo musical, por meio da movimentação dos braços, das pernas, da coluna vertebral e do pescoço; percebendo a energia que deslizava pela coluna vertebral de cima para baixo e de baixo para cima. Aqui, vemos semelhança com a proposta de Kristi: Nazvánov relata que em determinado momento desse exercício foi pedido aos estudantes que interrompessem o "movimento da energia". Então, de acordo com Nazvánov-Stanislávski: "Foi criada uma posição imóvel. Acreditávamos nela, quando ela estava internamente justificada. Tal posição se converteu em uma ação concentrada, em uma escultura que vive. Era agradável não apenas agir com justificativa interna, mas também, permanecer parado com tempo-ritmo."[51]

Anteriormente apontamos que Stanislávski observou os princípios da escultura e da arquitetura, aplicando-os à criação do ator. Com o exemplo citado, podemos ver o quanto, no trabalho com a ação física, ele buscava aliar a plasticidade ao movimento da energia, à justificativa interna e ao tempo-ritmo, tanto durante a realização do movimento como nos momentos de imobilidade. E, certamente, também está incluso aqui a libertação muscular.

---

que a gota siga o percurso que vai sendo criado pela imaginação. Esse exercício está ligado ao despertar da sensação do movimento do prana pela rede do sistema muscular.

50 *Sobránie Sotchinéni v 9 Tomakh, t. 3: Rabota Aktiora Nad Soboi, Tchást' 2*, p. 35.
51 Ibidem, p. 36.

Agregamos aos exemplos que Stanislávski e o seu discípulo Kristi trazem em suas obras, mais um exercício observado nas aulas de Zemtsov na Escola-estúdio. O exercício se inicia com um estudante no centro da sala, os demais estudantes estão sentados no chão formando um círculo ao seu redor. O estudante que está no centro deve começar a fazer todos os movimentos possíveis que envolvam o corpo inteiro. A um sinal do pedagogo, ele deve interromper de imediato a movimentação e permanecer imóvel, uma "escultura que vive", como definiu Nazvánov-Stanislávski. Em seguida, um segundo estudante deve ir até ele e com agilidade, por meio da sua capacidade de imaginação e percepção, propor alguma ação, também na imobilidade, que complemente a posição do colega. Ao sinal do pedagogo, ambos devem sair da imobilidade e seguir com a ação. A relação entre ambos deve ser estabelecida instantaneamente, como se de fato estivessem dando prosseguimento a uma ação que foi interrompida e que agora segue o seu curso normal. Ao sinal do pedagogo, nova interrupção da ação, o segundo estudante permanece imóvel, enquanto o primeiro sai de cena. Nesse momento, deve entrar um novo estudante, e o exercício prossegue até que todos tenham participado. A capacidade de percepção, de adaptação, de comunicação bem como a coragem artística e a espontaneidade são altamente exigidas nesse exercício. É interessante observar o desdobramento que esse exercício sofreu ao longo do tempo, desde a prática descrita por Stanislávski em sua obra, passando pela observação de Kristi na Escola-estúdio, até chegar a minha própria experiência, observada recentemente nessa mesma instituição.

Ao prosseguir com o intuito de propor aos estudantes tarefas a serem realizadas imediatamente e com coragem, Kristi nos traz mais uma possibilidade: a realização de uma improvisação a partir de uma tarefa difícil e inusitada proposta pelo pedagogo. Essa improvisação pode, inclusive, servir de base para seguir aprofundando o processo criativo do *étude*. Ele se refere aos exemplos da loja de brinquedos[52],

---

52 No texto Das Notas Sobre o "Programa do Estúdio de Ópera e Arte Dramática", em *Sobránie Sotchinéni v 9 Tomakh, t. 3: Rabota Aktiora Nad Soboi, Tchást' 2*, p. 504, Stanislávski apontou para alguns *études*, dentre eles A Loja de Bonecas. Esse *étude* foi atuado ▶

do zoológico e do circo[53], que já foram tratados anteriormente na abordagem da toalete do ator e na criação de *études* de animais. Nos exemplos de Kristi, também estão presentes os animais, assim como malabaristas, trapezistas e demais trabalhadores circenses, ou brinquedos, no caso da loja. Ele observa que o mais importante não é a atração em si, e sim a preparação e abordagem feitas pelo estudante. Nesse sentido, explicita que o estudante que optar por um equilibrista da corda bamba, por exemplo, deverá andar por uma linha traçada no chão de modo semelhante ao que faz o mímico Marcel Marceau, mas executando o seu número com a mesma responsabilidade que teria caso se encontrasse sob a lona de um circo. São também sugeridas ideias fantásticas e sobrenaturais para se trabalhar com os estudantes. Segundo Kristi:

> Para a fantasia do ator, como para a fantasia da criança, nada é inacessível: as pessoas podem se transformar em animais, os animais podem falar com vozes humanas, os heróis fabulosos podem mergulhar no reino submarino ou voar sobre as nuvens em um tapete mágico, colocar as forças da natureza em ação com a ajuda de uma varinha mágica, dar vida a pedras, transformar a monstruosidade em beleza, a miséria em riqueza. É possível visitar outros planetas, habitados por criaturas fantásticas, colocar em ação uma máquina do tempo, realizar grandes descobertas.[54]

O importante é ativar a imaginação dos estudantes para colocá--los em ação, suscitando-lhes a fé no que está sendo feito e no que

▷ no primeiro ano do Estúdio de Ópera e Arte Dramática, em 1935, e tem relação com o tema do ballet *Coppelia*, de Léo Delibes. No *étude* acontece o sonho de um artesão que cria brinquedos, os brinquedos se tornam vivos e passam a se relacionar entre si.

53 Kristi propõe, por exemplo, a realização de um show de variedades ou de uma apresentação de circo. Segundo ele, para dar início à improvisação, um dos estudantes deve assumir a função de mestre de cerimônias. As atrações que irão compor o *étude* podem ser: intérpretes de um dueto clássico; um famoso cantor italiano; números acrobáticos; um grupo de animais amestrados tais como leões, cavalos, morsas; um clown; uma dança excêntrica da moda.

54 *Vospitânie Aktiora Chkóly Stanislavskogo*, p. 79-80.

está acontecendo, pela capacidade de envolvimento com as ações, dentro das circunstâncias propostas. Para Kristi, a partir dos ensinamentos de Stanislávski, assim como também vimos nas palavras de Maria Knebel e de outros continuadores desse legado, o que se busca é que o ator desenvolva em si mesmo a fé e a ingenuidade da criança no jogo.

As Ações Com Objetos Imaginários

Este elemento, que Kristi apontou como parte dos Elementos Orgânicos da Ação, constitui-se na base da toalete do ator. Como já abordamos acima, para Stanislávski, tanto os atores em formação como os já profissionais deveriam realizar um treinamento diário sobre as ações com objetos imaginários[55]. Com esse trabalho se desenvolve a atenção, a imaginação e a plasticidade dos movimentos, pois é preciso concretizar, tornar perceptível, um objeto que não está presente. Sobre isso, é importante evidenciar que não se trata, de modo algum, de uma ilustração ou de uma mímica. A exigência da atenção consciente do estudante-ator direcionada para o processo da realização da ação resulta na sua desmecanização, em seu descondicionamento. Dessa maneira, a execução da ação sai da esfera da execução mecânica e entra no campo do domínio técnico relacionado à percepção das qualidades do objeto – peso, textura, função etc. Aqui é preciso tornar consciente cada etapa do processo

---

55 Citaremos aqui um exemplo de ações com objetos imaginários que também foi indicado por Stanislávski no texto Das Notas Sobre o "Programa do Estúdio de Ópera e Arte Dramática" (C. Stanislávski, *Sobránie Sotchinéni v 9 Tomakh, t. 3: Rabota Aktiora Nad Soboi, Tchást'* 2, p. 504). Trata-se do *étude* de Mischenko, que aborda a primeira desilusão na juventude. Ele se refere ao *étude* Na Margem do Rio, criado pela estudante Maria Mischenko no primeiro ano do Estúdio de Ópera e Arte Dramática. Segundo nota da edição russa de 1990, nesse *étude* uma moça se aproxima da margem do rio carregando uma canga que sustenta dois baldes. Enquanto enche os baldes com a água do rio, ela observa um barco, também imaginário, onde está o seu amado. Ela tenta chamar a sua atenção, mas acaba percebendo que ele está com outra mulher. Então, ela decide levantar os baldes e retornar para casa.

A Escola-estúdio do TAM: Um Olhar Sobre a Prática

de realização da ação pela compreensão psicofísica de cada movimento que a compõe. Depois de conquistado esse domínio se torna possível ao estudante-ator criar com liberdade, abrindo cada vez mais janelas para a manifestação da sua natureza orgânica e criativa – o superconsciente. Sendo assim, a partir do trabalho com objetos imaginários é possível se chegar ao estado criativo, à organicidade. Segundo Kristi, esse treinamento tem por objetivo desenvolver no ator a capacidade de realizar ações físicas com precisão.

Ao abordar a toalete do ator, tratamos sobre a busca de Stanislávski por encontrar meios concretos para o treinamento, o estudo e o desenvolvimento da arte do ator a fim de capacitar os atores a atingir um alto grau de excelência artística em seu trabalho. A prática das ações com objetos imaginários seria, então, de acordo com Stanislávski, como um exercício de base para o ator, do mesmo modo que são os estudos de perspectiva, formas e cores para o artista plástico; os exercícios que desenvolvem a destreza corporal e a sensibilidade rítmica para os bailarinos; a vocalise para os cantores. Todos esses estudos que permitem o aprimoramento técnico do artista requerem esforço, concentração e disciplina constantes.

Para dar início ao processo de assimilação da técnica da ação com objetos imaginários, é preciso decompor a ação escolhida em pequenas partes e ser capaz de percebê-la e executá-la detalhadamente. Nesse sentido, Kristi nos traz um exemplo elucidativo sobre uma sequência de trechos que podem compor a ação de acender um fósforo para fumar um cigarro ou acender um fósforo para iluminar um local escuro e procurar por um objeto perdido:

1. Tatear a caixinha no bolso.
2. Pegá-la e retirá-la.
3. Virar a caixinha com o lado da etiqueta para cima, de modo que, ao abrir, os fósforos não caiam.
4. Empurrar a caixa do estojo com os dedos, segurando o estojo com dois outros dedos.
5. Separar um fósforo com os dedos da outra mão.

6. Pegá-lo com dois dedos e retirar da caixa.
7. Virar a cabeça dele para baixo.
8. Segurar pelo final do palito, para não se queimar ao acender.
9. Colocar debaixo do fósforo a superfície lateral da caixinha, o revestimento de enxofre.
10. Riscar o fósforo.
11. Virá-lo assim que a chama começar a arder.
12. Se o fato está acontecendo na rua ou em meio a uma corrente de ar, então, proteger a chama com a mão ou com o corpo inteiro.
13. Levar o fósforo até o cigarro ou para um lugar escuro.
14. Acender o cigarro ou enxergar, então, o que é necessário.
15. Apagar o fósforo com um sopro ou apagá-lo com o movimento intenso da mão.
16. Arranjar onde pôr o fósforo queimado.
17. Jogá-lo fora ou enfiar no cinzeiro ou de volta na caixa.[56]

Em nosso cotidiano, ações corriqueiras, como essas, passam despercebidas e são simplesmente realizadas sem muita atenção, mecanicamente. Geralmente, essas ações realizadas na vida já estão devidamente assimiladas por nós e se tornam automáticas, pois envolvem a nossa consciência somente no grau que for indispensável para a sua realização. Isto é, o pensamento e a atenção podem passear livremente sem que seja obrigatória a conexão com a ação que está em curso. Quando não podemos utilizar um objeto real, temos de concretizar o objeto em nossa imaginação e perceber cada movimento que é necessário para a realização da ação. Em cada etapa é preciso que os movimentos sejam reaprendidos e que a atenção e o nosso envolvimento consciente no fazer sejam ativados.

Sigamos Kristi em seus apontamentos acerca da técnica psicofísica da ação com objetos imaginários em relação à importância da busca por obstáculos e circunstâncias para o aprofundamento desse processo:

---

56 *Vospitânie Aktiora Chkóly Stanislavskogo*, p. 84-85.

Ao estudar uma ação é proveitoso colocar para si mesmo obstáculos que vão torná-la mais característica e detalhada. É claro que, na vida, uma caixinha pode ser aberta imediatamente sem qualquer esforço, o fósforo pode virar logo para o lado necessário e inflamar-se a partir de um leve contato com a caixa, mas para a revelação do processo da ação é mais proveitoso que surjam obstáculos e dificuldades que podem ser reforçados com novas circunstâncias variáveis. Por exemplo: o primeiro fósforo se quebrou ou não funcionou, a caixinha estava úmida; no momento de acender o vento soprava, e assim por diante.

Certo dia, na aula, Stanislávski propôs a um estudante que enchesse um balde imaginário com água do poço. O estudante imaginou um poço-coluna, a partir do qual a água flui pela leve pressão das mãos. Konstantin Sergeievitch o interrompeu e propôs a ele imaginar outro poço, que exigisse ações mais variadas e ativas para encher um balde de água. Se tudo já acontece por si mesmo, disse ele, então, a cenicidade se perde e a ação se torna incompreensível, descaracterizada.[57]

Na abordagem inicial desse treinamento/exercício criativo, o principal objetivo do estudante-ator deve ser o desenvolvimento da sua capacidade de realizar as pequenas ações, em seus menores detalhes, com exatidão. A atenção aos detalhes, exigida para o alcance da precisão na ação, ativará, por consequência, a imaginação e a criatividade, levando em conta que o estudante precisará imaginar um objeto que não esteja presente e se colocar dentro de determinadas circunstâncias. O surgimento de obstáculos e de novas circunstâncias impulsiona o estudante para o domínio dessa técnica, exigindo dele, em um grau cada vez mais elevado, a atenção e o envolvimento na realização da ação, no aqui e agora da cena. A busca por novas estratégias para superar os obstáculos que se apresentam também fomenta a imaginação e a qualidade artística das ações criadas.

57 Ibidem, p. 85.

Portanto, é a partir do trabalho sobre a ação em seus detalhes, pela superação de obstáculos e pela adaptação das ações às circunstâncias propostas que a concretização cênica e imagética da realização de ações sem objetos se tornará possível. Nesse trabalho, a distinção das ações realizadas depende também das particularidades trazidas pelo estudante que as executam, de suas referências de vida e da sua sensibilidade artística. Ainda de acordo com Kristi:

> Ao iniciar o exercício, não é obrigatório se cercar imediatamente de circunstâncias propostas. Elas são criadas na medida em que é preciso, quando surge a necessidade delas. Com o tempo, tal exercício pode evoluir para um *étude* inteiro; por exemplo, o acender do fósforo na encenação de um dos momentos da façanha de Zoia Kosmodemianskaia, que tentou incendiar a base do inimigo. Mas se tal tarefa for colocada para o estudante logo no início do trabalho, a sua atenção estará direcionada para um falso rumo: não para a precisão na realização da ação e na sua condução até o último grau da verdade, mas na representação da imagem heroica e dramática da situação.
>
> Antes de tudo, é preciso dominar a técnica da própria ação – neste caso o acendimento do fósforo –, dedicando para isso toda a atenção. Stanislávski propôs aos estudantes o estudo de cada parte componente da ação como em um microscópio, "chegando até o último grau do naturalismo". Somente assim haverá êxito em captar o traço característico da ação e em experimentar, mesmo que numa dose muito pequena, a verdade do seu comportamento cênico.
>
> "Saber criar pequenas verdades – isso é a criação... Aquele que realiza pequenas ações físicas já sabe metade do sistema", – disse Stanislávski aos estudantes.[58]

A partir dessa fala de Kristi podemos reafirmar que a técnica das ações com objetos imaginários deve ser entendida como trabalho de

58 Ibidem, p. 85-86.

A Escola-estúdio do TAM: Um Olhar Sobre a Prática

base para o alcance da maestria do ator que inicia sua formação e lhe segue durante toda a sua vida artística. Kristi também ressaltou que a prática das ações com objetos imaginários não pode ser realizada pela demonstração da ação. A cada repetição, o estudante deve se colocar em ação dentro das circunstâncias que estão acontecendo no aqui e no agora. Segundo ele, após o estudante ter alcançado o domínio das ações sem objetos, é possível experimentar o exercício misturando objetos imaginários com objetos reais; passar a responder "para quê?" e "por quê?" estou realizando tal ação; e tornar cada vez mais complexas as circunstâncias que caracterizam as ações e o acontecimento.

O objetivo da prática das ações com objetos imaginários é que ao assimilar a técnica, o estudante a torne sua segunda natureza. Conforme Kristi:

> Por meio da repetição múltipla, é necessário levá-la [a ação com objetos imaginários] até o completo automatismo, para manejar com "negligência", exatamente do mesmo modo que com um objeto real, com a mesma facilidade e desenvoltura, com o mínimo de gasto com atenção. É necessário fazer um caminho rigoroso a partir do domínio consciente da lógica da ação até o subconsciente da sua realização. Somente sob essa condição o processo criativo se inicia. A lógica conhecida e as habituais sensações musculares por reflexo vão extrair do arquivo da nossa memória todos os novos detalhes característicos da ação realizada e vão impelir para improvisações.[59]

O completo automatismo citado por Kristi não se refere à realização mecânica, fixa, pelo contrário, tem relação com um nível de domínio e apropriação tão elevado em que não há mais necessidade de o ator raciocinar sobre a técnica, ela simplesmente acontece, ela já é parte dele próprio, a sua segunda natureza. Como o pianista que, após árduos exercícios de percepção musical, de repetição de

---

59 Ibidem, p. 87.

estudos para o aprimoramento da destreza nos movimentos dos dedos e mãos, se torna livre para direcionar não só o seu pensamento, mas todo o seu aparato psicofísico para uma manifestação criativa mais ampla. Voltamos, assim, a um dos princípios fundamentais do Sistema: alcançar o superconsciente por meio do consciente. Finalizamos o estudo sobre as ações com objetos imaginários com uma citação de Kristi sobre a busca stanislavskiana: "Stanislávski disse aos pedagogos: 'Preparem-me atores que sejam capazes de agir sem objetos, executar pequenas tarefas em diferentes circunstâncias propostas: em Nápoles ou no norte, sob o frio de menos cinquenta graus, e com essa trupe eu conseguirei fazer maravilhas.'"[60]

A fala de Stanislávski mostra seu interesse por um ator que alcançou a maestria de sua arte, que é capaz de acionar o seu aparato psicofísico para agir e criar nas mais variadas circunstâncias propostas. Para ele, o ator deveria necessariamente educar a si mesmo na prática das ações com objetos imaginários para alcançar tamanha habilidade técnica que lhe permitiria uma ampla liberdade artística e criativa.

A Interação Com o *Partner*

O último elemento observado por Kristi em seu estudo sobre os elementos orgânicos da ação consiste na Interação Com o *Partner*. De acordo com Kristi, Stanislávski "considerou a comunicação orgânica viva como a particularidade distintiva mais importante da arte da *perejivánie*"[61]. Nesse sentido, Kristi destaca que:

> Para a arte da representação, de modo característico, a atuação do ator está fora do momento presente, da sensação viva do *partner* e da situação, a atuação, na qual o principal objeto de atenção se torna ele próprio [o ator], consiste em uma

60 Ibidem, p. 87-88.
61 Ibidem, p. 95.

A Escola-estúdio do TAM: Um Olhar Sobre a Prática

demonstração de si mesmo na personagem. Na arte da *perejivánie*, o ator entrega toda a sua atenção para o objeto cênico, e se encontra em dependência direta e imediata dele. Stanislávski disse que é característico do ofício da cena "a atuação para o público" e da arte da representação "a atuação para si mesmo", enquanto o caráter distintivo da arte da *perejivánie* é "a atuação para o *partner*", a interação contínua com ele.[62]

Para Stanislávski, como vimos, a arte da representação se alimenta de momentos vivos e autênticos apenas durante o processo criativo do ator. Tão logo o espetáculo se encontra pronto para estrear, o ator da arte da representação fixa a sua criação em seus aspectos externos e, assim, limita as possibilidades de adaptação ao aqui e agora da cena. A vida e a improvisação são, então, sufocadas nesse processo por mais habilidoso que seja o seu resultado. O ator que representa não se nutre das possibilidades que surgem durante o jogo cênico, não sendo capaz de manter, portanto, o seu frescor criativo vivo. É por isso que Kristi nos diz que na arte da representação a atuação está fora do momento presente. O ator da arte da representação não considera a interação genuína com o *partner*, em cena diante do público, como parte da criação, pois isso não o afeta verdadeiramente a ponto de provocar pequenas transformações em si mesmo e no *partner*, a ponto de mantê-lo um criador. Ele se fecha em sua própria criação e, como a palavra mesma define, representa.

Na arte da *perejivánie* o ator se mantém permanentemente um criador. Para que isso seja possível, a interação do ator com os seus objetos de atenção, animados e inanimados possui um papel fundamental, pois a atenção do ator que trabalha para *perejivaet* em cena não está centrada nele mesmo como acontece na arte da representação. A atenção está voltada para o universo que o cerca, em prontidão para captar as pequenas mudanças no ambiente, nos *partners*, no

---

62 Ibidem.

andamento da história, em si mesmo, e ao reagir a essas novas possibilidades impulsiona a sua vida em cena.

Em relação à fala de Stanislávski de que no ofício, ou artifício, o ator atua para o público, Kristi faz o seguinte esclarecimento:

> Isso não significa que em todo o apelo para a plateia existe indício de ofício [artifício]. Por vezes, ele é utilizado como um recurso artístico consciente. Deste recurso, como é sabido, se utilizaram Stanislávski e Nemiróvich-Dântchenko. Encenando, por exemplo, os romances de Fiódor Dostoiévski (*Os Irmãos Karamazov*), L.N. Tolstói (*Ressurreição*) e outros escritores, eles introduziram no espetáculo a personagem do autor que, ao comentar a ação, intervinha como um mediador entre a cena e a plateia. No final do espetáculo, *O Inspetor Geral*, Stanislávski determinou ao intérprete do papel do governador, I.M. Moskvin, se desligar da ação, ir até a boca de cena e dirigir as palavras "Do que vocês estão rindo? – Riam de vocês mesmos!..." diretamente para a plateia. Nesse momento, se acendiam todas as luzes da sala. Dessa maneira, em prol da aguçada sátira de Gógol, o diretor não teve receio de se afastar da verossimilhança da vida e avançou corajosamente para o desnudamento público das ideias.[63]

Essa citação explicita que Stanislávski, ao definir o ofício da cena como uma atuação que está voltada para o público, não quis dizer que não se pode estabelecer uma comunicação viva quando o ator se dirige diretamente a ele. A arte da *perejivánie* pode se adaptar perfeitamente a essa comunicação. Afinal "atuar para o público", como no ofício, sugere exibicionismo, mas se, ao contrário, o ator buscar se comunicar com o público, como na arte da *perejivánie*, pressupõe uma interação que é viva.

O que também nos chama a atenção nesse texto de Kristi são as informações sobre as experiências criativas de Stanislávski na

---

63 Ibidem.

A Escola-estúdio do TAM: Um Olhar Sobre a Prática

comunicação entre ator e plateia. Hoje em dia, essa prática se encontra altamente disseminada no fazer teatral e, em muitos casos, o estabelecimento dessa relação de forma direta é até esperado pelo espectador. O mais importante aqui é perceber que o Sistema e a arte da *perejivánie*, de fato, não se opõem a nenhuma forma de manifestação da arte do ator e que Stanislávski foi um artista-pesquisador muito além de qualquer categorização que se possa fazer de seu percurso artístico.

Kristi ressalta, a partir da perspectiva dos últimos anos de Stanislávski, que a natureza da comunicação pode ser definida como a interação entre os *partners* no processo de luta cênica para alcançar os seus objetivos. A seguinte recordação da atriz Alla Tarasova (1898-1973), retirada do texto de Kristi, torna mais perceptível essa definição acerca da comunicação:

> A.K. Tarasova recordou um fato interessante que ocorreu com ela no espetáculo *Tio Vânia*. Ela atuava o papel de Sonia e o seu *partner* era C.S. Stanislávski. No segundo ato, há um momento no qual Sonia está convencendo Astrov a não beber mais e, pela rubrica do autor, "o impede" de fazê-lo. Pela *mise-en-scène* estabelecida, em resposta ao pedido veemente de Sonia, Astrov-Stanislávski devolvia a ela o cálice cheio, que ela apressadamente escondia no armário. Mas, em um espetáculo, quando ela tentou pegar o cálice, Stanislávski continuou a segurá-lo. A atriz entendeu que, desta vez, havia fracassado em convencer o *partner*. Todas as palavras já haviam sido pronunciadas e, assim, a ação não se realizou. Então, ela olhou suplicante para Stanislávski, e neste olhar havia mais verdade do que em suas palavras. Stanislávski-Astrov lentamente abriu os dedos e entregou o cálice. Como um barômetro sensível, ele refletiu a verdade e a mentira no comportamento dos *partners* e, com isso, os ajudou a retornar para o caminho da criação orgânica viva.[64]

64 Ibidem, p. 97.

Se a situação descrita se passasse no âmbito da arte da representação nenhum problema se apresentaria entre os *partners*, e a cena seguiria o seu curso como fora estabelecido. Mas na busca da arte da *perejivánie* não é suficiente representar ou mostrar que se está convencendo, é preciso se esforçar para convencer de fato, se esta for a ação necessária. É preciso exercer efetivamente uma influência sobre o *partner* – e, para isso, não basta ser capaz de influenciar, também é necessário ter sensibilidade para captar essa influência e responder sinceramente a ela. É disso que trata a comunicação viva e verdadeira buscada por Stanislávski.

A seguir, descrevemos um dos exercícios sugeridos por Kristi para desenvolver no estudante-ator a capacidade de realizar uma interação viva com o seu *partner* em cena. A situação proposta por ele envolve dois amigos: um emprestou dinheiro para o outro e o prazo para devolver o dinheiro está se esgotando. Diante disso, o devedor encontra o amigo para pagar a dívida. No entanto, o amigo que emprestou se recusa a receber, pois sabe da situação difícil na qual o outro ainda se encontra. Mesmo assim, por orgulho, o amigo devedor insiste em pagar o que deve. A partir disso, Kristi sugere que o pedagogo converse isoladamente com cada um dos *partners* a fim de instruí-los de que o devedor não pode de forma alguma ficar com o dinheiro consigo, nem que seja preciso colocar o dinheiro no bolso do outro sem que ele perceba, enquanto o credor precisa de todo modo convencer o amigo a permanecer com o dinheiro. Assim, estão colocadas as circunstâncias, o acontecimento, os objetivos, os obstáculos e as ações, de modo simples e evidente. Para ele, "de acordo com o resultado do exercício é possível julgar quem se mostrou mais atento ao comportamento do *partner* e agiu com mais precisão. [...] Fora de uma autêntica e viva interação não se executa tal exercício, e nisto está o seu benefício indubitável"[65].

Kristi também aponta para a eficácia de exercícios – e para realização de *études* – em que a ação verbal não prevaleça sobre a ação

---

65 Ibidem, p. 99.

A Escola-estúdio do TAM: Um Olhar Sobre a Prática

física, exercícios criados, portanto, em torno de situações na qual as palavras não se fazem necessárias ou que haja algum impedimento para que elas sejam proferidas. De todo modo, não é exigido dos estudantes o silêncio absoluto, e sim que o foco esteja voltado para as ações físicas. Segundo ele, esses experimentos são denominados "*étude* em silêncio orgânico". Aqui Kristi dá alguns exemplos de acontecimentos possíveis para serem trabalhados sem palavras pelos estudantes, buscando desenvolver a interação viva entre os *partners*: os estudantes-atores se encontram na cabeceira da cama de um doente grave que finalmente conseguiu adormecer; ou precisam executar uma tarefa fora do alcance do olhar inimigo; ou precisam resolver um mal-entendido em um estúdio de rádio, enquanto o microfone está ligado; e assim por diante.

Todos esses exercícios exigem atenção e capacidade de se colocar em determinadas circunstâncias, ao agir e interagir com o *partner*. Os sentidos, a capacidade de perceber e de observar, desenvolvidos anteriormente, se tornam essenciais para a realização da comunicação e do estabelecimento de uma autêntica interação entre *partners*.

A partir desse estudo, é possível compreender que a arte da *perejivánie* pressupõe uma abordagem um tanto generosa do trabalho do ator, pois uma interação viva, orgânica, de um ator que percebe, ouve e enxerga verdadeiramente em cena, alimenta não apenas a sua própria atividade criativa, mas também a de seu *partner*. Certamente, o elo físico, psíquico e espiritual que resulta dessa interação, por ser de grande potência criativa, estende-se aos espectadores.

Algumas Considerações...

Neste capítulo, buscamos aproximar as noções abordadas ao longo de todo este livro com a sua realização prática, em sala de aula. Para isso, escolhemos como objeto de estudo a Escola-estúdio do TAM – observada por Kristi em sua época e por mim mesma nos anos 2014-2015. Considerando que o processo de trabalho realizado em conjunto pelo pedagogo e pelo estudante-ator para a descoberta, o desenvolvimento e a assimilação dos elementos orgânicos da ação em si mesmo é parte fundamental do trabalho do ator sobre si mesmo, elaborado, experimentado e concretizado por Stanislávski.

Da mesma forma que o Sistema de Stanislávski não se constitui como um conjunto de regras e também não é nenhum tipo de manual – ao se desenvolver e se tornar vivo pelo trabalho criativo de cada pedagogo e de cada estudante no aqui e no agora da cena – os exercícios relatados aqui devem ser vistos sob essa mesma óptica. Não devem ser compreendidos como modelos a serem repetidos, e sim como exemplos possíveis para a experimentação e o aprofundamento pela prática de conceitos, elementos e princípios que constituem o Sistema. É importante que cada pedagogo agregue as suas próprias particularidades na realização dos exercícios e utilize esses exemplos como fontes de inspiração para a criação de outros exercícios. Os caminhos são muitos, incontáveis e o que permanece são os princípios que os sustentam. Enfim, quando tratamos dos ensinamentos deixados por Stanislávski, o que se almeja alcançar, essencialmente, é a realização da plena liberdade criativa em cena.

Posfácio

De que modo é possível se debruçar sobre um conhecimento tão profundo como o do trabalho do ator sobre si mesmo desenvolvido por Stanislávski em seu Sistema? De que maneira abordar um conhecimento que se manteve em permanente evolução sem jamais ter se fixado em nenhum conceito que o levasse a uma conclusão definitiva? Como tornar concreto por meio da palavra escrita um trabalho em seu processo sem fim, que começa pela compreensão da prática singular de cada um e segue se desenvolvendo indefinidamente? Quais os meios possíveis para que se possa assimilar e transmitir um conhecimento que se configura como uma herança viva? São questões como essas que me acompanharam ao longo deste trabalho e que são permanentemente renovadas dentro de mim, me instigando a seguir a minha busca. Afinal, para que esse conhecimento se torne vivo em cada artista/pedagogo, é necessário seguir experimentando, aprendendo, desaprendendo e reaprendendo, descobrindo e redescobrindo. Esse é o único modo pelo qual se torna possível alcançar seu objetivo maior: fazer emergir a força orgânica e criativa da natureza de cada ser humano-artista, a cada instante em que é confrontado e surpreendido pela experiência da cena.

Pensando sobre as motivações que me levaram a escolher o trabalho do ator sobre si mesmo como o desafio central, percebi que essa questão já havia se apresentado várias vezes para mim durante meu processo de formação como diretora teatral e atriz. A partir do contato com o conhecimento transmitido por Nair D'Agostini, interessei-me em trabalhar sobre os elementos do Sistema por meio do estudo do método de análise ativa, uma metodologia que envolve a compreensão profunda das ações físicas e tem como instrumento criativo a própria ação. A direção e a atuação me instigaram, em igual medida, desde o momento que percebi o trabalho sobre os princípios oriundos dos ensinamentos de Stanislávski, como possibilidade para uma autêntica criação cênica. Sendo assim, busquei atravessar esse período fundamental de meu aprendizado tanto como a diretora que busca concretizar cenicamente um espetáculo teatral por meio de ações vivas quanto como a atriz que procura desenvolver seu processo criativo com base nas leis orgânicas da natureza, entendendo o ator como criador.

Após esse período, destaco três experiências que me instigaram a seguir aprofundando o conhecimento sobre o legado de Stanislávski: a primeira delas foi o trabalho como atriz e assistente de direção de Nair D'Agostini na pesquisa prática que resultou em seu livro *Stanislávski e o Método de Análise Ativa: A Criação do Diretor e do Ator*; a segunda foi a atuação como professora substituta no Curso de Artes Cênicas da UFSM, na qual, dentre as disciplinas ministradas nas esferas da interpretação e da direção teatral, tive a oportunidade de orientar cinco processos de criação de espetáculos solo de estudantes do terceiro ano; e a terceira experiência foi a pesquisa *Imaginação e Desconstrução em K. Stanislávski*, que realizei durante o mestrado.

Como somatório do que vivenciei em minha profissão durante o período acima, é importante ressaltar que foi a experiência como pedagoga que me levou à vontade de expandir meus conhecimentos sobre os princípios que contemplam o trabalho do ator sobre si mesmo a partir do Sistema de Stanislávski. As perguntas nascidas na pedagogia teatral no que se refere à atuação, e o desejo de seguir aprimorando o processo de formação de atores, e de diretores, foi o motor da investigação realizada no presente estudo.

A oportunidade de ter acesso às obras originais em russo foi fundamental para chegar ao resultado a que me propus. O que não significa que não tenha encontrado dificuldades que precisaram ser ultrapassadas. O esforço e a atenção tiveram de ser redobrados para que fosse possível transpor os obstáculos que surgiram nessa relação com a língua russa, tanto na leitura como nas traduções. Embora eu tenha iniciado o aprendizado da língua russa alguns anos antes, justamente com a intenção de poder melhor entender a obra de Stanislávski, foi ao longo deste trabalho que adquiri mais familiaridade com a terminologia e com o vocabulário do autor. Foi essencial para mim entender as concepções e os conceitos a partir de sua escrita na língua russa, bem como reconhecer os termos utilizados por Stanislávski. E foi justamente a partir da compreensão dessa terminologia que consegui perceber e aprofundar os princípios essenciais do Sistema e do trabalho do ator sobre si mesmo.

À medida que o trabalho foi evoluindo, especialmente durante o estágio em Moscou e depois do retorno ao Brasil, o enfoque deste estudo foi se centrando, cada vez mais, além da própria obra de Stanislávski, nos escritos de seus discípulos e dos estudiosos de sua obra. Terminei por priorizar, assim, as referências russas. Nesse universo, também tive de selecionar determinadas obras, porque o material reunido ao longo desse período é vasto. O critério principal para a escolha dessas obras foi, além do meu tema principal, as necessidades que a própria pesquisa foi me apontando durante a leitura e o estudo das obras de Stanislávski.

O estágio realizado na Escola-estúdio do TAM, onde pude acompanhar aulas de diversos pedagogos, bem como ensaios de espetáculos teatrais no TAM, constituiu uma experiência imprescindível para o aprofundamento prático deste estudo, pelo contato direto com a metodologia empregada nessa instituição que é uma das maiores herdeiras dos ensinamentos de Stanislávski. Esse contato me possibilitou discutir com mais propriedade os princípios que constituem o trabalho do ator sobre si mesmo e a pedagogia teatral desenvolvida a partir do Sistema de Stanislávski. Minha imersão na cultura teatral russa, além do acompanhamento de aulas da Escola-estúdio e ensaios no TAM, deu-me a possibilidade de assistir a mais de trinta espetáculos teatrais, de conhecer diferentes teatros e de participar de um curso intensivo para atores estrangeiros que foi oferecido durante o inverno russo pelo Programa Internacional ligado à Escola-estúdio do TAM. Durante o período do estágio, realizei doze entrevistas com pedagogos da Escola-estúdio e artistas do TAM. Alguns trechos dessas entrevistas foram selecionados e constam do corpo deste livro. Portanto, é da maior importância que o leitor considere esta obra de modo integrado a toda a experiência que vivenciei em Moscou, pois o conhecimento gerado a partir dessa experiência também repercutiu no desenvolvimento e na concretização deste trabalho.

Escolhi o trabalho do ator sobre si mesmo como tema porque desejava avançar por terrenos que ainda me eram desconhecidos sobre essa temática, isto é, buscava escapar de qualquer lugar de conforto proporcionado pelo conhecimento que até aquele momento fazia parte do meu repertório e vida. Imbuída desse propósito, o caminho a percorrer foi se delineando e se concretizando em meio às adaptações realizadas frente a cada nova circunstância que surgia. Cada referência encontrada, sendo que algumas delas até então eram desconhecidas para mim, despertava ideias novas ou adormecidas com as quais eu tentava realizar inúmeras conexões, inclusive a partir da revisitação de referências antigas. O mergulho em diferentes estudos e o amadurecimento alcançado pelo próprio tempo transcorrido também me permitiram olhar as referências já conhecidas através de um olhar renovado. Com essa bagagem, a pesquisa e a escrita foram se mostrando coerentes com a busca do que constitui o trabalho do ator sobre si mesmo, ou seja, as flores de um processo de descobertas e de renovação constante começaram a despontar, tal qual acontece na arte da *perejivánie* na qual não se conhece o resultado por antecipação. O resultado surge na (e pela) caminhada e consiste em um processo que permanece sempre em evolução.

Assim, iniciei com algumas questões nascidas da prática e também do meu trabalho acadêmico, como se estivesse cuidando da semente e das raízes do conhecimento que eu buscava aprofundar, sem saber, absolutamente, como seria a flor, ou a florada resultante desse cultivo, para me valer da analogia de Stanislávski, de Sulerjítski e de Zavadski. Como que seguindo o processo do amadurecimento de uma planta na natureza, cada tópico que compõe a estrutura deste trabalho foi aparecendo e exigindo que eu o regasse, foi mostrando a sua necessidade de ser desenvolvido: a relação essencial do Sistema com a natureza; a arte da *perejivánie*; o processo de criação da *voploschénie*; o Sistema como herança viva de Stanislávski; e a prática pedagógica realizada na Escola-estúdio do TAM.

Ao pesquisar cada um desses temas em particular, os princípios e conceitos que daí decorriam possibilitaram um avanço progressivo na direção da questão central. Um dos passos mais significantes dados aqui talvez tenha sido o estudo sobre o superconsciente que está diretamente relacionado ao aprofundamento de nosso entendimento sobre a arte da *perejivánie*, ao próprio trabalho do ator sobre si mesmo e, em um plano mais amplo, ao Sistema de Stanislávski. Compreender o superconsciente como um elemento originário da ioga e a diferença feita por Stanislávski entre esse elemento e o subconsciente em sua busca artística – quando tratou do superconsciente como o lugar da inspiração e das descobertas – se tornou essencial para compreender o grau de elevação e de comprometimento corporal, mental, afetivo e espiritual que Stanislávski almejava alcançar com a arte do ator. Sob o mesmo enfoque, está a nossa perspectiva sobre a criação da "vida do espírito humano" do papel e a sua transmissão em uma forma artística, objetivo principal da arte da *perejivánie*, que se amplia com essa compreensão.

Quando do estudo sobre a segunda natureza, foi possível nos aproximar do significado genuíno para Stanislávski do trabalho do ator sobre si mesmo, pois é somente através dele que os elementos do Sistema podem ser assimilados e penetrar "na carne e no sangue do artista"[1]. Ao compreender que a realização do trabalho sobre si

---

1   *Sobránie Sotchinéni v 9 Tomakh, t. 3: Rabota Aktiora Nad Soboi, Tchást'* 2, p. 372.

Posfácio   321

mesmo é que permite que o Sistema se torne a segunda natureza do ator, compreendemos também a própria exigência de Stanislávski quanto ao trabalho sobre si mesmo, um processo contínuo que exige ética e disciplina e se desenvolve durante toda a vida do artista.

No estudo voltado para as contribuições trazidas por Sulerjítski no momento inicial de desenvolvimento do Sistema, foi possível evidenciar a importância do seu trabalho pedagógico como primeiro transmissor do Sistema. Entendemos que o conceito de aperfeiçoamento moral de si mesmo, que chegou até Sulerjítski por intermédio dos ensinamentos de Tolstói, está em profunda sintonia com o trabalho do ator sobre si mesmo elaborado por Stanislávski, no sentido em que aponta para a relevância que a ética e a própria busca pela elevação espiritual, na arte e na vida, possui dentro do Sistema. Para Stanislávski e Sulerjítski, a realização do artista em cena não está separada de sua conduta diante da vida – a ética aqui não se separa da estética.

No estudo que fizemos sobre a arte da *perejivánie*, partimos da necessidade do alargamento da compreensão da noção de sentimento (*tchúvstvo*). Através de uma leitura mais precisa dos ensinamentos de Stanislávski, percebemos que o termo russo *tchúvstvo* pode abranger também emoção, sentido e sensação. Entender o sentimento a que se refere Stanislávski em sua abrangência psicofísica – ideia que se encontra em oposição a qualquer tipo de sentimentalismo de viés psicológico, ou da demonstração de sentimentos – muito nos aproximou de uma melhor compreensão do trabalho do ator sobre si mesmo. O estudo sobre a noção de "eu existo" em sua ligação com o superconsciente trouxe outro ponto importante abordado aqui. Novamente nos deparamos com o grau de excelência que Stanislávski buscava na arte do ator: a realização de uma criação viva que transcendesse os níveis consciente e subconsciente. Buscava-se alcançar o estado criativo do ator.

Dessa forma, chegamos ao processo da *perevoploschénie*. A abordagem da *perevoploschénie* se tornou essencial para o próprio estudo sobre os processos de criação da *perejivánie* e da *voploschénie*. Ao compreender a *perevoploschénie* como um salto qualitativo do ator em direção à criação viva, existente em cena, a *perejivánie* como resultado vivo (em processo) desse salto e a *voploschénie* como a manifestação visível/audível dessa travessia, delineamos uma ideia mais precisa dos processos que se busca concretizar através do trabalho do ator sobre si mesmo.

Assim, destaco a união inseparável da *voploschénie* com a realização da arte da *perejivánie*, pois a inter-relação existente entre esses dois processos sinaliza um fenômeno que deve ocorrer na totalidade do aparato psicofísico do ator. Com isso, reafirmamos que o uso dos termos "interno" e "externo" presentes na obra stanislavskiana não denotam de modo algum uma compreensão dual acerca do trabalho do ator. Com o estudo sobre a *voploschénie* foi possível compreender a relevância que a busca pelo aperfeiçoamento do aparato corporal do ator teve para Stanislávski. Sem essa compreensão, sem entender que a busca pela vida em cena está intrinsecamente relacionada com a sensibilidade desenvolvida na esfera física do ator, o leitor permanece na superfície dos ensinamentos do Sistema, em certa abstração, sem enxergar a fundo o que está implicado no conceito de trabalho sobre si mesmo.

A partir do estudo realizado nos dois últimos capítulos – A Herança Viva de Stanislávski e A Escola-estúdio do TAM: Um Olhar Sobre a Prática–, percebemos a contribuição imensa que os ensinamentos deixados por Stanislávski têm para a arte do ator no século XXI.

Outro ponto que desde o começo se encontrava bastante definido, como pano de fundo de todo o estudo, foi o objetivo de elucidar alguns equívocos que aprisionam a obra de Stanislávski ainda hoje em uma série de preconceitos e compreensões incorretas ou superficiais. Por exemplo, o entendimento que considera a obra stanislavskiana vinculada sobremaneira a uma abordagem psicológica e emocional, tomando por base uma compreensão equivocada da memória emocional. Ou então a insistência em desconsiderar a complexa trajetória artística e pedagógica de Stanislávski e restringi-lo apenas às realizações nas estéticas do realismo e do naturalismo. Esse tipo de compreensão acabou por gerar uma ideia de que a obra de

Posfácio

Stanislávski estava ultrapassada, restrita a um determinado período temporal (a "época" de Stanislávski).

Dentre as opiniões a respeito da obra de Stanislávski com as quais me deparei ao longo de minha trajetória como artista e pedagoga, destaco uma em especial que aponto agora, pois ela se tornou uma espécie de baliza valiosa para mim: a ideia de que o estudo de Stanislávski aprisionava o trabalho do ator. Essa afirmação me suscitou o seguinte questionamento: por que, ou como, um conhecimento que sempre foi libertador para mim poderia ter sido assimilado por alguém no sentido completamente oposto, como algo aprisionador? A partir disso, a necessidade de compreender e de tornar claro para mim mesma por que eu entendo/percebo/sinto os ensinamentos deixados por Stanislávski como um caminho libertador para a educação e o trabalho do ator acabou permeando, de certa forma, toda a pesquisa. Assim como reafirmou o meu objetivo de seguir experienciando e desenvolvendo esses ensinamentos na prática pedagógica que se dá no contato vivo, "no aqui e no agora", com a esfera singular de cada ator ou diretor em formação. Em vista disso, fui percebendo que um entendimento mais próximo dos ensinamentos deixados por Stanislávski poderia se refletir positivamente no trabalho de cada artista ou estudante da cena, seja na compreensão psicofísica quanto à realização de ações físicas, seja como caminho para se libertar da reprodução de formas vazias e de clichês.

O processo pedagógico da formação do ator também pode ser relacionado com a analogia do cultivo da flor. Afinal, é preciso respeitar o tempo de desenvolvimento de cada estudante, oferecer o cuidado e o alimento necessário para esse desenvolvimento, escutar as suas necessidades de cada momento e, ao mesmo tempo, possibilitar que perceba em si mesmo as suas próprias forças criativas e desenvolva a capacidade de libertá-las de bloqueios que impeçam a sua manifestação artística. Assim, o trabalho sobre si mesmo deve se dar não apenas no âmbito do trabalho do ator e da atriz, mas também no trabalho da direção, da pedagogia teatral e do estudante e da estudante em formação, tanto no que diz respeito ao aprimoramento artístico como no desenvolvimento pessoal, como ser humano.

Nesse sentido, busquei evidenciar a valiosa contribuição que os ensinamentos deixados por Stanislávski têm ainda hoje. A própria busca por um teatro vivo pode estar vinculada com realizações artísticas contemporâneas que tenham no ator o seu núcleo principal. Foi dessa maneira que procurei tratar de questões menos conhecidas, ou pouco abordadas, sobre o Sistema de Stanislávski, como por exemplo, a relação primordial do trabalho do ator sobre si mesmo com os ensinamentos da ioga, relação esta que, mesmo na Rússia, começou a ser explorada por pesquisadores há pouco tempo. Sob essa perspectiva, se considerarmos particularmente os elementos da libertação muscular, da atenção cênica e do superconsciente, vamos perceber o quanto as experimentações de Stanislávski foram precursoras, ressoam e se fazem presentes ainda em nosso tempo, no qual a prática da ioga já se encontra amplamente disseminada e é, muitas vezes, empregada de modo conjunto na formação/treinamento do ator e em seu aprimoramento espiritual.

Espero que a presente obra amplie o entendimento sobre questões-chave do Sistema de Stanislávski, nos aproximando do trabalho do ator sobre si mesmo. Considero também que um entendimento mais justo sobre os elementos e princípios que foram explorados aqui é fundamental para iluminar algumas zonas de sombra que, como vimos, ainda pairam sobre os ensinamentos de Stanislávski. Gostaria que este livro abrisse caminhos para outras pesquisas, tanto sobre os estudos e princípios desenvolvidos em cada capítulo, como sobre o trabalho do ator sobre si mesmo, pois o conhecimento descoberto por Stanislávski é fonte de exploração ilimitada e o que aqui se configura é apenas uma perspectiva que gera algum espaço para a apreensão desse conhecimento.

Este estudo concretiza o caminho que consegui trilhar até esse momento, mas não se finda aqui. Configura-se para mim muito mais como algo que me impulsiona ao prosseguimento dessa caminhada do que como um lugar de chegada. Assim, tenho a sensação de estar completando um ciclo importante de conhecimento e, ao mesmo tempo, a certeza de que estou ainda no início da minha jornada na compreensão de tão importante artista. O material disponível em língua russa, tanto de Stanislávski quanto de seus discípulos, é fonte inesgotável e o trabalho sobre si mesmo, para quem escolhe esse caminho, é para toda a vida.

Bibliografia

Obras de Constantin Stanislávski

Sobránie Sotchinéni v 9 Tomakh (Coletânea de Obras em 9 Volumes). Moskva: Iskusstvo, 1988-1999[1]:

T. 1: Moiá Jizn' v Iskússtve (V. 1: Minha Vida na Arte). Moskva: Iskusstvo, 1988.

T. 2: Rabota Aktiora Nad Soboi. Tchást' 1: Rabota Nad Soboi v Tvórtcheskom Protsésse Perejivánia: Dnevnik Utchenika (V. 2: O Trabalho do Ator Sobre Si Mesmo. Parte 1: O Trabalho Sobre Si Mesmo no Processo Criador da *Perejivánie*: O Diário de um Discípulo). Moskva: Iskusstvo, 1989.

T. 3: Rabota Aktiora Nad Soboi. Tchást' 2: Rabota Nad Soboi v Tvórtcheskom Protsésse Voploschénia: Materialy k Knigue (V. 3: O Trabalho do Ator Sobre Si Mesmo. Parte 2: O Trabalho Sobre Si Mesmo no Processo Criador da *Voploschénie*: Os Materiais Para o Livro). Moskva: Iskusstvo, 1990.

T. 4: Rabota Aktiora Nad Rol'iu: Materialy k Knigue (V. 4: O Trabalho do Ator Sobre o Papel: Os Materiais Para o Livro). Moskva: Iskusstvo, 1991.

T. 5: Knigue 1. Stat'i. Retchi. Vospominania. Khudojestvennye Zapisi (V. 5: Livro 1. Artigos. Discursos. Memórias. Anotações Artísticas). Moskva: Iskusstvo, 1993.

T. 5: Knigue 2. Dnevniki. Zapisnye Knijki. Zametki (V. 5: Livro 2. Diários. Cadernos de Anotações. Notas). Moskva: Iskusstvo, 1993.

---

1   Em virtude de não ter sido possível encontrar o volume oito desta edição das obras de Stanislávski, utilizamos aqui o volume oito da coletânea de 1961, referido em seguida abaixo.

T. 6: Tchást' 1. Stat'i. Retchi. Otkliki. Zametki. Vospominania: 1917-1938. Tchást' 2. Interv'iu i Besedy: 1896-1937 (V. 6: Parte 1. Artigos. Discursos. Respostas. Notas. Memórias: 1917-1938. Parte 2. Entrevistas e Conversas: 1896-1937). Moskva: Iskusstvo, 1994.

T. 7: Pis'ma: 1874-1905 (V. 7: Cartas: 1874-1905). Moskva: Iskusstvo, 1995.

T. 9: Pis'ma: 1918-1938 (V. 9: Cartas: 1918-1938). Moskva: Iskusstvo, 1999.

Sobránie Sotchinéni v 8 Tomakh (Coletânea de Obras em 8 Volumes). *T. 8: Pis'ma: 1918-1938* (V. 8: Cartas: 1918-1938). Moskva: Iskusstvo, 1961.

El Trabajo del Actor Sobre Su Papel. Trad. Salomón Merener. Buenos Aires: Quetzal, 1977.

El Trabajo del Actor Sobre Sí Mismo. El Trabajo Sobre Sí Mismo en el Proceso Creador de las Vivencias. Buenos Aires: Quetzal, 1980.

El Trabajo del Actor Sobre Sí Mismo. El Trabajo Sobre Sí Mismo en el Proceso Creador de la Encarnación. Buenos Aires: Quetzal, 1983.

Mi Vida en el Arte. La Habana: Arte y Literatura, 1985.

Trabajos Teatrales: Correspondencia. Buenos Aires: Quetzal, 1986.

Minha Vida na Arte. Rio de Janeiro: Civilização Brasileira, 1989.

Etica y Disciplina: Metodo de Acciones Fisicas (Propedéutica del Actor). Ciudad de México: Gaceta, 1994.

El Arte Escénico. Ciudad de México: Siglo Veintiuno, 2003.

Demais Obras

ANTÁROVA, Concórdia. *Besedy K.S. Stanislavskogo v Studii Bol'chogo Teatra v 1918-1922* (Conversas de C.S. Stanislávski no Estúdio do Teatro Bolshói nos anos 1918-1922). Moskva: VTO, 1947.

BATCHÉLIS, Tatiana. *Stanislávski e Meierhold.* In: CAVALIERE, Arlete; VÁSSINA, Elena (orgs.). *Teatro Russo: Literatura e Espetáculo.* São Paulo: Ateliê, 2011.

CARNICKE, Sharon. The System's Terminology: A Selected Glossary. *Stanislavsky in Focus – An Acting Master for the Twenty-First Century.* London/New York: Routledge, 2009.

CAVALIERE, Arlete; VÁSSINA, Elena (orgs.). *Teatro Russo: Literatura e Espetáculo.* São Paulo: Ateliê, 2011.

D'AGOSTINI, Nair. *Stanislávski e o Método de Análise Ativa: A Criação do Diretor e do Ator.* São Paulo: Perspectiva, 2019.

DEIKUN, Lidia. Iz Vospominanii (Das Memórias). In: VAKHTANGOV, Evgeny. *Sbornik* (Coletânea). Moskva: VTO, 1984.

GALENDEEV, Valeri. Lev Dodin: Metod i Chkola (Lev Dodin: Método e Escola). *Gazeta Iskusstvo* (Jornal Arte), n. 9, 2002. Disponível em: <http://old.mdt-dodin.ru/>. Acesso em: 18 set. 2020.

GOLUBOVSKI, Boris. K Tcheloveku Tcherez Jivotnoe (O Ser Humano Através do Animal). In: ZVÉREVA, Natalia (org.). *Masterstvo Rejissiora I-V Kúrsy* (A Maestria do Diretor. Cursos de I-V). Moskva: RATI-GITIS, 2009.

GORCHAKOV, Nikolai. *Vajtangov: Lecciones de Regisseur.* Buenos Aires: Domingo Cortizo, 1987.

GROTOWSKI, Jerzy. *Em Busca de um Teatro Pobre.* Rio de Janeiro: Civilização Brasileira, 1976.

GURÉVITCH, Liubov. *Tvortchestvo Aktiora: O Prirode Khudojestvennykh Perejivánii Aktiora na Stsene* (A Criação do Ator: Sobre a Natureza Artística da *Perejivánie* do Ator em Cena). Moskva: GAKhN, 2002.

JIMENEZ, Sérgio (org.). *El Evangelio de Stanislávski Según Sus Apóstoles, los Apócrifos, la Reforma, los Falsos Profetas y Judas Iscariote.* Ciudad de México: Gaceta, 1990.

KNEBEL, Maria. *Poéziia Pedagóguiki* (A Poesia da Pedagogia). Moskva: VTO, 1984.

_____. Mikhail Tchekhov ob Iskusstve Aktiora (Mikhail Tchekhov na Arte do Ator). In: TCHEKHOV, Mikhail. *Literaturnoe Nasledie. V. 2. T. 2. Ob Iskusstve Aktera* (Herança Literária. Dois volumes. T. 2. Sobre a Arte do Ator). Moskva: Iskusstvo, 1995.

KRISTI, Grigori. Vozvraschenie k Stanislavskomu (Retorno a Stanislávski). In: VENDROVSKAIA, Liubov (org.). *Vstretchi s Meierkhol'dom: Sbornik Vospominanii* (Encontros Com Meierhold: Coletânea de Memórias). Moskva: VTO, 1967.

_____. *Vospitânie Aktiora Chkóly Stanislavskogo* (A Formação do Ator na Escola de Stanislávski). Moskva: Iskusstvo, 1978.

MEIERHOLD, Vsevolod. *Stat'i, Pís'ma, Rétchi, Bessêdy. 2 T. Tchast' 1 (1891-1917)* (Artigos, Cartas, Discursos, Palestras. Dois Volumes. Parte 1). Moskva: Iskusstvo, 1968.

_____. *Stat'i, Pis'ma, Rétchi, Bessêdy. 2 T. Tchast'. 2 (1917-1939)* (Artigos, Cartas, Discursos, Conversas: Dois Volumes. Parte 2). Moskva: Isskustvo, 1968.

_____. *Perepiska:1896-1939* (Correspondência: 1896-1939). Moskva: Iskusstvo, 1976.

MERINO, Daniela. *Sulerjítski, Mestre de Teatro, Mestre de Vida: Sua Busca Artística e Pedagógica.* São Paulo: Perspectiva, 2019.

MEYERHOLD, Vsevolod. *Do Teatro.* São Paulo: Iluminuras, 2012.

MOTTA LIMA, Tatiana. *Palavras Praticadas: O Percurso Artístico de Jerzy Grotowski: 1959-1974.* São Paulo: Perspectiva, 2012.

NEMIRÓVITCH-DÂNTCHENKO, Vladímir. Besseda s Rejissiórami i Aktiorami Periferii (Conversa Com Diretores e Atores da Província). In: NEMIRÓVITCH-DÂNTCHENKO, Vladímir. *Teatral'noe Nasledie: V 2. T. 1. Stat'i, Rétchi, Bessêdy Pis'ma.* (Herança Teatral: Dois Volumes. V. 1. Artigos. Falas. Conversas. Cartas). Moskva: Isskustvo, 1952.

OJEGOV, Serguei. *Slovar' Russkogo Iazyka* (Dicionário de Língua Russa). Moskva: Oniks, 2010.

POLIAKOVA, Elena. *Stanislavski-Aktior (Stanislávski-Ator).* Moskva: Iskusstvo, 1972.

____. Jizn' i tvortchestvo L.A. Sulerjítskogo (Vida e Arte de L.A. Sulerjítski). In: SULERJÍTSKI, Leopold. *Povesti i Rasskazy: Stat'i i Zametki o Teatre. Perepiska. Vospominania o L.A. Sulerjítskom* (Novelas e Contos. Artigos e Anotações Sobre Teatro. Correspondência. Memórias Sobre L.A. Sulerjítski). Moskva: Iskusstvo, 1970.

RAMACHARAKA. *Hatha Yoga: Ou Filosofia do Bem-Estar Físico.* São Paulo: Pensamento, 1956.

RICHARDS, Thomas. *Trabalhar Com Grotowski Sobre as Ações Físicas.* São Paulo: Perspectiva, 2012.

RIJAKOV, Viktor. Sistema Stanislavskogo – éto Bol'chói Mif (O Sistema de Stanislávski: Esse Grande Mito). *Jurnal Ekspert* (Revista Ekspert), n. 4, 2013. Disponível em: <https://expert.ru/>. Acesso em: 18 set. 2020.

RUFFINI, Franco. Novela Pedagógica: Un Estudio Sobre los Libros de Stanislavski. *MÁSCARA – Cuaderno Iberoamericano de Reflexión Sobre Escenología*, Ciudad de México, ano 3, n. 15, 1993. (Número especial: Stanislavski, Ese Desconocido.)

RUGGIERO, Angel. Acerca del Discurso Stanislavskiano. *MÁSCARA – Cuaderno Iberoamericano de Reflexión Sobre Escenología*, Ciudad de México, ano 3, n. 15, 1993. (Número Especial: Stanislavski, Ese Desconocido.)

SCANDOLARA, Camilo. *Os Estúdios do Teatro de Arte de Moscou e a Formação Pedagógica Teatral no Século XX.* Dissertação (Mestrado em Artes), IA-Unicamp, Campinas, 2006.

SHUBA, Simone. *Stanislávski em Processo: Um Mês no Campo – Turguêniev.* São Paulo: Perspectiva/Teatro Escola Macunaíma, 2016.

SMELIÁNSKI, Anatoli. Professia-Artist (Profissão-Artista). In: STANISLÁVSKI, C.T. 2: *Rabota Aktiora Nad Soboi. Tch. 1: Rabota Nad Soboi v Tvórtcheskom Protsésse Perejivánia: Dnevnik Utchenika* (V. 2: O Trabalho do Ator Sobre Si Mesmo. Parte 1: O Trabalho Sobre Si Mesmo no Processo Criador da *Perejivánie*: O Diário de um Discípulo). Moskva: Iskusstvo, 1989a.

_____. (org.) *Chkola-studiia* MKHAT. Semeinyi al'bom. (Escola-estúdio do TAM. Álbum de Família). Moskva: MKHAT, 2013

SOLOVIÓVA, Inna. *Khudojestvenni Teatr: Jizn' i Prikliutchenia idei* (Teatro de Arte: Vida e Aventura da Ideia). Moskva: MKHAT, 2007.

STROMOV, Iúri. *Put' Aktiora k Tvórtcheskomu Perevoploschéniu* (O Caminho do Ator Para a *Perevoploschénie* Criadora). Moskva: Prosveschenie,1980.

SUCHKEVITCH, Boris. *Sem' Momentov Raboty Nad Rol'iu* (Sete Momentos de Trabalho Sobre o Papel). Leningrad: Gosudarstvennyi Akademitcheski Teatr Dramy, 1933.

SULERJÍTSKI, Leopold. *Povesti i Rasskazy: Stat'i i Zametki o Teatre. Perepiska. Vospominania o L.A. Sulerjítskom* (Novelas e Contos. Artigos e Anotações Sobre Teatro. Correspondência. Memórias Sobre L.A. Sulerjítski). Moskva: Iskusstvo, 1970.

TAKEDA, Cristiane. *Minha Vida na Arte de Konstantin Stanislávski: Os Caminhos de uma Poética Teatral.* Tese (Doutorado em Teatro), ECA-USP, São Paulo, 2008.

TCHEKHOV, Mikhail. *Literaturnoe Nasledie. V. 2. T. 2. Ob Iskusstve Aktera* (Herança Literária. Dois volumes. T. 2. Sobre a Arte do Ator). Moskva: Iskusstvo, 1995.

TCHERKASSKI, Serguei. *Stanislávski i Ioga* (Stanislávski e o Ioga). Sankt-Peterburg: SPGATI, 2013.

TOVSTONÓGOV, Gueorgui. Jivói Stanislávski (Stanislávski Vivo). *Stanislávski v Meniáiuschemsia Mire: Sbornik Materialov Mejduharodnogo Simpoziuma 27 Fevralia 10 Marta 1989* (Stanislávski no Mundo em Transformação: Coletânea dos Materiais do Simpósio Internacional de 27 de Fevereiro a 10 de Março de 1989). Moskva: MKTS, 1994.

UCHAKOV, Dmitri. *Bol'chói Tolkovyi Slovar' Sovremennogo Russkogo Iazyka* (Grande Dicionário Contemporâneo de Língua Russa). Moskva: Al'ta-Print, 2007.

VAKHTANGOV, Evguêni. *Sbornik* (Coletânea). Moskva: VTO, 1984.

_____. Lektsii E.B. Vakhtangova v Pervoi Studii (Aulas de E.B. Vakhtángov no Primeiro Estúdio). *Dokumenty i Svidetel'stva: V 2. T. 1* (Documentos e Testemunhos: 2 Volumes. V. 1). Organizado por V. Ivanov. Moskva: Indrik, 2011a.

_____. K Narodnomu Teatru (Para um Teatro do Povo). *Dokumenty i Svidetel'stva: V 2. T. 2* (Documentos e Testemunhos: 2 Volumes. V. 2). Moskva: Indrik, 2011b.

_____. Preparación para el Papel. In: JIMENEZ, Sérgio (org.). *El Evangelio de Stanislávski Según Sus Apóstoles, los Apócrifos, la Reforma, los Falsos Profetas y Judas Iscariote.* Ciudad de México: Gaceta, 1990.

VÁSSINA, Elena; LABAKI, Aimar. *Stanislávski: Vida, Obra e Sistema.* Rio de Janeiro: Funarte, 2015.

VENDROVSKAIA, Liubov (org.). *Vstretchi s Meierkhol'dom: Sbornik Vospominanii* (Encontros Com Meierhold: Coletânea de Memórias). Moskva: VTO, 1967.

VINOGRÁDSKAIA, Irina. *Jizn' i Tvortchestvo K.S. Stanislavskogo: Letopis': t 4. 1863-1938* (Vida e Obra de Stanislávski: Anais: 4 volumes. 1863-1938). Moskva: MKhAT, 2003:

T. 1: *Jizn' i Tvortchestvo K.S. Stanislavskogo. 1863-1905* (V. 1: Vida e Obra de Stanislávski. 1863-1905). Moskva: MKhAT, 2003.

Bibliografia

T. 2: Jizn' i Tvortchestvo K.S. Stanislavskogo. 1906-1917 (V. 2: Vida e Obra de Stanislávski. 1906-1917). Moskva: MKhAT, 2003.

T. 3: Jizn' i Tvortchestvo K.S. Stanislavskogo. 1918-1927 (V. 3: Vida e Obra de Stanislávski. 1918-1927). Moskva: MKhAT, 2003.

T. 4: Jizn' i Tvortchestvo K.S. Stanislavskogo. 1928-1938 (V. 4: Vida e Obra de Stanislávski. 1928-1938). Moskva: MKhAT, 2003.

VINOGRÁDSKAIA, Irina (org.). *Stanislávski Repetíruet: Zapisi i Stenogrammy Repetitsii* (Stanislávski Ensaia: Anotações e Estenogramas de Ensaios). Moskva: MKhAT, 2000.

VOINOVA, Natalia et al. *Dicionário Russo-Português*. Lisboa: Ulmeiro, 2003.

ZAKHAVA, Boris. O Printsipakh Vakhtangovskoi Chkoly (Sobre os Princípios da Escola de Vakhtángov). In: VAKHTÁNGOV, Evguêni. *Sbornik* (Coletânea). Moskva: VTO, 1984.

ZALTRON, Michele. *Imaginação e Desconstrução em K. Stanislávski*. Dissertação (Mestrado em Ciência da Arte), IACS-UFF, Niterói, 2011.

_____. "Переживание" (Perejivánie) e o Trabalho do Ator Sobre Si Mesmo em K. Stanislávski. *Anais do VII Congresso da ABRACE, 2012 – Tempos de Memória: Vestígios, Ressonâncias e Mutações*, Porto Alegre, 2012.

_____. A Prática do *Etiud* no "Sistema" de Stanislávski. *Questão de Crítica*, Rio de Janeiro, v. VIII, 2015.

_____. "Segunda Natureza": Liberdade Para uma Poética de Si Mesmo. *Moringa: Artes do Espetáculo*. João Pessoa, v. 6, UFPB, 2015.

_____. Do "Crer Para Agir" ao "Agir Para Crer": A Mudança de Perspectiva nas Pesquisas de Stanislávski. *Caderno de Registro Macu*, São Paulo, v. 4, 2015.

_____. Stanislávski e Sulerjítski: O Teatro Como Meio de Aperfeiçoamento de Si Mesmo e de Transformação da Sociedade. *Revista Sala Preta*, São Paulo, v. 19, 2019.

ZAVADSKI, Iúri. *Utchitelia i Utcheniki* (Mestres e Discípulos). Moskva: Iskusstvo, 1975.

ZINGUERMAN, Boris. As Inestimáveis Lições de Stanislávski. In: CAVALIERE, Arlete; VÁSSINA, Elena (orgs.). *Teatro Russo: Literatura e Espetáculo*. São Paulo: Ateliê, 2011.

ZVÉREVA, Natalia. Metod Deistvennogo Analiza i Aktiorskaia Individual'nost' (O Método de Análise Ativa e a Individualidade do Ator). In: ZVÉREVA, Natalia (org.). *Masterstvo Rejissiora I-V Kúrsy* (A Maestria do Diretor. Cursos de I a V). Moskva: RATI-GITIS, 2009.

ZVÉREVA, Natalia (org.). *Masterstvo Rejissiora I-V Kúrsy* (A Maestria do Diretor. Cursos de I-V). Moskva: RATI-GITIS, 2009.

ZVÉREVA, Natalia; LÍVNEV, David. *Sozdanie Aktiorskogo Obraza: Slovar' Teatral'nykh Terminov* (A Criação da Imagem do Ator: Dicionário de Termos Teatrais). Moskva: RATI-GITIS, 2008.

Agradecimentos

Este livro resulta da pesquisa realizada durante meu período de doutoramento, mas não só. A base recebida em minha graduação se reflete e também ajuda a sustentar meu olhar sobre esse conhecimento. Algumas pessoas foram fundamentais nesse processo. Agradeço imensamente à professora doutora Tatiana Motta Lima pela generosidade, pelas discussões instigantes e pela dedicação com que orientou esta pesquisa. À professora doutora Nair D'Agostini, mestra que acompanho há tanto tempo, imprescindível em minha caminhada artístico-pedagógica e no aprofundamento de meu conhecimento sobre o Sistema stanislavskiano. Ao meu marido Rafael Sieg, parceiro de todos os momentos, por todo amor e apoio. À professora doutora Elena Vássina, pelo generoso apoio à realização deste trabalho. Ao professor doutor Vidmantas Silyunas, tutor desta pesquisa, pelos apontamentos precisos e pelo esforço para a melhor realização de meu estágio em Moscou. Aos pedagogos da Escola-estúdio do Teatro de Arte de Moscou, em especial, Serguei Zemtsov, Andrei Uraev, Marina Brusnikina, Igor Zolotovitski, Viktor Rijakov, Ilya Botcharnikovs, Oleg Topolianski, Vladimir Sajin e Viktor Markhasev. Também sou muito grata a Adolf Shapiro, Maria Zorina e Nikolai Tchindiaykin. À professora doutora Natalia Pivovarova.

À Elena Lisina e à Larissa Tserazova pela recepção e cuidados durante minha permanência na Escola-estúdio. À coordenação, aos professores, aos funcionários e colegas do PPGAC-UNIRIO, programa pelo qual fui tão bem acolhida e que me possibilitou todas as condições para o bom andamento do trabalho. À professora doutora Ana Maria de Bulhões-Carvalho. À Marina Ivanova, Diego Leite de Oliveira, Sonia Branco e Eugenia Kalatukhina pela disposição e ajuda indispensável ao sanar dúvidas sobre a língua russa. Ao Luciano Castiel, diretor do Teatro Escola Macunaíma, pelo amparo para a concretização desta publicação. À Andrea Copeliovitch pelo apoio e apontamentos. Às queridas amigas e amigos: Silvana Baggio Ávila, Adriana Dal Forno, Luana Di Lua, Cristiane Werlang, Adriane Gomes, Camilo Scandolara, Ana Luiza Firmeza, Jorge Luiz Machado, Tina Franchi, Renato Farias, Gaby Haviaras, Priscila Genara Padilha, Maurício Schneider, Laédio José Martins, Joice Aglae Brondani e Simone Shuba pelo apoio, afeto e ajuda em diferentes momentos. À Dani Reule e à família Reule pelo carinho e pela ajuda indispensável. À minha mãe Nilza Soares Almeida e à minha irmã Deborah Almeida Zaltron por todo apoio.

Agradeço a todas as pessoas que contribuíram de alguma forma ao longo dessa trajetória. Por fim, agradeço à Capes pela bolsa de doutoramento concedida durante todo o período da realização da pesquisa no Brasil e pela bolsa de doutorado-sanduíche – PDSE concedida para o estágio no exterior. Esse apoio foi primordial para a realização desta pesquisa.

Este livro foi impresso na cidade de São Bernardo do Campo,
nas oficinas da Paym Gráfica e Editora, em março de 2021,
para a Editora Perspectiva.